Lothar Lemnitzer
Heike Zinsmeister

Korpuslinguistik

Eine Einführung

 Gunter Narr Verlag Tübingen

Lothar Lemnitzer, Dr. phil., lehrt am Seminar für Sprachwissenschaft der Universität Tübingen und war dort u.a. Koordinator des BA/MA-Studiengangs International Studies in Computational Linguistics; zahlreiche Veröffentlichungen, Autor der »Wortwarte«.

Heike Zinsmeister, Dr. phil., lehrt am Seminar für Sprachwissenschaft der Universität Tübingen und forscht dort im Sonderforschungsbereich ,Linguistische Datenstrukturen: Theoretische und empirische Grundlagen der Grammatikforschung'.

Bibliografische Information der Deutschen Bibliothek

Die Deutsche Bibliothek verzeichnet diese Publikation in der Deutschen Nationalbibliografie; detaillierte bibliografische Daten sind im Internet über <http://dnb.ddb.de> abrufbar.

© 2006 · Narr Francke Attempto Verlag GmbH + Co. KG
Dischingerweg 5 · D-72070 Tübingen

Internet: http://www.narr-studienbuecher.de
E-Mail: info@narr.de

Druck: Gulde, Tübingen
Bindung: Nädele, Nehren
Printed in Germany

ISSN 0941-8105
ISBN 3-8233-6210-0

Inhalt

Vorwort

Im Frühjahr 2005 wurden wir gefragt, ob wir eine Einführung in die Korpuslinguistik für Germanisten schreiben wollten. Wir stellten uns dieser Aufgabe gerne, da es bis jetzt kein deutsches Lehrwerk für die korpuslinguistische Lehre oder für das Selbststudium gibt. Andererseits zeigt die große Zahl an korpuslinguistischen Seminaren in der Germanistik und allgemeinen Sprachwissenschaft, dass Bedarf an einem Lehrwerk besteht.

Bei der Recherche für dieses Thema waren wir überrascht, wie viele korpuslinguistische Untersuchungen mit einem weiten thematischen Spektrum mittlerweile veröffentlicht wurden. Es war eine Freude, diese Arbeiten mit einer korpuslinguistischen Brille zu lesen und auszuwerten. Wir sind sicher, dass auch Sie als Leser von dieser Zusammenschau profitieren werden. Wenn Sie sich durch dieses Buch zu eigener korpuslinguistischer Arbeit ermutigt fühlen, dann haben wir unser wichtigstes Ziel erreicht.

Wir nutzen die Gelegenheit, um uns bei unserem Lektor Jürgen Freudl für die Anregung zu diesem Buch und für die Unterstützung bei unserer Arbeit zu bedanken. Dank gebührt auch den Testlesern der Vorversionen dieses Buches: Karin Pittner und Judith Berman haben eine Vorversion des Buches in ihrem Seminar getestet; Stefanie Dipper, Stefan Engelberg, Michael Götze, Anke Lüdeling, Sabine Schulte im Walde und Elke Zinsmeister haben wertvolle Kommentare zu einzelnen Kapiteln gegeben. Die verbleibenden Fehler gehen natürlich auf unsere Kappe.

Wir danken allen Kolleginnen und Kollegen, die sich spontan zu einem Interview oder einer schriftlichen Stellungnahme zu unseren Fragen bereit erklärt haben. Das Ergebnis können Sie in Kapitel 7 nachlesen.

Unser Dank gilt natürlich auch unseren Familien, Freunden, Kolleginnen und Kollegen, die unser eigentümliches Verhalten vor allem in der Abschlussphase dieses Buches mit Geduld ertragen haben. Ohne ihre Unterstützung wäre dieses Buch nicht das geworden, was es ist.

Schließlich möchten wir Ihnen danken, wenn Sie dieses Buch käuflich erworben haben. Wir freuen uns auf Ihre kritische Begleitung und auf Ihre Kommentare. Schreiben Sie uns! Unsere Adressen finden Sie auf der begleitenden Webseite (`http://www.lemnitzer.de/lothar/KoLi`).

Tübingen, im Februar 2006

Lothar Lemnitzer, Heike Zinsmeister

Zum Geleit

Bis vor einigen Jahren schien es fast so, also wolle die germanistische Linguistik in Deutschland die Möglichkeiten der Korpuslinguistik verschlafen. Es gab zwar einige computerlinguistische Zentren, die mit zum Teil sehr großen Korpora arbeiteten, und auch die Korpora des IDS in Mannheim, aber korpuslinguistische Methoden wurden an den germanistischen Instituten an den Universitäten kaum unterrichtet und zum Teil immer noch kritisch beäugt. Das hat sich in den letzten Jahren gründlich geändert. An vielen Stellen gibt es inzwischen korpuslinguistische Seminare, Projekte und Sonderforschungsbereiche.

Dabei hat sich der alte Streit zwischen der Theorie und der Empirie längst entschärft und zu einem konstruktiven Miteinander gewandelt. Wir haben verstanden, dass unterschiedliche Fragestellungen auch unterschiedliche Daten erfordern und dass wir gemeinsame Ressourcen, Verfahren und Standards brauchen und diese deshalb entwickeln und evaluieren müssen. Für viele Fragestellungen, zum Beispiel zu historischen Untersuchungen oder zu Erwerbsprozessen im Erst- und Zweitspracherwerb, liegen schlicht keine anderen Daten vor, gerade hier ist man auf allgemein zugängliche und standardisierte Ressourcen und Werkzeuge angewiesen.

Eine Grundlage für gute korpusbasierte Arbeit ist gute korpuslinguistische Lehre. Es gibt eine Reihe von englischsprachigen Einführungsbüchern, die sich mit Korpora beschäftigen – diese konzentrieren sich jedoch auf englischsprachige Ressourcen und Studien. Bisher fehlte ein korpuslinguistisches Einführungsbuch für Germanistikstudierende ohne informatische Vorkenntnisse, das sich speziell auf die deutschen Korpora und Fragestellungen bezieht. Lothar Lemnitzer und Heike Zinsmeister haben nun eine solche interessante, fundierte und klar geschriebene Einführung in die Korpuslinguistik vorgelegt. Das Buch beschäftigt sich zunächst mit den linguistischen Grundlagen der Korpuslinguistik und lotet dabei die Chancen und Grenzen der Arbeit mit Korpora aus. Zusätzlich werden Methoden der Datengewinnung und Annotation erläutert und diskutiert. Konkrete Studien aus ganz unterschiedlichen linguistischen Bereichen zeigen anschaulich, wie breit korpuslinguistische Verfahren in der linguistischen Forschung eingesetzt werden können. Ich freue mich darauf, mit diesem Buch arbeiten zu können.

Berlin, im Februar 2006

Anke Lüdeling
Professorin für Korpuslinguistik
Humboldt Universität Berlin

Einleitung

1 Was ist Korpuslinguistik?

Die Folklore der Sprachwissenschaft[1] kennt zwei Forschertypen:

Der Denker. Der Denker[2] verbringt die meiste Zeit in seinem Sessel und denkt nach. Die Sprachtheorie, die er sich mit den Jahren in seinem Kopf zurechtgelegt hat, wird durch Beispiele, die unmittelbar seiner Sprachkompetenz entspringen, bestätigt oder widerlegt. Hin und wieder notiert sich der Denker besonders komplizierte und abwegige Beispiele, deren Existenz durch die Grammatik, die dieser Sprachtheorie entspricht, hergeleitet werden kann. Diese Sätze legt er Sprechern der untersuchten Sprache mit der Frage vor, ob diese Sätze denn wohlgeformt seien. Daraus, ob die befragten kompetenten Sprecher seine Beispiele gutheißen oder ablehnen, zieht der Denker weit reichende Schlüsse über den Aufbau der Grammatik dieser Sprache und der zugrunde liegenden Sprachtheorie. Was für den Denker alleine zählt, ist das Urteil kompetenter Sprecher, das auf deren Sprachgefühl und sprachlichem Wissen fußt.

Der Denker hält sich an den Rändern der Sprache auf, in Bereichen, die wenig mit dem alltäglichen Sprachgebrauch zu tun haben. Im Gegenteil, der Denker ist an den Äußerungen, die tagtäglich produziert werden, herzlich wenig interessiert. Sie sind wenig erleuchtend für seine Theorie.

Der Beobachter. Der Beobachter ist an authentischen Sprachdaten interessiert: je mehr Daten, desto besser. Die Theorien, die er entwickelt, sind auf die Beobachtung dieser Daten gestützt. Seine Aussagen und Hypothesen werden durch immer neue Daten bestätigt oder verworfen. Mit seinen Kollegen spricht der Beobachter vor allem darüber, welche interessanten Beobachtungen er gemacht hat. Ansonsten hält er sich überwiegend an seinem Computer auf. Das

---

[1] Wer nicht glaubt, dass es eine Folklore der Sprachwissenschaft gibt, der möge sich einmal Pullum (1991) ansehen. Auch allen anderen Lesern möchten wir dieses vergnüglich zu lesende Buch empfehlen.

[2] Wir verwenden in diesem Buch das generische Maskulinum bei Bezeichnungen von Personen und schließen damit selbstverständlich alle weiblichen Personen mit ein. Die Wahl dieser Form hat einzig und allein den Grund, dass ihre Verwendung das Lesen des Textes etwas einfacher macht.

Bild, das er durch diese Beobachtungen gewinnen möchte, sollte möglichst vollständig sein, deshalb ist er vor allem an den Phänomenen interessiert, die in unserem alltäglichen Sprachgebrauch vorkommen.

Der Denker erweist sich als scharfsinniger Theoretiker, der die Grundlagen des Sprachvermögens erforscht, das allen Menschen gemeinsam ist, und dies *Universalgrammatik* nennt. Für seine Forschungen muss er seinen Sessel nur äußerst selten verlassen. Den Beobachter hingegen findet man häufig dort, wo es um die möglichst umfassende Beschreibung einer Sprache in ihrer alltäglichen Verwendung und die Vermittlung dieses Sprachgebrauchs, z.B. in Lexikographie und Sprachunterricht, geht.

Diese plastische Beschreibung zweier Typen von Forschern in der Linguistik ist nicht neu. Sie findet sich so ähnlich schon bei Charles Fillmore 1992. Fillmore hat in den achtziger Jahren das Lager gewechselt und sich vom theoretisierenden Linguisten zum Beobachter gewandelt. Es ist jedoch keinesfalls so, dass die Entscheidung für eine Richtung die andere Richtung ausschließt: Wer sammelt, hat damit das Denken nicht aufgegeben, und auch der Denker profitiert hin und wieder von den Erkenntnissen der Beobachter. Wir werden Beispiele dafür noch kennen lernen.

Eine Einführung in die Korpuslinguistik wendet sich in erster Linie an die Beobachter unter den Sprachwissenschaftlern. Wer Korpuslinguistik betreibt, dem geht es in erster Linie um das Beobachten und Beschreiben sprachlicher Phänomene. Wir wenden uns aber auch an die Denker und werden zeigen, dass und wie sie von den Beobachtungen der Korpuslinguisten profitieren können. Eine enge Zusammenarbeit zwischen Denkern und Beobachtern, also zwischen theoretischen Linguisten und empirisch arbeitenden Linguisten, erscheint uns fruchtbar für beide Seiten. Eine solche Haltung ist in der Zunft aber keinesfalls selbstverständlich. Randy Allen Harris hat sein Buch über die Sprachwissenschaft in den sechziger und siebziger Jahren des letzten Jahrhunderts „Linguistic Wars" genannt, und dies ist sicher nicht allzu stark übertrieben. Charles Hockett, ein Vertreter der empirischen Arbeitsweise, bezeichnete die Methode, Selbstauskünfte von Sprechern über ihr sprachliches Wissen heranzuziehen, als im günstigsten Fall überflüssig (*superfluous*) und im ungünstigsten Fall als widerwärtig (*obnoxious*)[3]. Viele theoretische Sprachwissenschaftler im Umfeld der generativen Sprachtheorie, allen voran Noam Chomsky, bezeichnen das Werk

---

[3] Vgl. Hockett (1964), zitiert nach McEnery und Wilson (1996). Wir werden in Abschnitt 2 auf die Probleme eingehen, die Selbstauskünfte von Sprechern tatsächlich mit sich bringen.

der Korpuslinguistik als irrelevant und nutzlos[4]. Es gibt, wie gesagt, Berichte von „Lagerwechseln"[5], was auch nicht gerade für ein friedliches Zusammenleben spricht.

Wir werden im zweiten Kapitel zeigen, dass mindestens ein Teil der Kritik, die von Sprachtheoretikern gegenüber empirisch arbeitenden Linguisten geäußert wurde, berechtigt ist. Sie betrifft Annahmen, die von der Korpuslinguistik in der Zeit vor dem Entstehen der generativen Grammatik in den fünfziger Jahren getroffen wurden. Die moderne Korpuslinguistik hat daraus gelernt. Es ist aber auch heute noch so, dass jeder, der korpuslinguistisch arbeitet, eine Antwort auf die Kritik aus dem sprachtheoretischen Lager haben sollte. Wir werden auf diese Antworten ausführlicher im dritten Kapitel eingehen.

Zunächst jedoch wollen wir eine Antwort auf die Frage geben, was Korpuslinguistik eigentlich ist. Das Wort ist ein Kompositum, es setzt sich aus den Bestandteilen *Korpus* und *Linguistik* zusammen. Eine Antwort auf die Frage führt also zunächst über diese beiden Begriffe.

Definition 1 (Korpus[6]). *Ein Korpus ist eine Sammlung schriftlicher oder gesprochener Äußerungen[7]. Die Daten des Korpus sind typischerweise digitalisiert, d.h. auf Rechnern gespeichert und maschinenlesbar. Die Bestandteile des Korpus, die Texte, bestehen aus den Daten selbst sowie möglicherweise aus Metadaten, die diese Daten beschreiben, und aus linguistischen Annotationen, die diesen Daten zugeordnet sind.*

Die Sammlung von Texten kann zufällig entstanden sein oder als Ergebnis sorgfältiger Planung. Je besser ein Korpus geplant ist, um so nützlicher ist es für die spätere Forschung.

Heutzutage liegen Korpusdaten in maschinenlesbarer Form vor. Es gibt auch heute noch nichtdigitalisierte Textsammlungen bzw. Recherchen, die sich auf solche beziehen. Wir werden im Kapitel *Korpuslinguistik in der Praxis* solche Untersuchungen vorstellen. Die Verwendung nichtdigitalisierter Texte führt jedoch zu methodischen Problemen. Auch dies werden wir in Kapitel 6 zeigen. Ältere Texte werden heute in vielen Projekten nachträglich digitalisiert. Das Gleiche gilt für Tonaufzeichnungen von Interviews, Gesprächen u.s.w. Man tut gut daran, sich Gedanken zu machen, ob es digitalisierte Daten für die eigenen

---

[4] Z.B. Chomsky (1986), S. 27.

[5] Vgl. zum Beispiel Fillmore (1992) und Sampson (1996).

[6] Im Deutschen wird das Neutrum verwendet, es heißt also *das Korpus*, wenn von einer Sammlung von Äußerungen die Rede ist. In allen anderen Bedeutungen wird das Wort im Maskulinum verwendet.

[7] Wir werden im Folgenden in der Regel von *Texten* reden und nur dort den Ausdruck *Äußerung* verwenden, wo es ausdrücklich um gesprochene Sprache geht.

Untersuchungen gibt bzw. ob und wie man die eigenen Daten digitalisieren kann. Wir betrachten hier das digitale Korpus als die Norm.

Der Wert eines Korpus wächst, wenn seine *Primärdaten* mit beschreibenden Daten versehen werden, die z.B. Auskunft geben über die Autoren von Texten oder die Sprecher von Tonaufnahmen, über den Zeitpunkt der Entstehung u.s.w. Man spricht hierbei auch von *Metadaten*. Von diesen Daten, die ganze Texte oder zusammenhängende Äußerungsfolgen beschreiben, unterscheiden wir die linguistische Annotation, die sich immer auf Teile von Äußerungen bezieht, also auf Wörter, Sätze usw. Zu diesen linguistisch relevanten Einheiten wird zum Beispiel deren linguistische Kategorie oder grammatische Funktion angegeben.

Von anderen Medien außer Text oder Ton sehen wir ab, wollen aber darauf hinweisen, dass es interessante Korpora gibt, in denen Text und Ton mit stehenden oder bewegten Bildern verbunden werden. Man spricht dann von *multimedialen* oder *multimodalen* Korpora[8].

Der zweite konstituierende Begriff ist *Linguistik*. Diese Disziplin wird im deutschen Sprachraum meistens als *Sprachwissenschaft* bezeichnet. Damit ist der Gegenstand dieser Disziplin im weitesten Sinn umschrieben. Das Wort *Sprache* ist aber mehrdeutig, wie die folgenden Beispiele zeigen:

(1)   . . . weil Deutsch die Sprache ist, in der ich meine Gedanken am schönsten darlegen kann. (taz, 25.6.1993)

(2)   . . . als ich die ersten Bilder sah, verschlug es mir die Sprache. (taz, 15.11.1996)

(3)   Aber auch der Kosovo, Afghanistan und der Kaukasus kamen zur Sprache. (taz, 5.2.1999)

(4)   Sie verzichten darauf, Hölderlins Sprache mit Bedeutung aufzuladen. (taz, 6.8.1990)

In Beispiel (1) ist mit *Sprache* eine konkrete natürliche Sprache, zum Beispiel das Deutsche, gemeint. In Beispiel (2) geht es allgemeiner um das Sprachvermögen und den Zugang zu diesem, welcher bei dem entgeisterten Betrachter momentan blockiert ist. Er wäre weder in der Lage sich in Deutsch, noch in irgendeiner anderen Sprache zu äußern. In Beispiel (3) ist mit *zur Sprache kommen* ein konkretes sprachliches

---

[8] Ein multimodales Korpus entstand im Sonderforschungsbereich 441, Linguistische Datenstrukturen, wo für das Bosnische / Serbische / Kroatische unter anderem am Beispiel von Comicbildern und deren Texten lokale und temporale Deiktika (Zeigewörter) untersucht wurden, vgl. `http://www.sfb441.uni-tuebingen.de/b8/` und Raecke (2000).

Ereignis gemeint. In Beispiel (4) schließlich bezieht sich der Autor auf die Eigensprache einer einzelnen Person.

Dass mit *Sprache* Unterschiedliches bezeichnet werden kann, hat Auswirkungen auf die Wissenschaft von der Sprache bzw. den Sprachen. All die in diesen Beispielen dargestellten Aspekte können Gegenstand der wissenschaftlichen Betrachtung sein. Ein Grund für den Streit zwischen den verschiedenen sprachwissenschaftlichen Lagern ist es, dass der Gegenstand der eigenen wissenschaftlichen Betrachtung verabsolutiert wird und die anderen Gegenstände nicht der wissenschaftlichen Untersuchung wert befunden werden.

Korpuslinguisten haben es mit Sprache in dem Sinn zu tun, der in Beispiel (3) zum Ausdruck kommt. Die Korpora, die untersucht werden, stellen Sammlungen konkreter sprachlicher Äußerungen dar. Natürlich werden diese in einer bestimmten Sprache getätigt, z.B. im Deutschen, Spanischen oder Chinesischen. Wir werden uns in diesem Buch auf deutsche Korpora und die korpuslinguistische Untersuchung der deutschen Sprache konzentrieren[9]. Inwieweit von Texten als Gegenstand der Untersuchung auf das Sprachvermögen der Sprecher geschlossen werden kann, ist umstritten. Es ist sogar umstritten, ob dies ein wissenschaftliches Ziel der Korpuslinguistik sein sollte[10].

Nach diesen Begriffsbestimmungen wollen wir nun versuchen eine Antwort auf die Eingangsfrage zu geben: Was ist Korpuslinguistik?

Definition 2 (Korpuslinguistik). *Als Korpuslinguistik bezeichnet man die Beschreibung von Äußerungen natürlicher Sprachen, ihrer Elemente und Strukturen, und die darauf aufbauende Theoriebildung auf der Grundlage von Analysen authentischer Texte, die in Korpora zusammengefasst sind. Korpuslinguistik ist eine wissenschaftliche Tätigkeit, d.h. sie muss wissenschaftlichen Prinzipien folgen und wissenschaftlichen Ansprüchen genügen. Korpusbasierte Sprachbeschreibung kann verschiedenen Zwecken dienen, zum Beispiel dem Sprachunterricht, der Sprachdokumentation, der Lexikographie oder der maschinellen Sprachverarbeitung.*

---

[9] Natürlich ist der Begriff *deutsche Sprache* selbst eine Abstraktion, die von Dialekten wie dem Schwäbischen, nationalen Varianten wie dem Österreichischen oder Fachsprachen wie der Sprache der Informatik abstrahiert. Von diesen Varietäten kann man zu Recht fragen, in wie weit diese noch *deutsche Sprache* sind. Das Konstrukt *deutsche Sprache* ist jedoch den meisten Sprechern vertraut und hat sich als übergeordneter Begriff auch in der Sprachwissenschaft bewährt.

[10] „...the task of corpus linguists is to exemplify the dominant structural patterns of the language without recourse to abstraction, or indeed to generalization..." (Sinclair, 1991), S. 103.

Gegenstand von Korpora und damit der Korpuslinguistik sind natürliche Sprachen, nicht formale Sprachen wie z.B. Programmiersprachen. Das schließt die Untersuchung von älteren Sprachstadien natürlicher Sprachen, wie etwa des Althochdeutschen oder des Mittelhochdeutschen, ein. Eine Vorbedingung ist allerdings, dass die überlieferten Texte dieser Sprachdenkmäler in digitalisierter Form vorliegen. In den letzten Jahren werden solche Texte in verstärktem Maße digitalisiert, man spricht dabei von *Retrodigitalisierung*[11]. Eine Stärke der Korpuslinguistik ist es, dass auf Grund der Datenbasis nicht nur die Struktur einer Sprache, sondern auch deren Verwendungsweise(n) untersucht werden können.

Die Einhaltung gewisser Prinzipien ist die Grundvoraussetzung jeder wissenschaftlicher Tätigkeit. Dazu gehört, dass die Ergebnisse von Untersuchungen nachprüfbar oder sogar reproduzierbar sein müssen. Im Fall der Korpuslinguistik heißt das, dass die Ergebnisse von Untersuchungen an vergleichbaren, anderen Korpora als denen, auf die sie sich stützen, nachprüfbar sein sollten. Die gemeinsame Nutzung eines Korpus für verschiedene Untersuchungen gewährleistet, dass Forschungsergebnisse miteinander verglichen werden können. Die Methoden der Untersuchung sollten den anerkannten wissenschaftlichen Standards entsprechen[12], und es muss Klarheit bestehen über die Reichweite und Sicherheit von Aussagen, die auf Grund von Beobachtungen getroffen werden. Dies trifft gleichermaßen für statistische Aussagen über Regularitäten wie für Gesetzesaussagen zu. Statistische Aussagen benennen Tendenzen in den Daten, die durch einzelne Gegenbeispiele nicht widerlegt werden können. Bei dieser Art von Aussagen sollte aber die Sicherheit angegeben werden können, mit der die Aussage zutrifft. Hierfür gibt es in der Statistik etablierte Verfahren. Gesetzesaussagen hingegen sind absoluter – sie bezeichnen Regeln und Zusammenhänge, die immer zutreffen. Deshalb sind sie leichter, nämlich bereits durch ein einziges Gegenbeispiel, widerlegbar.

Korpuslinguistik ist stärker als andere Richtungen der Sprachwissenschaft zweckorientiert. Die Erkenntnisse der Korpuslinguistik beeinflussen u.a. die Übersetzungswissenschaft, die Lexikografie und die Sprachlehre.

---

[11] Vgl. hierzu Altrichter (2001).
[12] Diese müssen für die Korpuslinguistik zum Teil noch entwickelt oder etabliert werden, wozu dieses Buch beitragen möchte.

2 Wer sollte dieses Buch lesen?

Diese Einführung wendet sich an Studierende und Forscher der Sprachwissenschaft, die empirisch die deutsche Sprache untersuchen wollen.
Wir möchten Ihnen mit diesem Buch das Wissen und die Mittel an
die Hand geben, die für die Planung und Durchführung korpuslinguistischer Untersuchungen benötigt werden. Sie sollen mit diesem Buch in
die Lage versetzt werden, ein für Ihre Fragestellung geeignetes Korpus
auszuwählen oder ein eigenes Korpus zu erstellen. Das Buch ist auch
zum Selbststudium geeignet.

Korpuslinguistik hat, wie wir später noch sehen werden, viel mit den
quantitativen Aspekten von Sprache zu tun. Wir werden deshalb nicht
umhin kommen, auf die quantitativen Aspekte korpuslinguistischer Forschung einzugehen. Diese werden aber nicht im Mittelpunkt dieser Einführung stehen. Dort, wo wir grundlegende Konzepte von Mathematik
und Statistik benötigen, werden wir diese informell einführen und im
Übrigen auf vertiefende Literatur zu diesem Thema hinweisen. Wir, die
Autoren dieses Buches, haben die Erfahrung gemacht, dass es durchaus auch Nicht-Mathematikern gelingen kann, sich das Handwerkszeug
quantitativer Forschung anzueignen.

Wir werden lediglich die Kenntnisse voraussetzen, die in einer allgemeinen Einführung in die (germanistische) Linguistik erworben werden
können.

3 Aufbau des Buchs

Im zweiten Kapitel werden wir ausführlicher auf die Kritik, die von
sprachtheoretischer Seite gegen die Korpuslinguistik vorgebracht wurde,
eingehen. Der Gegensatz zwischen generativer Grammatik und Korpuslinguistik ist grundsätzlich, er wurzelt in einer unterschiedlichen Auffassung von Gegenstand und Methode der Linguistik, wie wir darstellen
werden. Wir stellen die im positiven wie negativen Sinne für die Korpuslinguistik einflussreichen linguistischen Strömungen der generativen
Grammatik und des Kontextualismus vor. Am Ende dieses Kapitels
werden wir drei Ansätze korpuslinguistischer Forschung gegenüberstel-
len: einen korpusbasierten, rein quantitativen Ansatz, einen korpusbasierten, quantitativ wie auch qualitativ ausgerichteten Ansatz und einen
korpusgestützten, qualitativen Ansatz.

Im dritten Kapitel werden wir ausführlicher darstellen, was lingui-
stische Korpora sind, in Abgrenzung zu anderen Arten linguistischer
Datensammlungen. Wir werden drei für linguistische Korpora relevante
Datenebenen unterscheiden: die Primärdaten, die Metadaten und die

linguistische Annotation. Für die Beschreibung linguistischer Korpora haben sich auf internationaler Ebene Standards durchgesetzt. Diese Standards werden wir vorstellen. Der abschließende Teil ist methodischen Problemen gewidmet, die man lösen sollte, bevor man Korpora für eine linguistische Untersuchung heranzieht. Wir werden die folgenden Fragen beantworten: Können Korpora repräsentativ sein? Wie findet man sprachliche Phänomene in großen Mengen von Sprachdaten? Was macht man, wenn ein zu untersuchendes Phänomen nicht im Korpus gefunden wird, und was, wenn man etwas findet, das auf Grund einer entwickelten Theorie eigentlich nicht vorkommen dürfte?

Die linguistische Annotation von Korpora ist entscheidend für deren Nutzung in Bezug auf sprachwissenschaftliche Fragestellungen. Manche Fragestellungen lassen sich erst beantworten, wenn die Daten, die herangezogen werden, bereits linguistisch voranalysiert und beschrieben sind. Viele Korpora wurden und werden deshalb mit linguistischen Annotationen versehen. Meist werden die Kategorien der linguistischen Einheiten angegeben, aus denen die Texte des Korpus bestehen. Wir werden im vierten Kapitel Mittel und Methoden der Annotation darstellen. Syntaktisch annotierte Korpora nennt man *Baumbanken*. Wir werden einige Beispiel hierfür im Detail vorstellen. In diesem Kapitel wird außerdem die linguistische Abfrage von Korpora thematisiert. Die wichtigsten heute gebräuchlichen Abfragewerkzeuge werden hier vorgestellt.

Ausgehend von einer Typologie von Korpora werden wir im fünften Kapitel die wichtigsten heute verfügbaren Korpora des Deutschen vorstellen.

Korpora sind die Materialgrundlage vielfältiger qualitativer und quantitativer sprachwissenschaftlicher Untersuchungen. Im sechsten Kapitel werden wir einige ausgewählte Untersuchungen präsentieren und damit die Vielfalt der Fragen sichtbar machen, die mit Hilfe von Korpora beantwortet werden können.

Im siebten und letzten Kapitel wollen wir Experten zu Wort kommen lassen. Wir haben eine Reihe von Sprachwissenschaftlern, die z.T. schon recht lang mit Korpora arbeiten, interviewt und Ihnen vier Fragen gestellt. Die Antworten sind unter diesen vier Fragen zusammengefasst und regen Sie hoffentlich zu eigenen Reflexionen an.

Glossar und Index im Anhang werden sicherlich auch denen helfen, die das Buch zum Nachschlagen oder zum Lernen auf eine Prüfung verwenden wollen.

Begleitet wird dieses Buch von einer Website. Auf dieser Site, die unter `http://www.lemnitzer.de/lothar/KoLi` erreichbar ist, finden Sie:

- Weitere Details zu den im Kapitel *Deutschsprachige Korpora* vorgestellten Korpora;
- Hinweise auf Werkzeuge, die die Arbeit mit Korpora erleichtern;
- Handreichungen zu einigen der gebräuchlicheren Korpuswerkzeuge;
- Lösungsansätze für die Übungsaufgaben;
- weitere nützliche Links;
- weitere Informationen zu den Autoren des Buchs.

Wir wünschen Ihnen viel Spaß bei der Arbeit mit diesem Buch!

Die Quellen linguistischer Erkenntnis

Nach dem Durcharbeiten dieses Kapitels werden Sie wissen, wie in zwei großen Strömungen der Linguistik, in der generativen Grammatik und im Kontextualismus, mit Sprachdaten umgegangen wird. Sie werden die unterschiedlichen erkenntnistheoretischen Positionen, auf denen beide Strömungen aufbauen, unterscheiden können und Sie werden erklären können, welches Verhältnis sie jeweils zu Sprachdaten haben und welche Arten von Sprachdaten sie in ihrer Forschung verwenden. Sie werden verstehen, warum Noam Chomsky jüngst in einem Interview behauptete, dass es so etwas wie Korpuslinguistik nicht gebe. Sie werden aber auch gesehen haben, warum es sich dennoch lohnt, Korpuslinguistik zu betreiben. Außerdem werden Sie drei unterschiedliche Ansätze, Korpuslinguistik zu betreiben, kennengelernt haben. Sie werden Ihre eigenen Arbeiten so besser einordnen können.

Das unterschiedliche Verhältnis von Korpuslinguisten einerseits und theoretisch arbeitenden Linguisten andererseits zu Korpusdaten geht auf einen grundsätzlichen Unterschied in den erkenntnistheoretischen Grundlagen und Methoden beider Richtungen zurück. Die methodischen Grundlagen korpuslinguistischer Forschung sind *empiristisch*, die der theoretischen Linguistik *rationalistisch.* Wir wollen deshalb zunächst die erkenntnistheoretischen Grundlagen und Methoden des Empirismus und des Rationalismus darstellen, da aus der jeweiligen erkenntnistheoretischen Position ein unterschiedliches Verständnis der Rolle von authentischen Korpusdaten[1] folgt.

In den darauf folgenden Abschnitten werden wir zwei für die Korpuslinguistik bedeutende sprachtheoretische Strömungen, die generative Grammatik und den Kontextualismus, vorstellen. Es geht dabei in erster Linie um den Platz von Korpusdaten in diesen Theorien.

---

[1] Mit *authentisch* meinen wir, dass diese Daten im Rahmen linguistisch unreflektierter Kommunikationssituationen entstanden sein sollten. Es lässt sich, vor allem bei Zeitungskorpora, nicht verhindern, dass Textproduzenten sich in diesen Texten über Sprache allgemein oder einzelne sprachliche Phänomene auslassen, diese Situationen sollten allerdings eine deutliche Minderheit der ausgewerteten Belege ausmachen. Vgl. zu diesem Begriff auch Tognini-Bonelli (2001), S. 55-57.

Am Schluss dieses Kapitels stellen wir drei Arten, Korpusdaten für linguistische Untersuchungen zu gebrauchen, nebeneinander. Diese tabellarische Übersicht kann als Einstieg in die Fallstudien der folgenden Kapitel verwendet werden.

1 Empirismus und Rationalismus

Es handelt sich bei Empirismus und Rationalismus um zwei erkenntnistheoretische Strömungen, deren Ursprünge bis in die antike Philosophie zurück reichen. Mit diesen Begriffen werden Denkrichtungen bezeichnet, die vor allem in der philosophischen Debatte des 17. und 18. Jahrhunderts entschieden verfochten wurden. In der heutigen Wissenschaft spielen sie vor allem als Bedingungen der Erkenntnis eine Rolle und wirken so in den Wissenschaften, auch in der Sprachwissenschaft, weiter.

Der Kern der *empiristischen* Auffassung ist die Behauptung, dass alle Erkenntnis in der sinnlichen Anschauung wurzelt. Alles, was wir wissen können, lernen wir durch Beobachtung. Der Kern der *rationalistischen* Auffassung ist die Behauptung, dass Erkenntnisse durch Begriffe und Urteile gewonnen werden. Zu diesen gelangt man mit Hilfe der Vernunft und ohne direkten Bezug zur sinnlichen Anschauung.

Die empiristische Position lässt sich durch die folgenden Aussagen charakterisieren[2]:

- Allen *Begriffen*, die diesen Namen verdienen und die nicht bloß leere Worte sind, liegt Erfahrung zugrunde;
- die Geltung von *Aussagen*, die nicht aus anderen Aussagen ableitbar sind, beruhen auf Erfahrung;
- alle Aussagen, die nicht unmittelbar auf Erfahrung beruhen, müssen aus Aussagen ableitbar sein, die dies tun.

Das erkenntnistheoretische Programm des Empirismus erfasst also sowohl Begriff als auch Aussagen und bindet diese, direkt oder indirekt, an das, was sinnlich wahrnehmbar ist (*Erfahrung*).

Betrachten wir ein Beispiel: In der Korpuslinguistik wurde in den 1990er Jahren der Begriff *Kollokation*[3] auf den Begriff der *Kookkurenz* (gemeinsames Vorkommen zweier linguistischer Einheiten, im Folgenden *Kovorkommen* genannt) zurückgeführt. Dem liegt die Einsicht zu Grunde, dass der Begriff der Kollokation nicht direkt auf Beobachtungen an Sprachdaten zurückzuführen ist. Es ist aber mittels Beobachtungen an Korpusdaten und statistischen Verfahren zu ermitteln, welche Paare

---

[2] Wir folgen hier im Wesentlichen Engfer 1996, S. 12.
[3] Beispiele für Kollokationen sind: *fieberhaft suchen, rotes Tuch, einen Antrag stellen.*

von Wörtern signifikant häufiger miteinander vorkommen, als dies auf
Grund einer zufälligen Verteilung von Wörtern in Texten zu erwarten
wäre. Mit Hilfe dieses nun auf Beobachtungen rückführbaren Begriffs
des (signifikanten) Kovorkommens wurde der Begriff *Kollokation* neu
definiert. Anders ausgedrückt: die Aussage, dass ein Wortpaar eine Kollokation ist, wird, da sie nicht direkt auf Erfahrung zurückzuführen ist,
auf die Aussage gestützt, dass zwei Wörter signifikant häufig gemeinsam
vorkommen, eine Aussage also, die direkt auf Erfahrung zurückführbar
ist[4].

Die rationalistische Position lässt sich durch die folgenden Aussagen
charakterisieren[5]:

- Es wird – unter dem Titel angeborener Ideen – die Existenz erfahrungsunabhängiger Begriffe, wie *Zahl, Substanz* etc. angenommen;
- es wird die Gültigkeit erfahrungsunabhängiger Aussagen behauptet.
  Diese beruhen allein auf vernünftiger Einsicht;
- gestützt auf solche Aussagen oder Prinzipien lassen sich weitere Aussagen erschließen, die, wie die ursprüngliche Aussage, unabhängig
  von aller Erfahrung gelten.

Im rationalistischen Programm sind Begriffe und Aussagen, die sich auf
Erfahrung stützen, keinesfalls ausgeschlossen. Ihnen wird aber gelegent-
lich gegenüber auf Vernunfteinsicht gewonnenen Begriffen und Aussagen ein geringerer Stellenwert eingeräumt.

Betrachten wir auch für diese Position ein linguistisches Beispiel: Ein
in der Sprachtypologie entwickeltes Prinzip besagt, dass man Sprachen,
anhand ihrer Wortstellung, unter anderem in SOV-Sprachen (Subjekt
vor Objekt vor Verb) und SVO-Sprachen (Subjekt vor Verb vor Objekt) einteilen kann. Aussagen zu diesen Sprachtypen gehen auf die
sprachliche Universalienforschung zurück[6]. Aus der Aussage, dass eine
bestimmte natürliche Sprache eine SOV-Sprache ist, lassen sich weitere
Aussagen ableiten, zum Beispiel die, dass eine auf eine Nominalphrase bezogene Präpositionalphrase der Nominalphrase folgt und ein mo-

---

[4] Die Darstellung ist stark vereinfacht, um das Wesentliche dieses Beispiels hervor-
zuheben. Natürlich sind Kollokationen nicht ausschließlich durch ein quantitatives
Merkmal gekennzeichnet. Wichtig ist hier, dass der Begriff *Kollokation* und Aussagen, die ihn verwenden, auf direkte Beobachtung an Sprachdaten zurückführbar
sind. Zum Verhältnis von Kollokation und Kovorkommen und zur kritischen Diskussion dieser Begriffe vor allem in der lexikographischen Literatur siehe auch Lemnitzer
1997.

[5] Vgl. Engfer 1996, S. 12.

[6] Vgl. Greenberg (1963). Die Universalienforschung beschäftigt sich mit den linguistischen Merkmalen, die allen Sprachen gemeinsam sind oder an Hand derer sich
Sprachtypen unterscheiden lassen, je nachdem, welchen Wert ein Merkmal annimmt.

difizierendes Adjektiv mit hoher Wahrscheinlichkeit dem Nomen vorangeht. Das Deutsche wird von generativen Grammatikern als SOV-Sprache klassifiziert[7]. Dies deckt sich nicht unmittelbar mit Beobachtungen an deutschen Sätzen. In Beispiel (1), einem Hauptsatz, geht das Verb dem Objekt voran.

(1)   Der Sprachwissenschaftler *erfindet* viele sprachliche Beispiele...

In Beispiel (2), einem Nebensatz, folgt das Verb tatsächlich dem Subjekt und Objekt (Verbendstellung):

(2)   ..., weil er Beispielen aus Korpora *misstraut*.

Aus der reinen Beobachtung und der Tatsache, dass Hauptsätze häufiger vorkommen als Nebensätze, könnte man nun schließen, dass das Deutsche tendenziell eine SVO-Sprache ist. In der generativen Grammatik wird statt dessen eine *Tiefenstruktur* angenommen, in der das Verb im Deutschen immer den Objekten folgt. In Hauptsätzen wird das finite Verb durch Transformationen oder vergleichbare Operationen an die zweite Position in der *Oberflächenstruktur* verschoben[8]. Es spricht einiges für eine solche Argumentation. Erstens kann auch in Hauptsätzen ein Teil des Verbalkomplexes hinter den Objekten stehen:

(3)   Sie hätte den Text auch einfach gründlicher *lesen können*.

Zweitens wird die Partikel von Partikelverben dort quasi *zurückgelassen*:

(4)   Sie hielt sich gestern mal wieder den ganzen Tag lang mit belanglosen Dingen *auf*.

Drittens ist es richtig, dass das Deutsche einige Stellungsregularitäten, zum Beispiel zwischen Adjektiv und Nomen, aufweist, die für die SOV-Sprachen charakteristisch sind.

Die Aussagen zu SOV- und SVO-Sprachen sind somit nicht auf Erfahrung zurückführbar, denn Tiefenstrukturen sind der unmittelbaren Beobachtung nicht zugänglich. Auch Begriffe wie *Subjekt* und *Objekt* sind keine Erfahrungsbegriffe. Sie sind das Ergebnis vernünftiger Überlegungen. Die Stärke der verwendeten Begriffe und Aussagen liegt darin, dass sie Zusammenhänge zwischen Phänomenen erklären können.

---

[7] Vgl. Grewendorf (1995): „According to the standard view, German is a ‚verb second' language whose basic (D-Structure) constituent order is verb-final.".

[8] Im minimalistischen Programm (vgl. Chomsky (1995) und folgende) wird auf die Tiefenstruktur verzichtet, siehe z.B. Klenk (2003).

Im Allgemeinen wird der Empirismus als Erkenntnistheorie mit der wissenschaftlichen Methode der *Induktion* und der Rationalismus mit der wissenschaftlichen Methode der *Deduktion* verbunden. Die Induktion lässt sich als Schlussverfahren wie folgt charakterisieren:

- Übergang vom Besonderen zum Allgemeinen;
- Schließen von einzelnen Beobachtungen auf Gesetzesaussagen;
- Möglichkeit der Widerlegung von Gesetzesaussagen durch Beobachtungen.

Die Deduktion lässt sich wie folgt charakterisieren:

- Übergang vom Allgemeinen zum Besonderen;
- Schluss von Prinzipien und Axiomen auf Regeln;
- Möglichkeit der Überprüfung der Gültigkeit dieser Regeln durch Beobachtungen.

Auch dies möchten wir an einem linguistischen Beispiel veranschaulichen: Aus der Beobachtung, dass *einige finite Verbformen Bestandteile von Hauptsätzen sind*, und der Beobachtung, dass *diese finiten Verbformen an zweiter Stelle im Satz stehen*, wird durch Induktion die Gesetzesaussage abgeleitet, dass *finite Verben in Hauptsätzen immer an zweiter Stelle stehen*. Diese kann an Beobachtungen überprüft und falsifiziert[9] werden. So trifft die Aussage z.B. für den Satz in Beispiel (5) nicht zu:

(5)   Bleib wo du bist!

Auf Grund dieser und weiterer, der Gesetzesaussage widersprechender Evidenz kann diese verworfen oder modifiziert werden. Die Aussage kann z.B. eingeschränkt werden: *finite Verben in den Hauptsätzen, die Aussagesätze sind, stehen immer an zweiter Stelle.*

Anders herum kann aus dem unabhängig motivierten Prinzip der SOV- und SVO-Stellung von Konstituenten in Sätzen und der Feststellung, dass das Deutsche eine SOV-Sprache ist, deduktiv geschlossen werden, dass das finite Verb am Satzende steht. Die beobachtbare Tatsache, dass im Deutschen in Aussagesätzen das Verb an zweiter Stelle steht, wird mit der Regel dadurch in Einklang gebracht, dass eine Transformation angenommen wird, die das finite Verb aus der Endstellung in einer Tiefenstruktur an die zweite Position in der Oberflächenstruktur bewegt.

Im Rahmen rationalistisch orientierter sprachwissenschaftlicher Forschung kann ein Korpus zur Überprüfung und Korrektur theoretischer

---

[9] Mit *Falsifikation* wird das Verfahren bezeichnet, eine Gesetzesaussage durch mindestens ein Gegenbeispiel zu widerlegen bzw. zu verwerfen.

Aussagen verwendet werden. Wir werden dies *korpusgestützte* Linguistik nennen. Im Rahmen empiristisch orientierter sprachwissenschaftlicher Forschung ist das Korpus die primäre Quelle der Erkenntnis. Aus Beobachtungen an authentischen Sprachdaten werden Gesetzesaussagen abgeleitet, die durch weitere Beobachtungen bestätigt, modifiziert oder verworfen werden. Wir werden dies *korpusbasierte* Linguistik nennen[10].

2 Sprecherurteile statt Korpusdaten – Die Position der Generativen Grammatik

Alle sprachwissenschaftliche Forschung bezieht sich auf sprachliche Daten. Nur als eine Menge von gesprochenen oder geschriebenen Äußerungen kann sich das Sprachvermögen als kognitive Leistung von Menschen, oder das System einer natürlichen Sprache manifestieren. Schon Bloomfield stellte in den zwanziger Jahren des letzten Jahrhunderts in einem programmatischen Aufsatz fest, dass die Gesamtheit der Äußerungen, die in einer Sprachgemeinschaft gemacht werden können, die Sprache dieser Sprachgemeinschaft sei[11].

Bei dieser und bei ähnlichen Formulierungen zur Gegenstandsbestimmung der Sprachwissenschaft setzt nun die Kritik der generativen Grammatik[12] an, die seit den fünfziger Jahren das Forschungsprogramm der Sprachwissenschaft prägt. Die *Gesamtheit der Äußerungen* sei eine fiktive Größe, die im Fall einer lebenden, aktuell verwendeten Sprache durch keine Kollektion von Äußerungen auch nur annähernd repräsentiert werden könne. Eine Sprache durch Aufzählung aller Äußerungen erfassen zu wollen, sei nicht nur ein äußerst langweiliges, sondern auch ein müßiges Unterfangen. An dieser Stelle wird oft eine Analogie zum Schachspiel bemüht: Man lernt und versteht dieses Spiel nicht, wenn man die Zugfolgen möglichst vieler Partien betrachtet, sondern nur, indem man einige wenige Regeln lernt und diese anwendet. In ähnlicher Weise wird in der generativen Grammatik als eigentlicher Gegenstand der Forschung die kognitive Maschinerie ('generative device') angese-

---

[10] Elena Tognini-Bonelli trifft eine ähnliche Unterscheidung und verwendet hierfür die Ausdrücke *corpus-based* linguistics und *corpus-driven* linguistics, vgl. Tognini-Bonelli 2001.

[11] Vgl. Bloomfield (1926), S. 153.

[12] Als *generative Grammatik* wird ein Grammatikmodell bezeichnet, nach dem durch ein begrenztes Inventar von Regeln alle wohlgeformten Sätze einer Sprache generiert werden können. Der Begriff *Generative Grammatik* bezeichnet außerdem eine sprachwissenschaftliche Schule, in der dieses Grammatikmodell eine zentrale Rolle spielt.

hen, die es Menschen ermöglicht, mit einem begrenzten Inventar von Regeln eine theoretisch unbegrenzte Menge von Äußerungen zu produzieren. Die Gesamtheit der bereits irgendwann getätigten Äußerungen sei für die Erkenntnis dieser kognitiven Maschinerie irrelevant.

Chomsky hat zwei Begriffspaare für die Dichotomie von konkreten sprachlichen Äußerungen einerseits, und der Fähigkeit sich sprachlich zu äußern andererseits, verwendet: zunächst *Performanz* und *Kompetenz*, später *E-Sprache* und *I-Sprache*.

Wir werden im Folgenden kurz die Dichotomie von Kompetenz und Performanz einführen und dann ausführlicher auf die Argumentation Chomskys eingehen, mit der er den Unterschied von E-Sprache und I-Sprache begründet.

Betrachten wir zunächst das Begriffspaar *Kompetenz* und *Performanz*[13].

Definition 1 (Performanz). *Performanz, auch* Sprachverwendung *genannt, ist der aktuelle Gebrauch der Sprache in konkreten Situationen.*

Definition 2 (Kompetenz). *Die Kompetenz eines (idealen) Sprechers ist das ihm angeborene oder von ihm erworbene sprachliche Wissen. Dieses umfasst ein System von Prinzipien und Regeln. Dieses Wissen ermöglicht es dem Sprecher, eine im Prinzip unendliche Menge von Äußerungen hervorzubringen und zu verstehen, Urteile über die Wohlgeformtheit von Äußerungen zu treffen sowie die Mehrdeutigkeit oder die Bedeutungsgleichheit von Sätzen zu erkennen.*

Die Kompetenz von Sprechern ist ein theoretisches Konstrukt, etwas, zu dem der Forscher keinen unmittelbaren Zugang haben. Die Performanz hingegen ist als Menge von Äußerungsereignissen der Beobachtung unmittelbar zugänglich. Sprachwissenschaftler, die im theoretischen Rahmen der generativen Grammatik arbeiten, bestreiten, dass sich aus der beobachteten Sprachverwendung Schlüsse auf die Kompetenz ziehen lassen. Die sprachliche Leistung von Sprechern, ihre Performanz, wird durch vielfältige Faktoren beeinflusst, die nichts mit dem Sprachvermögen zu tun haben, zum Beispiel durch Begrenzungen des Kurzzeitgedächtnisses, momentane Unaufmerksamkeit und äußere Ablenkungen.

So würde der tatsächlich belegte Satz:

(6)   Anstelle des alten Magazins entstand vor einem Jahr ein fensterloser Trumm, *in dem* erst das Großkino „CinemaxX" einzog und nun auch das „Übermaxx" residiert ... (taz, 30. 4. 1999)

---

[13] Wir beziehen uns im Folgenden auf Chomsky (1969), Kapitel 1, §1.

von den meisten deutschen Muttersprachlern, wenn er ihnen vorgelegt werden würde, als ungrammatisch empfunden – das Verb *einziehen* verlangt eine Präpositionalphrase im Akkusativ als Komplement, nicht eine im Dativ. Eine grammatische Beschreibung des Verbs *einziehen* würde aber, wenn Sie sich auf diesen Beleg stützte, eine Präpositionalphrase im Dativ als Komplement annehmen. Man könnte einwenden, dass die Beschreibung sprachlicher Phänomene sich nicht auf eine einzelne Beobachtung stützen sollte. Die Vorkommenshäufigkeit eines Phänomens spielt also eine wichtige Rolle.

Der Fehler im folgenden Beleg ist vermutlich kein Einzelfall:

(7)   Allerdings haben die Bremer am 11. Mai noch ein Nachholheimspiel gegen Schalke 04, *daß* aus Sicherheitsgründen abgesagt wurde. (taz. 4. 5. 1999)

Das Relativpronomen *das* und die subordinierende Konjunktion *daß* (*dass* in neuer Rechtschreibung) werden häufig verwechselt, in beide Richtungen. Aus Belegen wie in Beispiel (7) darf nun nicht der Schluss gezogen werden, dass das Lexem *dass* als Relativpronomen verwendet werden kann. Für unser Wissen als Muttersprachler des Deutschen stellt dies kein Problem dar, wohl aber für eine Sprachbeschreibung, die sich ausschließlich auf die Produkte der Performanz stützt. Beispiele wie diese begründen die Skepsis vieler Sprachwissenschaftler gegenüber authentischen Sprachdaten als Schlüssel zur Erkenntnis des sprachlichen Wissens. Eine performanzorientierte Sprachwissenschaft muss deshalb die folgenden Fragen beantworten können: Ist eine Konstruktion grammatisch, obwohl sie nur selten vorkommt? Welche Konstruktionen sind ungrammatisch, obwohl sie häufig verwendet werden?

Performanzdaten helfen, so die generativen Grammatiker, bei der Bestimmung der Sprachkompetenz nicht weiter, da sie durch die genannten Faktoren „verunreinigt" sein können. Nur Sprecherurteile, also Selbstauskünfte von Sprechern über ihr sprachliches Wissen, sind in diesem theoretischen Rahmen als Primärdaten zugelassen. Es könnte zum Beispiel Gegenstand der Untersuchung sein, herauszufinden, welche Sätze Sprecher des Deutschen als ungrammatisch charakterisieren würden.

(8)   *Peter wohnt.

(9)   ?Peter wohnt mal wieder.

(10)   Peter wohnt komfortabel. modales Adverb

(11)   Peter wohnt in Berlin. lokales „

Das durch den Stern und das Fragezeichen markierte Sprecherurteil ist
für diese Zwecke erfunden, aber sicher leicht nachvollziehbar. Offenbar
verlangt das Verb *wohnen* nach einem modalen oder lokalen Adverb als
Ergänzung (Beispiele (10) und (11)). Ein iteratives Adverb ist schon
deutlich fragwürdiger (Beispiel (9), das deshalb mit einem Fragezeichen
gekennzeichnet ist). Ohne weitere Ergänzung außer dem Subjekt ist der
Satz aber ungrammatisch (Beispiel (8), der Stern markiert den Verstoß
des Beispiels gegen grammatische Regeln).

In späteren Arbeiten führt Chomsky eine weitere Unterscheidung
ein, die zwischen E-Sprache und I-Sprache. Wir beziehen uns im Folgenden auf Chomskys Essay *Knowledge of Language. Its Nature, Origin,
and Use*[14]. Chomsky charakerisiert sein Forschungsprogramm als Abstraktion weg vom konkreten sprachlichen Verhalten bzw. von dessen
Produkten und hin zu den mentalen Zuständen, die dieses Verhalten
bestimmen. Die Aufgabe der Sprachwissenschaft ist es, Antworten auf
die folgenden Fragen zu finden:

1. Woraus besteht unser Sprachwissen?
2. Wie wird es erworben?
3. Wie wird es angewendet? (3)

Chomsky kritisiert explizit die beschreibende und strukturalistische
Sprachwissenschaft und die Verhaltenspsychologie dafür, dass sie Sprache als eine Reihe von Sprachhandlungen oder als eine Menge sprachlicher Formen, gepaart mit Bedeutungen, betrachtet haben (19). Diese
Kritik trifft sicher auf die Form von empirischer Sprachwissenschaft zu,
wie sie Bloomfield in dem oben dargestellten Sinn skizzierte. Die Menge der Äußerungsereignisse oder Sprachhandlungen bezeichnet Chomsky als *E-Sprache* (‚E-language', 20), als externalisierte Sprache in dem
Sinne, dass sie nicht in Zusammenhang mit mentalen Zuständen der
Sprecher betrachtet wird. Eine Grammatik, die aus diesen Daten abgeleitet werden würde, stelle nicht mehr als eine Sammlung von Beschreibungen dieser Ereignisse und Handlungen dar. Eine solche Grammatik
wäre ein arbiträres Gebilde, deren einziges Qualitätskriterium es ist, die
beobachteten sprachlichen Ereignisse korrekt zu beschreiben (20).

Dem stellt Chomsky die *I-Sprache* (‚I-language', 22) gegenüber. Mit
dem Ausdruck *internalisierte Sprache* bezeichnet Chomsky mentale Zustände der Sprecher, die eine Sprache beherrschen (22). Eine Grammatik ist eine Theorie über diese I-Sprache und damit über die mentalen
Zustände der Sprecher. Grammatiken, verstanden als Theorien über die

---

[14] Vgl. Chomsky (1986). Die Zahlen in Klammern geben die Seitenzahlen an, auf die
wir uns beziehen.

I-Sprache, sollen so einfach wie möglich sein. Sie sind außerdem falsifizierbar wie jede andere wissenschaftliche Theorie. Dies sind die wissenschaftlichen Kriterien, nach denen Grammatiken bewertet werden können, wenn mehrere gleichermaßen die I-Sprache beschreiben. Die Konstruktion und Auswahl einer Theorie ist also keinesfalls willkürlich.

Für den Erkenntniswert der Korpuslinguistik bedeutet dies: Selbst wenn man, auf Grund eines ausreichend großen Korpus, zuverlässige Aussagen über die möglichen Ausdrücke einer natürlichen Sprache, also über die E-Sprache, erlangen könnte, wäre dies nicht ausreichend für die Bestimmung der I-Sprache, da es mehr als eine interne Sprache geben könnte, die exakt dieselben möglichen Ausdrücke erzeugt. Die konkret beobachtbaren Äußerungen liefern außerdem keinen Schlüssel zu den mentalen Zuständen der Sprecher, die nach Chomsky der eigentliche (und ausschließliche) Gegenstand der Sprachwissenschaft sein sollen.

Wie ist nun aber der Zugang zu den mentalen Zuständen der Sprecher möglich? Chomsky schlägt folgende Quellen vor:

- Die wichtigste Quelle ist das Sprachgefühl bzw. Intuition (engl: ‚intuition‘) der Sprecher, die direkt oder indirekt über ihr Sprachwissen Auskunft geben[15]. Sprecher können direkt Auskunft geben, indem sie z.B. die Grammatikalität oder Akzeptabilität von Sätzen beurteilen, die ihnen vorgelegt werden, oder angeben, ob sie selber einen solchen Satz verwenden würden. Indirekte Auskunft kann dadurch eingeholt werden, dass Sprecher in Experimente einbezogen werden, in deren Verlauf ihnen bestimmte Äußerungen entlockt (engl. ‚elicit‘) werden[16].

- Darüber hinaus können die folgenden Quellen indirekt zu Erkenntnissen über das Sprachvermögen beitragen[17]:
  - Befunde über Sprachstörungen (Stottern, Aphasien u.s.w.);
  - Versprecher (*Sehr geehrte Hamen und Derren*)[18];
  - Neu geprägte Sprachen, z.B. die Kreolsprachen[19].

Sprachstörungen sind ein indirekter Beleg für den modularen Aufbau des Sprachvermögens, denn bei den meisten Sprachstörungen sind nur einige Bereiche oder Aspekte des Sprechens gestört bzw.

---

[15] „Hill: If I took some of your statements literally, I would say that you are not studying language at all, but some form of psychology, the intuitions of native speakers. Chomsky: That is studying language.“, zit. nach Harris (1995), S. 54.

[16] Labov 1975 stellt einige dieser Experimente vor, z.B. Seite 18ff. und Seite 49 ff.

[17] Vgl. Chomsky (1986), S. 37.

[18] Vgl. Bierwisch (1970) und Leuninger (1996).

[19] Kreolsprachen sind Mischsprachen in Zonen intensiven Austauschs zwischen zwei Sprachgemeinschaften. Im Gegensatz zum *Pidgin* haben diese Sprachen bereits den Charakter von Muttersprachen, d.h. es gibt bereits Sprecher, die mit dieser Sprache aufgewachsen sind; zu den Pidgin- und Kreolsprahen vgl. Camp und Hancock (1974).

des Schreibens, wie im Falle der Legasthenie. Anhand von neurologischen Befunden, zum Beispiel Hirnläsionen nach einem Unfall, die mit dem Ausfall bestimmter sprachlicher Fähigkeiten korrespondieren, lässt sich der Sitz des Sprachvermögens im Gehirn nachweisen. Versprecher deuten auf momentane Fehlfunktionen auf dem Wege von der Planung zur Realisierung einer Äußerung hin. Die Art der Fehlfunktion erlaubt wiederum Rückschlüsse auf den modularen Charakter des Sprachvermögens. Es kann gezeigt werden, dass bei Versprechern bestimmte Aspekte der Sprachproduktion in systematischer Weise gestört werden[20]. Kreolsprachen als eine Verfestigung des Vermischungsprozesses mehrerer Sprachen, unter deren Einfluss die Sprecher standen (z.B. indigene Sprache und Amtssprache), lassen prinzipiell Schlüsse auf die Erlernbarkeit von Sprachen zu.

Gegenüber diesen Quellen linguistischer Erkenntnis leiden Korpora unter den folgenden Mängeln:

- Korpora enthalten eine nicht unerhebliche Anzahl von Äußerungen, die von Sprechern, wenn sie diese Äußerungen zu beurteilen hätten, als nicht wohlgeformt eingestuft würden. Ursache für diese Einstufungen können banale Dinge wie Kongruenzfehler oder Wortauslassengen sein. Es kann sich aber auch um sehr subtile Phänomene handeln, deren (Nicht-)Wohlgeformtheit nicht einfach und einhellig festgestellt werden kann. Es sind diese subtilen (Pseudo-)Fehler, die die Interpretation von Korpusdaten besonders erschweren. Eine Grammatik einer Sprache, die sich ausschließlich, ohne ein weiteres Korrektiv, auf Korpusdaten dieser Sprache stützen würde, müsste solche Sätze wie in Beispiel (7) aufnehmen und grammatisch beschreiben[21].
- Selbst in den größten Korpora wird man eine Menge sprachlicher Phänomene, die für den Entwurf einer Grammatik der zu beschreibenden Sprache wichtig sind, nicht finden. Dies ist seit dem Aufkommen der generativen Grammatik eine Binsenweisheit. In jedem neuen Text wird man Sätze finden, die vorher noch nie geäußert bzw. aufgeschrieben wurden. Was für einzelne Sätze gilt, kann aber auch auf Konstruktionstypen zutreffen, und dieser Mangel ist für die Beschreibung von Sprachen oder gar für die Theoriebildung viel

---

[20] Für eine detaillierte Analyse vgl. Leuninger (1996).

[21] Ein weiteres, berühmtes Beispiel ist der Satz *Ich habe fertig*, geäußert vom italienischen Trainer Giovanni Trappatoni auf einer Pressekonferenz. Die Ursachen für diesen Fehler liegt in der mangelnden Beherrschung der deutschen Sprache. Der Satz hat aber durch häufige Pressezitate mittlerweile den Status eines geflügelten Wortes. Man wird ihm in Zeitungstexten dieser Zeit sicher häufig begegnen. Aber will man diesen Satz wirklich als *wohlgeformt* akzeptieren und beschreiben?

gravierender. Wenn in einem Korpus der deutschen Sprache keine Imperativform (wie z.B. *Gib!*) oder keine Mittelkonstruktion (wie z.B. *Dieses Auto fährt sich gut*) auftauchte, dann könnten diese Konstruktionstypen auch nicht in einer rein empirischen, korpusbasierten Sprachbeschreibung auftauchen. Sprecher des Deutschen würden diese Konstruktionen, wenn man sie ihnen vorlegte, aber sicher als wohlgeformt einstufen und sie bei gegebenem Anlass auch selber verwenden. Ihr Fehlen im Korpus ist ein reines Zufallsprodukt.

Generative Grammatiker bemühen lieber ihr eigenes Sprachgefühl, um über die Möglichkeit oder Wohlgeformtheit bestimmter Konstrukte in einer Sprache zu urteilen. So behauptete Chomsky selber in einer Diskussion, dass das Verb *perform* nicht mit unzählbaren Substantiven (‚mass nouns‘) verwendet werden kann (**perform labour*), sondern nur mit zählbaren Substantiven (‚count nouns‘ – *perform a task*). Er beruft sich darauf, dass er dies als Muttersprachler des Englischen wisse. Tatsächlich ist diese Verallgemeinerung falsch. Ein Blick in das *British National Corpus* zeigt als Gegenbeispiel die Konstruktion *perform magic*[22].

Labov[23] führt einen extremeren Fall eines irregeleiteten Sprecherurteils an. Sprecher des amerikanischen Englisch aus Philadelphia wurden zum (korrekten) Gebrauch des Wortes *anymore* befragt. Wurden die Sätze mit diesem Wort vorgelegt, gaben viele von ihnen an, dass sie das Wort so wie in Beispiel (12) verwendet noch nie gehört hätten und dass sie dies nicht als korrektes Englisch akzeptieren könnten.

(12)   John is smoking a lot anymore.

Einige interpretierten auch die Bedeutung dieses und ähnlicher Sätze falsch. Alle Kriterien deuteten also darauf hin, dass diese Konstruktionen nicht zur Sprachkompetenz dieser Sprecher gehören. Tatsächlich aber wurden diese Probanden beobachtet, wie sie dieses Wort in ähnlichen Konstruktionen verwendeten, zum Teil sogar in denselben Interviews, in denen sie zur Verwendung dieses Wortes befragt wurden[24].

Es gibt in der Literatur noch mehr Beispiele, die die Unzuverlässigkeit von Sprecherurteilen eindrücklich belegen[25]. Auch wenn Sprachwissenschaftler als Fachleute, die den reflektierten Umgang mit Sprache ihr ganzes berufliches Leben über trainieren, wohl als die besseren Infor-

---

[22] Das Beispiel stammt aus McEnery und Wilson 1996, S. 11.
[23] Cf. Labov 1975, S. 34f.
[24] Ähnlich könnte es deutschen Sprechern, die aus dem Ruhrgebiet stammen, mit dem Satz *Ich war meine Reise am Planen*, ergehen.
[25] Einige wichtige Studien werden in Labov 1975 diskutiert.

manten gelten können, sind auch sie nicht vor Fehlurteilen sicher, wie
das obige Beispiel zeigt[26].

Chomsky selber schätzt denn auch den Wert von Specherurteilen als
linguistische Daten kritisch ein. Er möchte den grundlegenden Aufbau
der Grammatik einer Sprache auf die eindeutig entscheidbaren Fälle
stützen. Ist erst einmal eine solche Grundgrammatik gefunden, die die
eindeutigen Fälle von wohlgeformten Sätzen einschließt und die eindeutig nicht-wohlgeformten Sätze ausschließt, dann könne aus dieser
Grammatik auch der Status – wohlgeformt oder nicht – der zweifel-
haften Konstruktionen abgeleitet werden[27]. Außerdem bedürften auch
Sprecherurteile der Interpretation, da sie nicht direkt die Struktur der
untersuchten Sprache und ihre Grammatik reflektierten[28].

Die methodische Vorsicht gegenüber Sprecherurteilen ist, wie wir
gesehen haben, sicher angebracht. Es ist aber zweierlei gegen Chomskys Vorgehen vorzubringen. Erstens kann man fragen, warum man in
den eindeutigen Fällen nicht auch auf Korpusdaten zurückgreifen können sollte. Die eindeutigen Fälle dürften auch die sein, die in einem
großen Korpus so oft vorkommen, dass die Gefahr der Missinterpreta-
tion von Performanzfehlern gering ist. Zweitens ist der sprachtheoretische Diskurs über die korrekte Grammatik einer Sprache mittlerweile so
komplex, dass vor allem über seltene Konstruktionen und deren grammatischen Status diskutiert wird. Eine konkrete Grammatik muss sich
gerade an diesen Beispielen beweisen[29]. Für diese Satztypen ist aber
nicht nur die Evidenz von Korpora rar und möglicherweise fragwürdig,
auch das Sprachgefühl wird hier unscharf und die geforderte Konsistenz
von Sprecherurteilen schwindet.

Wir möchten allerdings darauf hinweisen, dass sich auch die wissenschaftliche Praxis der Ermittlung von Sprecherurteilen verbessert hat.
Dies ist ein durchaus spannendes Feld linguistischer Forschung, welches
allerdings außerhalb des Rahmens dieses Buches liegt[30].

Diese kritische Bewertung introspektiver Daten als Quelle linguistischer Erkenntnis soll nicht davon ablenken, dass auch Korpusdaten

---

[26] Ein extremer Fall linguistischer Fehleinschätzung, betreffend die Möglichkeit der
Einbettung von Konstituenten in Konstituenten des gleichen Typs (‚central embedding‘), bewog Geoffrey Sampson einst dazu, in das Lager der Korpuslinguistik zu
wechseln, vgl. Sampson 1996.

[27] Vgl. Chomsky 1957, S. 14: „In many intermediate cases we shall be prepared to let
the grammar itself decide".

[28] Vgl. Chomsky 1986, S. 36.

[29] Vgl. Labov 1975, S. 17: „. . . the acceptability of complex sentence types frequently
becomes a turning point for a theoretical conclusion."

[30] Wir empfehlen dem interessierten Leser drei neuere und interessante Arbeiten zu
diesem Thema: Blume (2004), Featherston (2002) und Sorace und Keller (2005).

problematisch sein können. Die Kritik an dem Wert von Korpusdaten sei hier noch einmal in vier Punkten zusammengefasst:

1. Der Status eines beliebig großen Korpus zu der Sprache, die es repräsentieren soll, ist unklar, da die repräsentierte Sprache aus einer potenziell unendlichen Menge von Sätzen besteht (Problem der Repräsentativität);
2. Ein Korpus enthält eine große Zahl von Phänomenen, die für die Beschreibung der Sprache, die es repräsentiert, irrelevant sind (Problem der Relevanz der Daten);
3. Viele Konstruktionen, die im Beschreibungsbereich einer Grammatik liegen, da sie wohlgeformt sind, sind in Korpora dieser Sprache nicht vorhanden (Problem unvollständiger Datenabdeckung);
4. Viele Äußerungen, die dann auch Bestandteile von Korpora sein können, sind nicht wohlgeformt. Aus ihnen können und sollten keine Schlüsse auf das sprachliche Wissen der Sprecher gezogen werden (Problem der Verlässlichkeit der Daten).

Man sollte als Sprachwissenschaftler, der mit Korpora arbeitet, diese Kritik an Korpusdaten ernst nehmen und dieser Kritik mit guten Argumenten begegnen können. Hierzu gehören Antworten auf die Fragen, wie man mit der Existenz nicht-wohlgeformter Äußerungen und mit dem Fehlen wohlgeformter Äußerungen umgeht. Zweifelhafte Schlüsse können zum Beispiel durch andere Daten, wie Sprecherbefragungen, gestützt werden. Hierzu gehört auch die Antwort auf das Problem, das mit der Generativität von Sprachen zu tun hat: Wie bestimmt man das Verhältnis einer endlichen Menge von Beobachtungsdaten zu einer potenziell unendlichen Menge von Äußerungen? Zu diesem Problem findet man in der modernen Statistik einige überzeugende Antworten.

Wir werden in den folgenden Kapiteln zeigen, dass, bei aller Kritik, auch Sprachwissenschaftler, die in diesem theoretischen Rahmen arbeiten, auf Korpusdaten zurückgreifen. Dies ist in den letzten Jahren sogar vermehrt der Fall. Korpuslinguistik, und damit auch die methodische Diskussion, gewinnt auch hier an Relevanz.

Der nächste Abschnitt ist einer linguistischen Schule gewidmet, für die die Arbeit mit Korpusdaten notwendiger Bestandteil linguistischer Erkenntnis ist. Für diese Schule, die in Deutschland *Kontextualismus* genannt wird[31], geht alle linguistische Erkenntnis vom Sprachgebrauch aus.

---

[31] Im englischen Sprachraum sind die Bezeichnungen *London School* – der Hauptvertreter lehrte in London – oder *Functionalism* gebräuchlicher, vgl. Lehr (1996), S. 7.

3 Linguistische Erkenntnis geht vom Sprachgebrauch aus – Die Position des Kontextualismus

Einige prominente Korpuslinguisten, zum Beispiel John Sinclair – ehemaliger Chefredakteur des *Collins Cobuild English Dictionary* – entstammen der Schule des Kontextualismus. Für diese Sprachwissenschaftler ist die Arbeit mit sehr großen Textkorpora der Vollzug des Forschungsprogamms, das vor allem von John Rupert Firth entworfen wurde[32].

Das Forschungsziel des Kontextualismus ist es, sprachliche Äußerungen und deren verschiedene linguistische Aspekte als Funktionen des sprachlichen und nicht-sprachlichen Kontextes zu erklären, in dem diese Äußerungen stehen.

Der erste prinzipielle Unterschied zwischen Kontextualismus und generativer Grammatik liegt in der Bestimmung des Untersuchungsgegenstandes: während es Letzterer um die Kompetenz von Sprechern und damit um die Voraussetzungen für die Bildung sprachlicher Ausdrücke geht, untersucht der Kontextualismus konkrete Verwendungsweisen von Sprache anhand von tatsächlich vorkommenden Äußerungen. Nur für konkrete Äußerungen lässt sich ein Kontext ermitteln und somit das Verhältnis zwischen Äußerung und Kontext. Experimentelles Vorgehen, z.B. Transformations- und Ersetzungstests, und die Erhebung introspektiver Daten werden abgelehnt.

Auch die Kontextualisten möchten letztendlich zu Aussagen über das Sprachsystem gelangen. Soweit scheinen der Kontextualismus und die generative Grammatik übereinzustimmen. Ein wesentlicher Unterschied liegt allerdings im Verständnis dessen, was als *Sprachsystem* bezeichnet wird. Für die generative Grammatik ist dies eine kognitive Struktur, das sprachliche Wissen der Sprecher. Für den Kontextualismus sind dies die regelhaften Beziehungen zwischen der Form, dem Inhalt und dem Kontext sprachlicher Äußerungen. Diese Beziehungen können nur aus konkreten Sprachhandlungen abstrahiert werden. Am Beginn dieser Abstraktion muss also die Erfassung, Analyse und Systematisierung der konkreten Sprachhandlungen stehen. Für Firth liegt die Bedeutung linguistischer Einheiten in ihrer Funktion für den *Kontext*, in den die Äußerungen eingebettet sind.

---

[32] Wir stützen uns bei der folgenden Darstellung vor allem auf die vorzügliche Darstellung des Kontextualismus bei Andrea Lehr 1996, sowie auf die Arbeiten von Elena Tognini-Bonelli 2001.

Definition 3 (Kontext). *Der Kontext einer Äußerung ist die Summe der unmittelbaren Rahmenbedingungen einer Sprachhandlung als das Bezugssystem, innerhalb dessen einer Äußerung eine Funktion zukommt. Dabei bildet der* kulturelle Kontext *das Bezugssystem für eine Sprache und steuert die Art und Weise, wie Sprecher sprachliche Handlungen wahrnehmen. Der* situative Kontext *determiniert die Funktion einer konkreten sprachlichen Handlung. Zum situativen Kontext gehören Ort und Zeit, die Beteiligten, etc.*[33]

Das Konzept des Kontexts als Rahmen und Bedingung menschlichen Handelns hat Firth von dem Anthropologen Bronislaw Malinowski übernommen. Er hat dieses System auf linguistische Untersuchungen hin erweitert, indem er dem – im Wesentlichen nicht-sprachlichen – Kontext das Konzept des Kotextes an die Seite stellte[34].

Definition 4 (Kotext). *Der Kotext einer linguistischen Einheit ist die Menge der linguistischen Einheiten, die im gleichen Text verwendet wurden. Diese linguistischen Einheiten determinieren die Funktion und die Bedeutung der untersuchten Einheit.*

Ko- und Kontext spielen für die Untersuchung sprachlicher Handlungen eine zentrale Rolle. Sie haben den (deutschen) Namen dieser linguistischen Schule geprägt.

Firth hat den Kotext von Wörtern und Sätzen auf den vier Ebenen der Phonetik und Phonologie, der Morphologie, der Syntax und der Lexik untersucht. Die Untersuchungsbasis bildeten einzelne, situationsgebundene Texte. Heutzutage findet man natürlich eine große Zahl von Sprachhandlungen in Korpora dokumentiert, dies war aber zu Firths Zeiten noch nicht der Fall[35].

Bekannt sind heute noch Firths Arbeiten zur Phonetik und Phonologie und zur Lexik. Die phonetisch-phonologischen Arbeiten spielen für die Korpuslinguistik keine Rolle. Interessant sind aber seine Arbeiten zu Wörtern und Kotexten auf der lexikalischen Ebene. Hier spielen die von ihm geprägten Terme *Kollokation* und *Kolligation* eine wichtige Rolle.

---

[33] Genaueres hierzu in Firth (1991), S. 182.

[34] In vielen linguistischen Arbeiten wird nicht zwischen *Kotext* und *Kontext* unterschieden. Dort wird für beide Bereiche der Ausdruck *Kontext* verwendet, oder es wird zwischen *sprachlichem Kontext* und *nichtsprachlichem Kontext* unterschieden.

[35] Firth starb im Jahre 1960, das erste größere, digitale Korpus der englischen Sprache wurde 1964 an der Brown University fertiggestellt, vgl. hierzu Kučera und Francis (1967).

Definition 5 (Kollokation). *Innerhalb des Kontextualismus wird unter Kollokation das faktische Miteinandervorkommen zweier oder mehrerer beliebiger Wörter oder lexikalischer Einheiten verstanden. Damit ist keine normative Bewertung hinsichtlich der Korrektheit oder Grammatikalität dieser Wortverbindung verbunden. Der Begriff wird vom späten Firth und einigen seiner Anhänger auf die* Habitualität *des Kovorkommens eingeschränkt. Darunter wird vor allem verstanden, dass die Wortverbindung in den beobachteten Texten wiederholt auftreten muss*[36].

Die Analyse von Kotext und Kontext linguistischer Einheiten ist für Firth und seine Anhänger der Schlüssel zur Bedeutung dieser linguistischen Einheiten. Bedeutung wird also nicht, wie in vielen anderen Theorien, als eine mentale Disposition von Sprechern oder als eine Struktur, die unabhängig vom Gebrauch existiert, aufgefasst. Damit ist der Kontextualismus eine Gebrauchstheorie der Bedeutung, im Sinne von Wittgensteins berühmter Formel: „Die Bedeutung eines Wortes ist sein Gebrauch in der Sprache"[37]. Firth formuliert dies ganz ko(n)texutalistisch: „You shall know a word by the company it keeps"[38].

Wir werden an späterer Stelle ausführlicher auf Kollokationsanalysen in Korpora eingehen. In diesem, eher theoretischen Zusammenhang ist es wichtig, dass keine Wortverbindung von vornherein ausgeschlossen wird. Jedes Wort kollokiert mit jedem Wort, mit dem es in einer größeren linguistischen Einheit (Satz oder Text) gemeinsam vorkommt. Die Korpusanalyse im Geiste des Kontextualismus ist immer *exhaustiv*, d.h. allumfassend. Der Gebrauch des Korpus durch generative Grammatiker ist, wenn es überhaupt dazu kommt, *selektiv*.

Eine Kombination von lexikalischer Ebene und syntaktischer Ebene im kontextualistischen Rahmen stellt die Kolligation dar.

Definition 6 (Kolligation). *Als Kolligationen werden Paare sprachlicher Einheiten bezeichnet, deren Zusammenhang durch die Bezeichnung ihrer syntaktischen Kategorien und der Beziehungen zwischen diesen Kategorien weiter qualifiziert ist*[39].

Nach dieser Definition ist das Beispiel (13) allein auf Grund des häufigen Kovorkommens als Kollokation auffassen, nicht aber als Kolligation. Im

---

[36] Beispiele für Kollokationen finden sich in Fußnote 3.
[37] Vgl. Wittgenstein (1967), S. 43.
[38] Firth (1968b), S. 179.
[39] „The study of the collocations in which a word is normally used is to be completed by a statement of the interrelations of the syntactical categories within collocation", Firth (1968a), S. 23.

Gegensatz dazu ist Beispiel (14) eine Kolligation, da zwischen den beiden Elementen die grammatische Beziehung von Prädikat und Objekt besteht.

(13)   und er

(14)   Antrag stellen

Mit dem Konzept der Kolligation bekommt die Text- bzw. Korpusanalyse im Rahmen des Kontextualismus ein interpretatorisches Element. Es wird über das reine Erfassen, Auszählen und häufigkeitsbasierte Ordnen von Wortpaaren hinausgegangen. Die gewonnenen Daten werden dadurch *sinnhafter*.

Zusammenfassend lässt sich zur Rolle des Kontextualismus für die moderne Korpuslinguistik sagen:

- Der Kontextualismus ist eine sprachwissenschaftliche Richtung, die linguistische Erkenntnis einzig und allein auf die Analyse des Sprachgebrauchs stützt. Die materielle Basis der linguistischen Untersuchungen, Texte und heutzutage Korpora, werden exhaustiv untersucht. Es werden von vornherein keine Daten ausgeschlossen (etwa, weil sie nicht wohlgeformt wären).

- Der bedeutendste Beitrag des Kontextualismus für die moderne Korpuslinguistik liegt in der Analyse von Wortverbindungen. Dabei dominiert der syntagmatische Aspekt, das gemeinsame Vorkommen der Wörter in einer größeren linguistischen Einheit, bei weitem den paradigmatischen Aspekt, der im Kontextualismus auch eine Rolle spielt[40]. Wortverbindungen können, je nach dem Status der Interpretation, als *Kollokationen* oder als *Kolligationen* bezeichnet werden.

- Die Analyse von Korpora im Geiste des Kontextualismus hat vor allem im Bereich der Lexikographie und Lexikologie, in der Übersetzungswissenschaft, für den Sprachunterricht und als Basis von sprachkritischen Untersuchungen bedeutende Leistungen ermöglicht.

Generative Grammatik und Kontextualismus unterscheiden sich, wie wir gesehen haben, hinsichtlich der Auffassung ihres Untersuchungsgegenstandes, hinsichtlich dessen, was als sprachliche Daten von Rele-

---

[40] Die Bezeichnungen *syntagmatisch* und *paradigmatisch* gehen auf die Sprachtheorie von Hjelmslev zurück, der sich hier an Saussure anlehnt, vgl. (Hjelmslev, 1974). Sprachelemente, die gemeinsam in größeren linguistischen Einheiten vorkommen, stehen in einer syntagmatischen Beziehung zueinander (z.B. ... *Antrag* ... *stellen*). Sprachelemente, die sich in Kotexten gegenseitig ausschließen und gegeneinander ausgetauscht werden können, stehen in einer paradigmatischen Beziehung zueinander. Ein Beispiel für eine paradigmatsche Beziehung ist die Synonymie, z.B. von *Apfelsine* und *Orange*.

vanz für die Bildung abstrakter und generalisierter Aussagen über den
Gegenstand ist, und dementsprechend auch hinsichtlich der Verwendung von linguistischen Korpora. Ein Austausch zwischen diesen beiden
großen Strömungen in der modernen Linguistik fand bisher kaum statt.
Erkenntnisse etwa über das kollokative oder funktionale Spektrum lexikalischer Einheiten werden von generativen Grammatikern als trivial
und für eine ernsthafte Sprachtheorie irrelevant abgetan. Auf der anderen Seite werden von den Kontextualisten theoretische Aussagen der
generativen Grammatiker als unbegründet, da empirisch nicht fundiert
oder gar von jeglicher empirischer Basis isoliert und damit empirisch
nicht falsifizierbar abgetan.

Wir wollen mit diesem Buch den spezifischen Beitrag von Korpusdaten für alle Arten linguistischer Forschung, für die die beiden dargestellten gegensätzlichen Strömungen stehen, darstellen. Der Beitrag ist natürlich ein jeweils verschiedener, wie die Ausführungen dieses Kapitels
zeigen. Die Verwendung von Korpora öffnet aber interessante Wege für
die linguistische Forschung insgesamt. Dies wollen wir in den folgenden
Kapiteln an einigen, für den heutigen Stand der Forschung typischen
Beispielen zeigen.

Im folgenden, abschließenden Abschnitt werden die verschiedenen
Ansätze korpusbezogener sprachwissenschaftlicher Forschung überblicks-
artig dargestellt.

4 Korpusbasierte Ansätze

Die in den letzten Abschnitten beschriebenen methodischen Begriffspaare *Empirismus / Rationalismus* und *Deduktion / Induktion* glie-
dern die folgende Übersicht, siehe auch Tabelle 2. Wir unterscheiden
drei Ansätze in der Korpusanalyse: den korpusbasierten, quantitativen
Ansatz, den korpusbasierten, quantitativ-qualitativen Ansatz und den
korpusgestützten, qualitativen Ansatz.

4.1 Der korpusbasierte, quantitative Ansatz

Bei diesem Verfahren werden auf der Grundlage von rohen, also nicht
linguistisch annotierten, Korpora quantitative Daten extrahiert.

Ansätze	korpusbasiert quantitativ	korpusbasiert, quantitativ und qualitativ	korpusgestützt
Ansätze	Latent-semantische Analyse N-Gramm Analyse	Kollokationsanalyse Semantische Prosodie	Wortstellungsphänomene
Theoretischer Rahmen	Keiner	Kontextualismus (Firth)	Strukturalismus (Saussure), Generative Grammatik (Chomsky)
Erkenntnis-theoretischer Ansatz	extrem empiristisch	gemäßigt empiristisch	rationalistisch
Personen	Landauer – Jelinek	Sinclair, Teubert, Heringer	Fillmore, Arts, Oostdijk, Reis, Meurers
Eingabe	Korpus in Rohform	Korpus in Rohform	Linguistisch annotiertes Korpus oder Belegsammlung
Ausgabe	Text-Term-Matrizen N-Gramme mit Frequenzen	Kollokator-Kollokant-Paare mit Kennziffern	Belegsätze
Interpretation	Keine	Ja, von den Belegen ausgehend	Ja, von den theoretischen Aussagen ausgehend
Linguistische Domäne	statistische Sprachmodelle	Semantik	Syntax
Anwendungsgebiet	Informationserschließung, Verarbeitung gesprochener Sprache	Lexikographie, Sprachunterricht, Übersetzungswissenschaft	Lexikographie, theoretische Linguistik

Tabelle 1: Ansätze in der Korpuslinguistik

Diese quantitativen Daten können qualitativ interpretiert werden, dies ist aber für den erfolgreichen Einsatz dieser Verfahren nicht notwendig. Typische Kennziffern einer quantitativen Korpusanalyse sind:

- die absolute Häufigkeit, mit der eine Zeichenkette[41] in einem Text / Korpus vorkommt;
- die relative Häufigkeit, mit der eine Zeichenkette in einem Text / Korpus vorkommt;
- der Rangplatz, den eine Zeichenkette auf Grund ihrer Häufigkeit einnimmt (z.B. *Zeit* ist das zehnthäufigste Wort = das Wort *Zeit* hat den Rangplatz 10);
- die Distribution eines Wortes, gemessen als die Häufigkeit des Vorkommens dividiert durch die Zahl der Texte, in denen das Wort vorkommt;
- Häufigkeiten von Sequenzen anderer linguistischer Einheiten, beschrieben als *n-Gramme*, in Texten;
- semantische Ähnlichkeit von Wörtern, gemessen an der Häufigkeit ihres Kovorkommens oder gemeinsamen Vorkommens mit weiteren Wörter (s. Exkurs).

Diese Verfahren werden vor allem im Bereich des Information Retrieval und weiterer texttechnologischer Anwendungen, z.B. der Erkennung und Extraktion von Fachtermen, verwendet. Da sie keine genuin korpuslinguistischen Instrumente sind, gehen wir nur in einem Exkurs hierauf ein.

Exkurs: Quantitatve Verfahren im Information Retrieval

Das Ziel des Information Retrieval ist es, auf die Anfrage eines Benutzers die Dokumente zu finden und zu präsentieren, die vermutlich die vom Benutzer gesuchten Informationen enthalten. Den meisten von Ihnen dürfte dies von den Suchmaschinen des World Wide Web her bekannt sein. Ein Problem, das die Suchergebnisse negativ beeinflusst, besteht darin, dass sehr oft die Wörter der Suchanfrage in Dokumenten nicht vorhanden sind, obwohl formähnliche oder bedeutungsähnliche Wörter vorkommen. Würden diese ebenfalls als Treffer erkannt, dann würden auch diese, für die Anfrage relevanten, Dokumente gefunden. Wir wollen hier kurz den *n-Gramm*-Ansatz für das Auffinden formähnlicher Wörter und auf die latente semantische Analyse für das Auffinden bedeutungsähnlicher Wörter eingehen.

---

[41] Zeichenketten sind das Ergebnis der Segmentierung von Texten, s. Kapitel 4. Da Texte meist in Wörter zerlegt werden könnte man stattdessen auch von *Wörtern* sprechen. *Zeichenkette* ist aber der präzisere Ausdruck.

n-Gramme Vorkommenshäufigkeiten von *n-Grammen* linguistischer
Einheiten können dazu verwendet werden, formähnliche Wörter in Anfrage und Text auf einander abzubilden. Es kann sich dabei um Folgen
von 1, 2, 3 ... n Phonemen, Graphemen etc. handeln. Nehmen wir an,
dass in einem Text *Operationen am offenen Herzen* vorkommt. In der
Suchanfrage wird der Term *Herzoperation* verwendet. Bei einfachem
Abgleich der Wörter würde das Dokument, das doch immerhin relevant erscheint, nicht gefunden. Beide Zeichenketten haben aber acht
Trigramme gemeinsam: _ *He, Her, erz, per, era, ati, tio, ion,* also ca.
90 Prozent der Trigramme der kürzeren Zeichenkette. Das n-Gramm-
Verfahren ist eine Möglichkeit, der Schreibvarianten bei vielen Wörtern
und Termen Herr zu werden. N-Gramm-Modelle werden ausführlich in
Manning und Schütze (1999), Kap. 6 behandelt.

Latent-semantische Analyse Um semantisch ähnliche Wörter in Anfrage und Dokumenten aufeinander abzubilden, wird aus dem Vorkommen von Termen in Dokumenten deren Ähnlichkeit bestimmt. Ist ein
Term in der Anfrage einem Term in einem Dokument semantisch ähnlich, dann steigert dies die Relevanz dieses Dokumentes für die Anfrage.
Um die semantische Ähnlichkeit zwischen Termen zu bestimmen, werden Term-Dokument-Matrizen erzeugt. Diese Matrizen werden in wohl-
definierter Weise manipuliert. Aus den manipulierten Matrizen lassen
sich sowohl die Bedeutungsähnlichkeit von Termen als auch die Bedeutungsähnlichkeit von Texten bestimmt. Das Verfahren wird *latent-
semantische Analyse* genannt.

Eine Matrize ist eine Tabelle mit Spalten und Zeilen. Jedes Wort
nimmt eine Spalte ein und jeder Text eine Zeile. Die folgenden, sehr
kurzen Texte:

(15)   Miliz verhaftet Terroristen nach Anschlag (Text 1)

(16)   Terroristen verüben Anschlag (Text 2)

können wie folgt repräsentiert werden:
Miliz(1,0)
verhaftet(1,0)
Terroristen(1,1)
nach(1,0)
Anschlag(1,1)
verüben(0,1)
Hat man viele Dokumente und damit viele verschiedene Wortformen,
dann entsteht eine sehr große Matrize (mit m Zeilen für m Wortformen
und n Spalten für n Dokumente. Die Matrix enthält viele Leerstellen,
da die meisten Wörter in den meisten Texten nicht vorkommen.

Die Singulärwertzerlegung als mathematische Operation über Matrizen bietet die Möglichkeit, solche großen Matrizen auf einige Hundert Dimensionen (= Zeilen und Spalten) zu verkleinern, bei optimaler Erhaltung der in ihnen kodierten Informationen. Zum mathematischen Hintergrund vgl. Berry, Drmac und Jessup (1999), wir können im Rahmen dieser Einführung nicht weiter darauf eingehen.

Intuitiv lässt sich der Effekt dieser Verkleinerung wie folgt beschreiben: ein Term, der in einem bestimmten Text nicht vorkommt, dafür aber gemeinsam (in anderen Texten) mit vielen Termen vorkommt, die für diesen Text relevant sind, erhält Gewicht auch für diesen Text, in dem er, wie gesagt, gar nicht vorkommt. Terme wiederum, die in diesem Text zwar vorkommen, aber keine enge Beziehung zu den anderen, für diesen Text relevanten Termen haben, werden heruntergewichtet. So kann es sein, dass der Term *Nabe* für einen Text über Fahrräder ein relativ hohes Gewicht erhält, obwohl er gar nicht darin vorkommt, wohl aber oft in der Nachbarschaft von *Speiche, Felge* etc.

Der Effekt dieser Terme und Dokumente verknüpfenden Matrix ist es, dass auch der Text über Fahrräder als relevant angezeigt wird, obwohl das Wort *Nabe* nicht in ihm vorkommt.

Deshalb eignet sich dieses Verfahren für die Informationserschließung, wo es um die Ähnlichkeit von Suchanfrage und Zieldokument geht. Dort ist dieses Verfahren unter dem Namen *Latent-semantische Indexierung* bekannt.

Es eignet sich aber auch für die Ermittlung der semantischen Ähnlichkeit von Wörtern. Dort trägt das Verfahren den Namen *Latent-semantische Analyse*. In unserem Zusammenhang ist es wichtig, dass bei diesen Verfahren weder eine linguistische Analyse der Textkorpora noch eine linguistische Analyse der resultierenden Daten erfolgt.

Zur Einführung in die latent-semantische Analyse empfiehlt sich die Lektüre von Landauer und Dumais (1997) (theoretischer Hintergrund) und Landauer, Foltz und Laham (1998) (Anwendungen).

4.2 Der korpusbasierte, quantitativ-qualitative Ansatz

Dieser Ansatz ist dem soeben beschriebenen sehr ähnlich. Wie wir weiter oben gezeigt haben, wird auch in diesem, dem Kontextualismus verpflichteten Forschungsprogramm das Korpus exhaustiv analysiert. Es bildet die ausschließliche Basis für linguistische Untersuchungen, andere Quellen wie Experimente und Sprecherbefragungen werden ausgeschlossen. Die Beobachtung des Sprachgebrauchs bildet die Hauptquelle der linguistischen Erkenntnis.

Ein wichtiger Unterschied zwischen den beiden Ansätzen ist es, dass die Daten, die aus Korpora abgeleitet sind, nicht uninterpretiert bleiben. Zur Interpretation der Daten werden, zumindest bei einigen Vertretern des Kontextualismus, grammatische Kategorien herangezogen, die nicht aus den Daten selber abgeleitet wurden. Auch hat der Kontextualismus den Anspruch, etwas über das Sprachsystem (einer Einzelsprache) auszusagen. Wie dies durch Generalisierung der Beobachtungsdaten gelingen kann, das wird allerdings nicht thematisiert. Wir werden in einem späteren Kapitel auf korpusbasierte Untersuchungen im Rahmen dieses Forschungseinsatzes eingehen.

Der größte Nutzen dieser Art von Korpuslinguistik konnte bisher in der Lexikographie, in der Übersetzungswissenschaft und für den Sprachunterricht erzielt werden[42]. Auch für sprachkritische Untersuchungen erwies sich der Ansatz als fruchtbar.

4.3 Der korpusgestützte Ansatz

Sprachtheorien im Geiste der generativen Grammatik berücksichtigen Korpusdaten, wenn überhaupt, dann nur als zusätzliche Quelle der Evidenz. Wenn Korpora herangezogen werden, dann sind sie nicht als Ganzes interessant. Es wird in ihnen gezielt nach den meist syntaktischen Konstruktionen gesucht, um Voraussagen, die aus einer Theorie folgen, zu bestätigen oder zu widerlegen. Dabei ist der Status oder Wert solcher *e-sprachlichen* Belege umstritten.

Erschwerend kommt hinzu, dass in den Korpora nach relativ komplexen Konstruktionen aus lexikalischen und grammatischen Elementen, die hohe Variabilität haben können, gesucht werden muss. Dem sind die meisten Korpusabfragesprachen nicht gewachsen. Die Benutzung eines Korpus gleicht also oftmals der Suche nach einer Nadel im Heuhaufen. Auch dies trägt sicher nicht zur Akzeptanz von Korpora in der generativen Grammatik bei.

Der größte Nutzen dieser Art von Korpuslinguistik konnte bisher dort erzielt werden, wo syntaktische Theorien auf Grund eines relativ klaren Befundes an authentischer Sprachverwendung falsifiziert wurden[43]. Wir werden dies an einigen Beispielen in den nächsten Kapiteln zeigen.

---

[42] Vgl. z.B. die Fallstudien in Tognini-Bonelli (2001).
[43] Vgl. z.B. Sampson (1996).

5 Weiterführende Literatur

Der theoretische Hintergrund der modernen Korpuslinguistik wird leider nur sehr selten thematisiert. Ein paar Seiten hierzu finden sich bei McEnery und Wilson (1996), Kapitel 1. Wolf Paprotté geht in zwei Aufsätzen etwas genauer auf diese Fragen ein (Paprotté, 1992, 1994). Ein lebendiges Bild der linguistischen Szene und ihrer Kämpfe vermittelt das Buch „The linguistics wars" (Harris, 1995). Dieses Buch eignet sich aber eher als Bettlektüre denn als Referenzwerk, da es nur unzureichend erschlossen ist. Über die Positionen des Kontextualismus gibt Tognini-Bonelli (2001) Auskunft. Von diesem Buch haben wir die Unterscheidung in korpusbasierte und korpusgestützte Untersuchungen übernommen. Die Autorin argumentiert allerdings ganz aus der Sicht des Kontextualismus und ist insofern anderen Ansätzen gegenüber nicht immer ganz fair. In einem von Svartvik heraugegebenen Band eines hochkarätigen Symposiums (Svartvik, 1992) werden methodische Fragen reflektiert. Einige dort versammelte Aufsätze aus diesem Band sind aus dieser Perspektive besonders ergiebig (vor allem Fillmore, 1992; Chafe, 1992; Halliday, 1992; Leech, 1992).

6 Aufgaben

Hinweis: Lösungsansätze zu den Aufgaben finden Sie auf unserer Website (http://www.lemnitzer.de/lothar/KoLi).

1. Welche der folgenden Aussagen sind empirisch begründet und welche rationalistisch:

    a) Der Satz *Wo sollen wir treffen?* ist ungrammatisch.

    b) Sätze wie *Wo sollen wir treffen?* sind typische Fehler englischer Lerner des Deutschen, die das Verb *treffen* verwenden wollen.

    c) Der Kopf einer Nominalphrase ist das Nomen.

    d) Instruktive Texte (z.B. Kochrezepte) enthalten überdurchschnittlich viele Befehlsformen.

    e) Es gibt 15 Dialekte im Deutschen.

    f) In der Tiefenstruktur des deutschen Satzes steht das finite Verb am Satzende. Bei einigen Satztypen wird es bei der Realisierung der Oberflächenstruktur an Zweitposition verschoben.

    g) Kollokationen sind Paare von Wörtern, die überdurchschnittlich häufig miteinander vorkommen.

    h) *Hartes Leben* ist eine Kollokation.

    Für die Beantwortung welcher Frage benötigen Sie ein Sprachdatenkorpus?

2. Welche Gründe sprechen dagegen, von Performanzdaten auf die Kompetenz des bzw. der Sprecher zu schließen? Sind die Probleme, die solche Schlüsse mit sich bringen, dadurch behebbar, dass man ein größeres oder variantenreicheres Korpus wählt?

3. Stellen Sie die Unterschiede zwischen dem korpusbasierten Forschungsansatz und dem korpusgestützten Forschungsansatz dar. Für welche Arten linguistischer Untersuchungen eignet sich der korpusbasierte Ansatz eher, für welche der korpusgestützte?

Der Stein der Weisen? – Linguistische Korpora

Am Ende dieses Kapitels kennen Sie die wichtigsten Merkmale linguistischer Korpora und wissen, was diese von anderen linguistischen Datensammlungen unterscheidet. Sie können die drei Datenebenen von Korpora benennen und wissen, welche Probleme man auf den verschiedenen Ebenen berücksichtigen muss. Sie können schließlich im Rahmen Ihrer eigenen Untersuchung Antworten auf drei schwierige methodologische Fragen formulieren: wie verhält sich mein Korpus zum Gegenstand, den ich eigentlich untersuchen will? Was mache ich, wenn ich im Korpus etwas nicht finde, was ich suche und beschreiben möchte, und umgekehrt: was mache ich, wenn ich etwas finde, was es nach einer bestimmten Sprachtheorie eigentlich gar nicht geben dürfte. Sie sind nun für eigene linguistischen Untersuchungen an Korpora gut gerüstet!

1 Definition und Abgrenzung

In diesem Abschnitt wollen wir die Definition von *Korpus* aus der Einleitung weiter präzisieren.

Definition 1 (Korpus). *Ein Korpus ist eine Sammlung schriftlicher oder gesprochener Äußerungen in einer oder mehreren Sprachen. Die Daten des Korpus sind digitalisiert, d.h. auf Rechnern gespeichert und maschinenlesbar. Die Bestandteile des Korpus, die Texte oder Äußerungsfolgen, bestehen aus den Daten selbst sowie möglicherweise aus Metadaten, die diese Daten beschreiben, und aus linguistischen Annotationen, die diesen Daten zugeordnet sind.*

Wenn wir von *linguistischen Korpora* sprechen, dann handelt es sich um Textsammlungen mit kompletten Texten oder zumindest mit sehr großen Textausschnitten. Außerdem sollten linguistische Korpora meist

- repräsentativ,
- durch Metadaten erschlossen und
- linguistisch annotiert sein.

Das erste Kriterium qualifiziert Korpora als solche und unterscheidet sie von anderen Sammlungen linguistischer Daten. Die anderen Merkmale zeichnen vor allem größere Korpora aus, nicht aber die vielen kleineren Korpora, die im Rahmen einer einzelnen Untersuchung gebildet wurden.

Die meisten modernen Korpora bestehen aus einer Sammlung vollständiger Texte oder Gespräche, z.B. aus Zeitungsartikeln oder Chatprotokollen. Bei einigen Texten ist der Umfang eines Textes sehr klein, zum Beispiel bei SMS-Nachrichten, bei anderen sehr groß, zum Beispiel bei Romanen. Wichtig ist es für viele linguistische Untersuchungen, dass der Textausschnitt um ein bestimmtes Phänomen herum groß genug ist, zum Beispiel um pronominale und kontextuelle Bezüge herstellen zu können. Deshalb wird auch meist nicht eine einzelne SMS, sondern eine größere Sequenz von SMS untersucht.

In den 1960er Jahren, als das *Brown Corpus* ('A Standard Corpus of Present-Day American English') entstand, war die Digitalisierung und Speicherung vieler langer Texte nicht möglich. Die Ersteller dieses Korpus, Henry Kučera und Nelson Francis, entschieden sich deshalb dafür, von fünfhundert Texten unterschiedlicher Textsorten jeweils einen Ausschnitt von 2 000 Wörtern aufzunehmen. Auch wenn viele der aufgenommenen Texte deshalb nicht vollständig sind, repräsentieren sie einen hinreichend großen Ausschnitt an fortlaufendem Text, und die Leistung ist für die damalige Zeit beachtlich[1].

Auf die weiteren Kriterien, Metadaten und Repräsentativität, gehen wir in den folgenden Abschnitten dieses Kapitels ein. Der linguistischen Annotation ist ein eigenes Kapitel gewidmet (Kapitel 4).

Diese Kriterien bzw. Anforderungen an linguistische Korpora sind geeignet, diese von anderen Sammlungen sprachlicher Daten abzugrenzen.

1.1 Korpora für nicht-linguistische Zwecke

Einige Korpora, wie das *Corpus Iuris Civilis* und das *Corpus Iuris Canonici* versammeln juristische Texte, deren Erforschung vor allem für Rechtshistoriker von Interesse ist. Hinter Namen wie *Corpus Christianorum* verbergen sich Sammlungen von Texten der christlichen Kirchengeschichte.

Auf dem weltlichen Gebiet gibt es große Archive literarischer Texte, deren Urheberrecht verfallen ist[2]. Das bekannteste Projekt ist das *Projekt Gutenberg*, in dem Freiwillige klassische literarische Texte elektro-

---

[1] Vgl. Kučera und Francis (1967). Introduction.

[2] Die Urheberrechte eines Autors bzw. seiner Erben verfallen siebzig Jahre nach dem Tod des Autors, jedenfalls nach deutschem Recht.

nisch erfassen[3]. Auch das Projekt *digitale Bibliothek*[4] fällt unter diese
Kategorie, die wir *Textarchiv* nennen wollen. Solche Texte sind selbstverständlich auch für linguistische Untersuchungen brauchbar und nützlich, zum Beispiel wenn man die Existenz oder Verbreitung eines bestimmten sprachlichen Phänomens in einem bestimmten Sprachstadium
nachweisen möchte. Der ursprüngliche Zweck dieser Archive ist aber vor
allem, die dort digital erfassten und gespeicherten Texte zu sichern, auf
einem Medium, das hoffentlich beständiger ist als Papier[5].

1.2 Linguistische Belegsammlungen

Darüber hinaus gibt es zu lexikographischen und linguistischen Zwecken
angelegte Belegsammlungen.

- Die bekannteste Belegsammlung ist sicher die Duden Sprachkartei[6].
  In ihr wurden früher mechanisch, heute elektronisch Belege zu den
  Wörtern erfasst, die in den Wörterbüchern des Duden Verlags regis-
  triert sind.
- In der *Wortwarte*[7] sind knapp 20 000 zischen 2000 und 2005 neu ge-
  prägte Wörter, jeweils mit mindestens einem Beleg, erfasst. Auch das
  Institut für deutsche Sprache verügt über eine elektronische Kartei
  mit Neologismen[8].

Dies sind lexikalisch orientierte *Belegsammlungen*. Ihnen vergleichbar
sind Sammlungen von Belegen syntaktischer Muster, wie die Testsatzsammlung von Stefan Müller[9], die von Martin Volk aufgebaute *Gram-
matiktestumgebung*[10] sowie die Sammlung *suboptimaler syntaktischer*

---

[3] Die Adresse des deutschen Gutenberg-Projekts lautet: `http://gutenberg.`
`spiegel.de/`.

[4] Die Adresse lautet: http://www.digbib.org/.

[5] Nach dem Brand der Herzogin-Anna-Amalia-Bibliothek in Weimar, bei dem etwa
50 000 Bände verbrannt oder beschädigt wurden, hat man begonnen, einige der teilweise verkohlten Bücher in Seiten zu zerlegen und die schwarzen, völlig unlesbaren
Seiten mit speziellen digitalen Infrarotkameras zu fotografieren. Über das Verfahren konnte der Text wieder sichtbar gemacht werden, so dass die Bücher so nach
und nach in eine Art digitales Korpus verbrannter Bücher der Weimarer Klassik
verwandelt werden. Dies ist sicher ein sehr spezielles, aber vor allem für die Litera-
turwissenschaft und Literaturgeschichte wichtiges Korpus.

[6] Vgl. Scholze-Stubenrecht (2002). Diese Kartei nennen wir hier als ein Beispiel unter vielen. Auch anderen große Wörterbuchprojekte wie das Deutsche Wörterbuch,
gegründet von den Gebrüdern Grimm, oder das *Oxford English Dictionary* verfügen
über große Belegsammlungen.

[7] Adresse: `www.wortwarte.de`.

[8] Vgl. Herberg et al. (2004)., S. XVI f.

[9] Adresse: `http://www.cl.uni-bremen.de/Software/TS/`.

[10] Näheres hierzu unter `http://www.uni-koblenz.de/~compling/Forschung/Gtu/`
`gtu.html` sowie in Volk (1995).

Strukturen von Wolfgang Sternefeld[11]. Der Vorzug dieser Satzsammlungen ist, dass sprachliche Phänomene dokumentiert werden können, die in Korpora nur selten oder gar nicht vorkommen.

Bei vielen linguistischen Untersuchungen wird mit Belegsammlungen gearbeitet, die für den Zweck dieser Untersuchung aus den verwendeten Korpora extrahiert wurden. Diese Belegsammlungen bilden die Basis qualitativer Analysen, während das gesamte Korpus vor allem für quantitative Analysen herangezogen wird. Wir werden in Kapitel 6 solche Untersuchungen im Detail beschreiben.

1.3 Ist das World Wide Web ein Korpus?

Eine Frage, die aus gutem Grund erst jüngst aufgetreten ist, lautet: ist das World Wide Web ein Korpus? Einige Korpuslinguisten, die sie aufgeworfen haben, beantworten diese Frage bereits heute mit „Ja"[12]. In der Tat kann man im World Wide Web große Mengen authentischer Texte in allen möglichen Sprachen finden[13]. Wenn es lediglich um die Datenmenge geht, dann ist das World Wide Web eine gute Quelle für linguistische Untersuchungen. Es muss aber zum Beispiel das Problem gelöst werden, die deutschsprachigen Texte zu finden[14], d.h. diese von den Texten oder Textteilen in anderen Sprachen zu trennen. Dann ist es keineswegs leicht, fortlaufenden Text von textähnlichen Artefakten wie Tabellen oder Teilen von Programmcode zu trennen. Schließlich gibt es kaum Daten über die Herkunft, den Entstehungszeitpunkt oder die Autorschaft von Texten. Solche so genannten *Metadaten*, auf die wir im nächsten Abschnitt genauer eingehen werden, sind im World Wide Web in seinem heutigen Zustand kaum zu finden[15].

---

[11] Adresse: `http://barlach.sfb.uni-tuebingen.de/\%7Ea3/`.

[12] „The answer to the question ‚Is the web a corpus' is yes." (Kilgarriff und Grefenstette, 2003), S. 334.

[13] Nach einer gut begründeten Schätzung von Grefenstette und Kilgarriff aus dem Jahr 2000 fand man damals im World Wide Web Texte im Umfang von gut 3 Milliarden Wörtern. Selbst für Sprachen wie Baskisch konnte man von einem Volumen von weit über 50 Millionen Textwörtern ausgehen, vgl. Kilgarriff und Grefenstette (2003), S. 337ff und Tabellen 2 und 3.

[14] Genauer, und noch schwieriger: in einem Korpus der deutschen Sprache sollten nur Texte von Muttersprachlern vertreten sein. Dies ist bei der Zusammenstellung eines Webkorpus beim heutigen Stand der Texte sehr schwer, wenn nicht gar unmöglich zu kontrollieren.

[15] Diese Situation beginnt sich aber zu bessern, was mit den Bemühungen innerhalb der WWW-Gemeinschaft zu tun hat, mittels verschiedener Datenbeschreibungssprachen wie XML, RDF, RSS etc. die die Beschreibung von Texten, die ins Web gestellten werden sollen, erleichtern. Wir können dies hier nur erwähnen und die interessierten Leser auf die Website des World Wide Web Consortium, Adresse: www.w3c.org, verweisen.

Für viele sprachstatistische Untersuchungen liegt der Vorrang in der Verfügbarkeit großer Datenmengen, egal welcher Herkunft. Wer genauer beschriebene Daten für qualitative linguistische Untersuchungen benötigt, kann das World Wide Web als Quelle nutzen, sollte aber einiges an Aufwand für die Bereinigung und Beschreibung dieser Daten einplanen.

Problematisch wird die Benutzung des WWW als Textkorpus, wenn man nach seltenen Konstruktionen sucht oder nach Beispielen, über deren Grammatikalität man sich im Unklaren ist. Man findet dann tatsächlich oft solche Beispiele, aber wenn man genauer hinsieht, merkt man, dass sie in online verfügbaren linguistischen Texten auftreten und im Text dann oft als ungrammatische Beispiele angeführt und diskutiert werden. Eine andere Quelle der Unsicherheit sind Texte, die von Nicht-Muttersprachlern der jeweiligen Sprache verfasst wurden.

Die Antwort auf die oben gestellte Frage lautet also aus unserer Sicht: „Ja, aber . . .".

Im folgenden Abschnitt werden wir auf die verschiedenen Typen von Daten eingehen, aus denen ein linguistisches Korpus bestehen kann.

2 Primärdaten und Metadaten

Im einfachsten Fall besteht ein Korpus lediglich aus den Daten, die in diesem Korpus erfasst wurden, den Primärdaten. In einem guten Korpus findet man außerdem Daten, die über die Herkunft dieser Äußerungen und Texte und über einiges mehr Auskunft geben. Wir werden diese Daten *Metadaten* nennen. Schließlich wurden und werden Korpora linguistisch annotiert, die linguistischen Einheiten werden also mit ihren linguistischen Beschreibungen verbunden. Dies werden wir *Annotation* nennen[16].

2.1 Primärdaten

Aus der Tatsache, dass Texte in ein Korpus aufgenommen werden, könnte man zunächst schließen, dass man hier ein getreues Abbild dieser Texte hat. Dies ist nicht der Fall und man sollte sich dessen bei der Benutzung eines Korpus immer bewusst sein. Wir nennen hier nur einige Beispiele, die für linguistische Untersuchungen problematisch werden könnten:

• Es ist wohl am offensichtlichsten, dass die Transkriptionen gesprochener Äußerungen immer Vereinfachungen und damit Interpreta-

---

[16] Vgl. ausführlich Kapitel 4.

tionen sind[17]. Die für das Sprechen so wichtigen begleitenden para-sprachlichen Signale, wie z.B. Gestik oder Mimik, und auch einige sprachliche Signale wie die Tonhöhe sind nur schwer oder auch gar nicht in das geschriebene Medium zu übertragen. Im Zweifelsfall helfen nur Videoaufnahmen, die Bild und Ton der Äußerung exakt wiedergeben.

- Eigenschaften von Texten, die nicht sprachlich motiviert sind, wie die Worttrennung am Zeilenende[18] oder Schrifttyp, Schriftschnitt und Schriftgröße des Originaltextes werden bei der Übernahme eines Textes in ein Korpus oft stillschweigend ausgeblendet. Dies kann vereinzelt zu Problemen führen, z.B. wenn nicht rekonstruiert werden kann, ob ein Strich am Zeilenende ein Trennstrich oder zusätzlich ein Bindestrich sein soll (ist *4-(Zeilenumbruch)türig* auf *4türig* oder auf *4-türig* zurückzuführen?[19]). Solche Mehrdeutigkeiten als Ergebnis des Ausblendens der Silbentrennung am Zeilenende sind eher selten, aber nicht auszuschließen.

- Will man die Informationsverteilung in Texten untersuchen, dann kann es wichtig sein zu wissen, dass ein Teil eines Textes in der Originalquelle auf der Titelseite, der Rest des Textes im Zeitungsinneren gedruckt wurde. Diese Aufteilung kann dazu führen, dass der Text so aufgebaut wurde, dass der Leser zum Weiterlesen des Textes im Heftinneren angeregt wird. In einem guten Korpus ist diese kontextuelle Information vermerkt, man kann aber nicht damit rechnen.

In vielen Fällen wird man nicht umhin können, sich das Original des Textes anzusehen und so die nichtsprachlichen Informationen zu erschließen. In einigen industriellen Archivierungsprojekten ist es aus juristischen Gründen üblich, nur das gescannte *Bild* eines Dokumentes aufzuheben, nicht jedoch den durch mit Hilfe von *Optical Character Recognition* (OCR) digitalisierten Text.

2.2 Metadaten

Metadaten sind *Daten über Daten*. Genauer, und in unserem Zusammenhang passender: Metadaten sind Daten, die verschiedene Aspekte einer Informationsressource beschreiben. Die Informationsressource kann z.B. ein Text sein, eine Textsammlung, eine Tonaufnahme oder ein Video. Die Aspekte, unter denen eine Informationsressource beschrieben werden kann, sind z.B. ihr Inhalt, das Trägermedium, die Art der

---

[17] Vgl. hierzu Schmidt (2000).

[18] Die Worttrennung am Zeilenende sollte allerdings sprachlichen Normen folgen.

[19] Besonders kompliziert wird dies bei Texten einiger Philosophen wie z.B. Martin Heidegger, bei denen künstliche Trennungen von Wörtern bedeutungsgeladen sind.

Kodierung, die Autoren und andere bei der Produktion beteiligte Personen, der Zeitpunkt der Entstehung[20].

Metadaten sind entweder Bestandteil der Daten, die sie beschreiben – dies ist zum Beispiel bei den Titelseiten eines Buches der Fall –; oder sie werden von den beschriebenen Daten getrennt erfasst und gespeichert – wie zum Beispiel bei Karteikarten in Bibliotheken. Man spricht im letzteren Fall von dem Metadatenobjekt als *Stellvertreter* des eigentlichen Informationsobjekts. Die Bedeutung von Metadaten ist umso größer, je schwerer zugänglich die Primärdaten sind.

Funktionen von Metadaten

Metadaten erfüllen die folgenden Funktionen:

- Sie dokumentieren vor allem kontextuelle Aspekte der Entstehung und Entwicklung des beschriebenen Objekts. Diese Informationen sind den meisten späteren Benutzern anders nicht zugänglich. Zu den dokumentierten Aspekten etwa eines Textes gehören die Entstehungszeit, die Druck- bzw. Publikationszeit, Publikationsort, beteiligte Personen usw.
- Sie liefern den Schlüssel zu den Primärdaten. Wenn die Filme in einem Filmarchiv mit den entsprechenden Metadaten versehen sind, dann können Sie dort alle Filme recherchieren, in denen Humphrey Bogart und Lauren Bacall zusammen auftraten. Sie mögen Woody Allen als Regisseur, nicht aber seine schauspielerischen Leistungen? Im Archiv sollten sich die Filme finden lassen, an denen Woody Allen mitwirkte, aber nur in der Rolle als Regisseur.

Für Korpuslinguisten spielen natürlich andere Kriterien der zu untersuchenden Daten eine Rolle. Der dokumentierte Entstehungszeitpunkt von Texten (oder Tonaufnahmen) erlaubt es, Teilkorpora zusammenzustellen, die die Sprache einer bestimmten Epoche bzw. Sprachstufe dokumentieren (*die deutsche Sprache der Goethezeit, die deutsche Sprache der Wendezeit,* etc.) oder die Sprache einer bestimmten Region (*das Oberschwäbische, die Sprache in der DDR*). Der Fokus kann auf bestimmte Textsorten oder Genres gelegt werden (*die Sprache von Gebrauchsanweisungen, Formen der Höflichkeit in Erpresserbriefen*). Diese und einige andere Merkmale von Texten müssen entsprechend als Metadaten kodiert worden sein, damit solch präzise Definitionen von Teilkorpora möglich sind.

Die Metadaten für digitale Korpora und einzelne Texte, die Bestandteile von solchen Korpora sind, müssen den Umstand berücksichtigen,

---

[20] Unsere Darstellung über Metadaten orientiert sich an Schmidt (2004).

dass möglicherweise zwei Informationsobjekte beschrieben werden müssen:

1. Das Informationsobjekt, auf das sich die Metadaten direkt beziehen, ist z.B. ein Text in seiner digitalen Form, der sich an einer bestimmten Stelle als Datei auf einem digitalen Datenträger (Festplatte, CD-ROM etc.) befindet, einen bestimmten Namen hat und dessen einzelne Zeichen einer bestimmten Konvention folgend kodiert, also in Bits und Bytes abgebildet, wurde,

2. Das Informationsobjekt, aus dem die digitale Datei gewonnen wurde, z.B. durch Abtippen, Einscannen oder Einlesen eines Druckereidatenträgers. Dies kann ein Zeitungsartikel sein, der in einer bestimmten Ausgabe einer Zeitung erschien, ein Text aus einem Kinderbuch, eine Tagebuchseite usw.

Beide Informationsobjekte führen ein getrenntes Dasein, und streng genommen beziehen sich die Metadaten, die wir hier meinen, nur auf das erste Informationsobjekt. Der digitalisierte Text kann zum Beispiel die Abschrift einer Geschichte aus einem Kinderbuch sein, das seitdem in einer neuen Auflage in neuer Rechtschreibung herausgegeben wurde. Es ist deshalb wichtig, in den Metadaten zu einem digitalisierten Text möglichst genau auf die Quelle dieses Textes, das Original, hinzuweisen. Es ist außerdem sinnvoll, in den Metadaten auf die Person(en) hinzuweisen, die den Datensatz erstellt hat, sowie auf den Zeitpunkt und den Zweck der Erstellung. Das sind dann Meta-Metadaten.

Wenn Sie ein Korpus benutzen wollen, dann ist es wichtig zu erfahren, ob es Metadaten zu dem gesuchten Korpus gibt, welche Informationen diese enthalten, und ob Sie darauf Zugriff haben. Einige dieser Fragen werden wir in dem Kapitel, in dem wir einige deutsche Korpora beschreiben, individuell beantworten. Noch gibt es keine zentralen Stellen, wie etwa die Bibliotheken und ihre Kataloge, wo Sie separat in Metadaten zu Sprachressourcen suchen können. Einige Institutionen dieser Art sind aber im Aufbau[21].

2.3 Metadaten für Ihr eigenes Korpus

Wenn Sie selbst ein Korpus aufbauen wollen, dann stellen sich die folgenden Fragen: sollten Sie Ihre Daten mit Metadaten anreichern? Wenn ja, welches Format ist dafür am besten geeignet?

---

[21] Zu nennen wäre hier vor allem die *Open Language Archives Community* (OLAC); Adresse `http://www.language-archives.org/`: „OLAC, the Open Language Archives Community, is an international partnership of institutions and individuals who are creating a worldwide virtual library of language resources".

Die erste Frage lässt sich nicht generell beantworten. Sie sollten Ihre Korpusdaten mit Metadaten anreichern, wenn das Folgende für Sie bzw. Ihre Daten zutrifft:

- Sie sind nicht die einzige Person, die Daten zum geplanten Korpus beiträgt;
- Sie möchten Forschungsergebnisse mit dem Korpus in einer Weise belegen und dokumentieren, die für die Leser Ihrer Arbeiten nachvollziehbar und nachprüfbar ist;
- Sie werden voraussichtlich nicht der einzige Benutzer der Daten sein;
- Sie möchten die Möglichkeit haben bzw. schaffen, Teile der Daten nach bestimmten Kriterien auszuwählen.

Je mehr dieser Punkte auf Ihre Pläne zutreffen, umso dringender ist dazu zu raten, dass Sie sich mit der Erstellung von Metadaten vertraut machen. Wenn Sie eine kleine Menge von Daten für eine begrenzte Untersuchung sammeln, die Überprüfbarkeit Ihrer Thesen an einzelnen Texten nicht relevant ist und Sie diese Texte auch nicht anderen Forschern zur Verfügung stellen können oder wollen, dann ist der Aufwand, den Sie in die Erstellung von Metadaten stecken würden, wahrscheinlich zu hoch. Aber bedenken Sie: es ist schwierig bis unmöglich, Daten nachträglich mit Metadaten zu versehen.

Standards für Metadaten

Der Austausch von Korpora und die Bildung von Teilkorpora gestaltet sich wesentlich einfacher, wenn man sich an gewisse Beschreibungsstandards hält. Für (linguistische) Korpora wurden verschiedene Metadaten-Standards entwickelt, die wir hier kurz vorstellen wollen.

- Dublin Core Metadata Initiative[22]. Dublin Core (DC) ist ein Schema zur Beschreibung von elektronischen Ressourcen. Mittlerweile hat sich DC zu einem internationalen Übereinkommen über eine Kernmenge von Beschreibungsdaten entwickelt. Das so genannte *Dublin Core Metadata Element Set* legt somit eine kleine, überschaubare Menge von Metadaten-Elementen fest. Es können verschiedene Arten digitaler Objekte beschrieben werden, u.a. Bilder (‚image‘), Töne (‚sound‘) und Texte (‚text‘). Kategorien zur Beschreibung von Informationsressourcen sind: Titel, Ersteller, Gegenstand, Beschreibung,

---

[22] Adresse: http://dublincore.org/: „The Dublin Core Metadata Initiative is an open forum engaged in the development of interoperable online metadata standards".

Beiträger, Verlag, Rechte, Datum[23]. Für die Beschreibung von Korpora und Texten ist diese Metadatenmenge nur bedingt geeignet.

- Der *Corpus Encoding Standard* (CES)[24]. Der CES wurde federführend von der *Expert Advisory Group on Language Engineering Standards* (EAGLES) entwickelt. Wie der Name dieses von der EU geförderten Gremiums vermuten lässt, ist dieser Metadatenstandard für Korpora in sprachtechnologischen Projekten entwickelt worden. Dennoch ist der von CES definierte Metadatensatz auch für die Beschreibung linguistischer Korpora geeignet. Dies hängt unter anderem damit zusammen, dass dieser Standard sich an die Konventionen anlehnt, die die *Text Encoding Initiative* (TEI)[25] für ein breiteres Spektrum an Texten und Korpora aufgestellt hat. Die Kategorien des *Corpus Encoding Standard* sind im Großen und Ganzen eine Teilmenge der von der TEI definierten Kategorien, mit einigen wenigen für die Sprachtechnologie relevanten Erweiterungen.

Wir werden im Folgenden kurz auf den Aufbau des CES-Metadatensatzes eingehen und verweisen im Übrigen auf die oben genannte Webadresse. Metadaten werden im Vorspann eines Textes oder eines ganzen Korpus abgespeichert, sie begleiten also in der Regel die eigentliche Informationsressource. Der Metadatensatz enthält einige wenige Felder, die ausgefüllt werden müssen, und viele Felder, die ausgefüllt werden können.

In einem Feld namens *cesHeader*, welches den Metadatensatz einleitet, kann u.a. beschrieben werden, welcher Typ von Informationsobjekt beschrieben wird, wer das Objekt beschrieben hat und um welche Version der Metadaten es sich handelt.

Der erste Teil des Metadatensatzes ('file description') beschreibt die bibliographischen Daten des (digitalisierten) Textes oder Korpus. Hierzu gehören u.a. der Titel, die Speichergröße der Datei, Informationen zur Veröffentlichung der Datei sowie Informationen zur Originalquelle, aus der der Text oder das Korpus stammt.

Der zweite Teil enthält Informationen zu Kodierung ('encoding') der Datei. In diesem Teil wird vor allem das Verhältnis der dargestellten

---

[23] Eine sehr knappe, aber nützliche Einführung finden Sie in der Wikipedia: `http://de.wikipedia.org/wiki/Dublin_Core`.

[24] Siehe http://www.cs.vassar.edu/CES/.

[25] Siehe http://www.tei-c.org/: „The Text Encoding Initiative (TEI) Guidelines are an international and interdisciplinary standard that facilitates libraries, museums, publishers, and individual scholars represent a variety of literary and linguistic texts for online research, teaching, and preservation.". Im Zusammenhang der Korpuslinguistik sind vor allem die Kapitel 5 ('TEI Header') und 23 ('Language Corpora') von Interesse.

Informationsressource zum Original beschrieben. Hier können außerdem allgemeine Bearbeitungsrichtlinien angegeben werden.

Der dritte Teil enthält, unter der Bezeichnung *Profil* („profile'), eine Reihe zusätzlicher Angaben zum beschriebenen Text. Hierzu gehören u.a. die Textklasse bzw. Textsorte, die Sprache oder Sprachen, in denen der Text verfasst ist, Hinweise auf Übersetzungen des Textes und auf weitere Dateien, in denen auf diesen Text bezogene linguistische Annotationen gespeichert sind.

Im vierten Teil der Metadaten kann schließlich die Revisionsgeschichte der Informationsressource verzeichnet werden, sofern Revisionen an dieser vorgenommen wurden.

Der hier beschriebene *Corpus Encoding Standard* erlaubt eine sehr reichhaltige Beschreibung von Korpora und von einzelnen Texten. Trotz der hohen Zahl an Beschreibungskategorien genügt bereits die Angabe einiger weniger Kategorien, um die Metadaten eines Textes oder Korpus standardkonform zu machen. Der Standard eignet sich so auch für kleinere Projekte und Korpora, bei denen mit der Erstellung von Metadaten kein großer Aufwand getrieben werden kann. Seine Anwendung ist also auf jeden Fall eine Überlegung wert.

3 Methodische Probleme und ihre Lösung

In den folgenden Abschnitten werden wir auf einige methodische Probleme eingehen, die es beim Aufbau und bei der Verwendung von Korpora zu beachten gilt. Zum Teil trugen diese methodischen Probleme zur Kritik seitens der generativen Linguisten an der Korpuslinguistik bei. Es ist deshalb wichtig, Lösungen für diese Probleme zu entwickeln.

3.1 Repräsentativität von Korpora

Dieser Abschnitt diskutiert das Verhältnis von Korpora und den Sprachausschnitten, den diese Korpora repräsentieren. Dahinter steckt die Frage, inwieweit man Erkenntnisse, die man durch die Analyse von Korpusdaten gewonnen hat, auf den Sprachausschnitt, den das Korpus repräsentieren soll, übertragen kann. Möchte man zum Beispiel Aspekte der deutschen Sprache der Gegenwart untersuchen, so hat man es bei diesem Untersuchungsobjekt zunächst mit einem nicht präzise abgrenzbaren Phänomenbereich zu tun. Jeden Tag werden Äußerungen in dieser Sprache getätigt, und das meiste entgeht unserer Aufmerksamkeit. In der Terminologie der Statistik spricht man davon, dass die *Grundgesamtheit*, über die man etwas aussagen möchte, nicht präzise definiert werden kann.

Dies ist z.B. bei Meinungsumfragen zum Wahlverhalten der Deutschen anders. Die Grundgesamtheit der wahlberechtigten Deutschen kann hinreichend genau bestimmt werden, um daraus Stichproben zu ziehen, die repräsentativ für die Grundgesamtheit sind. Für die Bestimmung der Stichproben werden Merkmale der Befragten wie Alter, Herkunft und Bildungsgrad herangezogen, deren Verteilung über die gesamte Bevölkerung ebenfalls bekannt ist. Dadurch lassen sich aus den Ergebnissen der Stichprobenbefragung Schlüsse auf die Gesamtheit ziehen, z.B. über das Wahl- oder Kaufverhalten *der Deutschen*.

In der Korpuslinguistik ist das Verhältnis zwischen Stichprobe und Grundgesamtheit komplizierter. Zwar gibt es Fälle, in denen die Grundgesamtheit abgeschlossen ist, etwa bei den nicht mehr verwendeten und nur schriftlich überlieferten Sprachen, Sprachstufen und Individualsprachen (z.B. das klassische Latein, das Mittelhochdeutsche oder die Sprache Schillers). Bei einer gegenwärtig verwendeten Sprache können wir das Verhältnis von Stichprobe zu Grundgesamtheit nicht exakt bestimmen. Es ist zum Beispiel nicht zu ermitteln, wie groß der Anteil der Fragesätze an allen Sätzen des Deutschen ist. Entsprechend kann dieses Verhältnis nicht in einem Korpus widergespiegelt werden. Dies macht vor allem quantitative Aussagen wie die, dass Modalpartikeln *überwiegend*[26] in Fragesätzen vorkommen, schwer nachprüfbar:

(1)   Wurde das *denn / überhaupt* untersucht?

Qualitative Aussagen, etwa dass Modalpartikeln in Fragesätzen eine andere Funktion haben als in Aussagesätzen, sind leichter auf die repräsentierte Gesamtheit übertragbar, stehen aber ebenfalls unter dem Vorbehalt, dass in den untersuchten Daten noch nicht alle Funktionen der Modalpartikeln beobachtet werden konnten[27].

Es gibt mehrere Möglichkeiten, mit dem Problem der Repräsentativität von Korpora und der Verallgemeinerung von Aussagen umzugehen. Wir werden diese im Folgenden vorstellen.

Beschränkung auf das Korpus

Man kann natürlich alle Erkenntnisse, die man durch Beobachtung an einem Korpus gewinnt, allein auf dieses Korpus beziehen. Dies wider-

---

[26] In einer konkreten Untersuchung müsste dieser Ausdruck natürlich noch in einen komparativen (z.B. *häufiger als bei allen anderen Satztypen*) oder einen skalaren Term (z.B. in mehr als 60 Prozent der Fälle) überführt werden.

[27] Es wäre z.B. möglich, dass diese Aussage auf Grund der Analyse eines Korpus der gesprochenen Sprache getroffen wurde, die Verhältnisse in der geschriebenen Sprache aber andere sind.

spricht aber normalerweise dem Forschungsinteresse der Korpuslinguistik[28]. In der Korpuslinguistik sollen Erkenntnisse gewonnen werden,
die über die beobachtete Datenmenge hinaus generalisierbar sind und
so unsere Einsicht in die Funktion und Verwendung einer Sprache ver-
tiefen.

Erstellung eines ausgewogenen Korpus

Eine weitere Lösung, die in der korpuslinguistischen Literatur vorge-
schlagen wurde, ist, ein ausgewogenes Korpus zu erstellen[29]. Die Ausgewogenheit wird hier vor allem auf Textsorten bezogen. Der Weg zu
einem ausgewogenen Korpus soll durch das Zusammenspiel von externen Kriterien und internen Kriterien erreicht werden.

Zunächst werden Äußerungssorten nach externen Kriterien ausgewählt, z.B. nach der Anzahl der beteiligten Personen (Rede, Interview,
Schauspiel etc.), nach dem Grad der Mündlichkeit und Schriftlichkeit
(spontanes Gespräch, abgelesene Rede, Chatprotokoll, Zeitungsartikel
etc.), nach der Situation (formell, informell etc.)[30]. Diese Kategorien
führen zu einer Menge von Textsorten, deren Verteilung in der täglichen
Kommunikation beobachtet bzw. geschätzt wird. Diese quantitativen
Verhältnisse der Textsorten zueinander werden in einem ersten Schritt
des Korpusaufbaus im Korpus widergespiegelt. Es muss allerdings gesagt werden, dass bis heute kein wasserdichtes Verfahren existiert, die
Textsorten einer Sprache zu einer gewissen Zeit zu ermitteln. Es wird
vermutlich auch nie eines geben. Das Beste, was man erreichen können wird, ist eine pragmatische Lösung, auf die sich die Gemeinschaft
beteiligter Korpuslinguisten einigt.

Im Anschluss daran wird bei jeder Äußerungssorte die Verteilung
möglichst vieler linguistischen Phänomene beobachtet[31]. Am interessantesten sind dabei diejenigen Phänomene, die durch ihre Häufigkeit
und Verteilung für eine Textsorte charakteristisch sind. So ist zum Beispiel die Textsorte *Kochrezept* charakterisiert durch eine hohe Frequenz
von Aufforderungssätzen:

(2)   Geben Sie nun etwas Zitronensaft in den Teig.

---

[28] Eine Ausnahme bilden Korpora, die den Gegenstand komplett abdecken, z.B. ein
Korpus der Werke Schillers.

[29] Vgl. Atkins et al. (1992). Die Autoren sprechen von einem ‚balanced corpus'.

[30] Eine ausführliche Liste externer Kategorien findet sich in Atkins et al. (1992).

[31] Wegweisend ist die Arbeit von Biber (1988), der statistische Daten zur Verteilung
von mehreren Dutzend linguistischer Eigenschaften in verschiedenen Textsorten –
Reportage, Wissenschaftsartikel, schöne Literatur etc. – präsentiert, vgl. Anhang III
in Biber (1988), S. 246ff.

und von befehlssatzähnlichem, subjektlosen Konstruktionen:

(3)   Den Teig 5 Minuten lang gut durchrühren.

Die linguistischen Phänomene, die für eine Äußerungssorte charakteristisch sind, bilden das Profil interner Kriterien für diese Sorte. Man sollte allerdings den Aufwand, der notwendig ist, um linguistische Phänomene in Korpora aufzufinden und quantitativ zu erfassen, nicht unterschätzen. Es ist in jedem Falle schwierig, in manchen Fällen sogar unmöglich, diese Phänomene in einem Korpus automatisch aufzuspüren.

Die Definition interner Kriterien für einzelne Äußerungssorten dient den folgenden Zielen:

- Wenn ein Forscher ein bestimmtes linguistisches Phänomen untersuchen will oder für seine Untersuchung Daten eines bestimmten linguistischen Phänomens benötigt, dann kann er sich vor allem auf Texte der Sorte stützen, bei der dieses Phänomen häufig vorkommt. Die Auswahl eines solchen Textkorpus wird erleichtert, wenn die internen Kriterien für jede Textsorte im Korpus bzw. dessen Metadaten vermerkt sind[32].

- Der Abgleich des Profils interner linguistischer Merkmale eines Textes mit denen der Textsorten eines Korpus erleichtert die Einordung dieses Textes in das Korpus, falls die Einordnung nicht bereits durch externe Kriterien festgelegt ist.

- Ein Korpus kann auch dadurch ausgewogen gestaltet werden, dass linguistische Phänomene, die generell selten vorkommen, in einem Korpus stärker berücksichtigt werden. Man kann in diesem Fall von einer Austarierung des Korpus nach internen Kriterien sprechen. Das Korpus spiegelt dann nicht mehr unbedingt die Verteilung von Textsorten in der beschriebenen Sprache wider. Es kann aber von Vorteil sein, wenn alle interessanten linguistischen Phänomene in ausreichendem Maße dokumentiert sind. Zudem ist, wie wir gesehen haben, die Repräsentativität einer Stichprobe im Verhältnis zur Grundgesamtheit eine Fiktion, solange die Grundgesamtheit nicht exakt bestimmt werden kann. Es besteht also kein Grund, den Aufbau eines Korpus an einem sowieso nicht genau zu bestimmenden quantitativen Verhältnis zum Gegenstand zu orientieren. Linguistische Kriterien können ebenfalls den Ausschlag geben.

---

[32] So kann man zum Beispiel aus den Korpora des Instituts für deutsche Sprache in Mannheim sog. *virtuelle Korpora* bilden, die aus Texten einer bestimmten Sorte oder mit einem bestimmten Merkmal zusammengestellt werden.

Überprüfung einer Hypothese an mehreren Stichproben

Wie wir oben festgestellt haben, ist ein Korpus immer nur eine Art
Stichprobe, von der wir nicht wissen, ob sie wirklich repräsenativ ist
und die Verhältnisse so widerspiegelt, wie sie auch in der Gesamtheit
sind. Diese Tatsache verhindert aber nicht, dass man linguistische Erkenntnisse über eine Sprache anhand von Korpusdaten gewinnt. Wenn
man Hypothesen über linguistische Phänomene auf der Basis von Korpusdaten bildet, muss man sich nur immer im Klaren darüber sein, dass
sie eventuell durch die Auswertung einer anderen Stichprobe, also eines anderen Korpus, widerlegt werden könnten. Die Gegenprobe kann
entweder vom gleichen Forscher oder von anderen Teilnehmern des korpuslinguistischen Diskurses erbracht werden. Dies entspricht dem normalen Prozess linguistischer Erkenntnis. Zum Beispiel können Erkenntnisse über Frequenz und Verteilung von Modalpartikeln, die anhand
eines Korpus der geschriebenen Sprache gewonnen wurden, anhand eines Korpus der gesprochenen Sprache bestätigt oder widerlegt werden.
Korpora verschiedener Dialekte oder regionalsprachlicher Varianten des
Deutschen können helfen, das Bild von Frequenz und Verteilung der einzelnen Partikeln zu verfeinern.

Das Bild, das sich hier ergibt, ist das einer ständigen Verfeinerung
der linguistischen Erkenntnisse auf Grund einer immer solideren Materialbasis.

3.2 Methodische Probleme – Prognose vs. Korpusevidenz

Eine wichtige Aufgabe der modernen Korpuslinguistik ist es, die intuitiven Entscheidungen und Theorien von Linguisten an großen Mengen authentischer Sprachdaten zu überprüfen. Dabei wird die Intuition
der Linguisten und befragten Sprecher bestätigt oder korrigiert werden.
Man spricht davon, dass bestimmte Aussagen, die von Linguisten auf
Grund einer bestimmten Theorie getroffen werden, anhand von Kor-
pusevidenz überprüft werden. Die Frage ist allerdings, wie stark diese
Evidenz sein muss, damit sie als Gegenpol zu theoretischen Aussagen
anerkannt werden kann. Wir wollen hier in Erinnerung rufen, dass in
Korpora nicht nur Sätze vorkommen, die wohlgeformt sind. Wir haben
es mit einer nicht zu unterschätzenden Zahl von Äußerungen zu tun,
die ungrammatisch sind oder deren Grammatikalität zumindest zweifel-
haft scheint. Andererseits werden in linguistischen Arbeiten und auch
in Grammatiken Sätze als Beispiele herangezogen, deren Verwendung
in authentischen Äußerungen äußerst unwahrscheinlich ist. Gill Fran-

cis zitiert das folgende Beispiel aus einer Grammatik von Quirk und anderen[33]:

(4)   Walter played the piano more often in Chicago than his brother conducted concerts in the rest of the States.

Francis bezeichnet diese Art von Beispielsätzen als grammatisch, aber unnatürlich und ihre Verwendung als höchst unwahrscheinlich[34].

Es wird also eine Vielzahl von Konstruktionen geben, die zwar bildbar und grammatisch sind, die man aber mit hoher Wahrscheinlichkeit in keinem Korpus finden wird. Zur Überprüfung der Wohlgeformtheit solcher Konstruktionen bleibt deshalb nur die Befragung von Muttersprachlern.

Wie geht man aber mit der Situation um, dass im Korpus Belege für Konstruktionen gefunden werden, die im Kontext einer Theorie oder Grammatik als nicht wohlgeformt eingestuft werden? Diese Frage ist schwerer zu beantworten. Wir wollen an zwei Beispielen zeigen, wie man mit dieser Situation umgehen kann.

Das erste Beispiel stammt von Detmar Meurers[35]. Meurers verwendet Korpusdaten, um eine Hypothese von den Besten und Edmondson zu überprüfen. Diese behaupten[36], dass Sprecher einiger süddeutscher Dialekte eine sonst nicht vorkommende Anordnung von Verben innerhalb einer komplexen Verbalgruppe verwenden, wie im folgenden Beispiel:

(5)   dass er singen hat müssen.

Das Besondere an diesem und ähnlichen Beispielen ist die Stellung des finiten Verbs zwischen zwei von ihm abhängigen infiniten Verben. Den Besten und Edmondson erklären die Verwendung dieser Konstruktion als das Bemühen der Dialektsprecher, hochsprachlich zu klingen, also als eine Art Überkompensation, wenn man davon ausgeht, dass diese Konstruktion ungrammatisch ist[37]. Den Befunden von den Besten und Edmondson folgend, müsste eine Grammatik des Deutschen diese Konstruktion entweder ausschließen, denn es handelt sich um ein reines Produkt der Performanz, um eben den Versuch der Anpassung an eine

---

[33] Vgl. Francis (1993), S. 138. Francis bezieht sich hier auf die *Comprehensive Grammar of the English Language*, erschienen 1985.
[34] Ebd.
[35] Vgl. Meurers (2005), Kapitel 1.3., S. 627.
[36] Vgl. den Besten und Edmondson (1983), S. 182.
[37] Sie können Ihre eigene Intuition in dieser Frage prüfen, indem Sie den obigen Satz mit den folgenden Varianten vergleichen: a) *dass er hat singen müssen*, b) *dass er singen gemusst hat*.

nichtexistente Norm. Alternativ könnte diese Konstruktion in eine regional ausdifferenzierte Grammatik des Deutschen als Besonderheit der bairischen Dialekte aufgenommen werden.

Meurers durchsucht ein Zeitungskorpus[38] nach Beispielen für die Konstruktion in Beispiel (5) und wird fündig. Er findet insgesamt zehn Belege, die dieser Konstruktion entsprechen und mutmaßt, dass es angesichts dieses Befundes sinnvoll sein könnte, diese Konstruktion als grammatisch zu markieren[39].

Die Korpusbefunde, die Meurers präsentiert, sind nicht wirklich überzeugend als Gegenargument zu den Besten und Edmondsons Argumenten. Es könnte tatsächlich sein, dass die Beispielsätze von Sprechern des Bairischen verfasst wurden. Damit wären sie als Teil eines regionalen Sprachgebrauchs bzw. als Phänomen der Performanz deutbar. Über die Herkunft der Verfasser dieser Sätze wissen wir leider nichts. Die methodische Frage lautet: wie viele Schwalben machen einen Sommer? Auf unser Problem übertragen: wie viele Belege deuten auf eine Regularität hin, die wir bei einer linguistischen Beschreibung berücksichtigen müssen? Dies ist eine sehr interessante und offene Forschungsfrage, mit der sich die Korpuslinguistik unseres Erachtens bisher zu wenig befasst hat.

Anders geht Geoffrey Sampson in seiner Auseinandersetzung mit theoretischen Linguisten um das Phänomen des *central embedding* vor[40]. Sampson widerlegt mit der Hilfe von Korpusbelegen die Behauptung von theoretischen Linguisten, dass die mehrfache Einbettung – X erscheint eingebettet in X, welches wiederum in X eingebettet ist, u.s.w – kein natürlich auftretendes Phänomen ist. Diese Strukturen seien danach zwar grammatisch, aber unakzeptabel. Sampson, einmal auf dieses Phänomen aufmerksam geworden, sammelt aus verschiedenen Quellen authentischen Sprachgebrauchs eine Vielzahl von Belegen für diese Struktur. Insgesamt fünfzehn davon präsentiert er in seinem Aufsatz.

---

[38] Das Korpus besteht aus Texten der Frankfurter Rundschau. Es umfasst etwa 2,6 Millionen Sätze bzw. gut 35 Millionen Wörter. Wichtig ist es, dass das Korpus eine Stichprobe des hochdeutschen Sprachgebrauchs, nicht des bairischen, ist.

[39] Meurers scheibt: „one is bound to ask how such verbal complex patterns could be licensed for those speakers who find them grammatical.", Meurers (2005), S. 629. Die Formulierung ist äußerst vorsichtig, es bleibt aber zu fragen, ob der Vorschlag nicht dazu führen würde, für jeden Sprecher eine eigene Grammatik, entsprechend seiner / ihrer Intuitionen, zu entwickeln.

[40] Vgl. Sampson (1996): „Central embedding refers to structures in which a constituent occurs medially within a larger instance of the same kind of tagma; an invented example is [The book [the man left] is on the table], where a relative clause occurs medially within a main clause ...", S. 15. Wir stützen uns bei der folgenden Darstellung auf diesen Text.

Wenn man seine Vorgehensweise systematisieren würde, dann erhielte man die Methode „Überprüfung einer Hypothese an mehreren Stichproben", wobei die Hypothese hier lautet: Konstruktionen dieser Art werden verwendet.

Zusammenfassung: Wenn Sie eine grammatische Konstruktion, deren Korrektheit aus Ihrer Sprachtheorie folgt, anhand von Korpusdaten überprüfen wollen, dann kann es sein, dass Sie diese in Ihren Korpora nicht finden. In diesem Fall bleiben Ihnen andere Möglichkeiten der Bestätigung, z.B. indem Sie Muttersprachler befragen. Zweifeln Sie andererseits eine Konstruktion, deren Korrektheit aus einer bestimmten Sprachtheorie folgt, an, dann ist die Tatsache, dass es keine Korpusbelege für sie gibt, noch kein hinreichendes Argument. Auch hier kann möglicherweise die Befragung von Muttersprachlern entscheiden.

Wenn Sie jedoch zeigen wollen, dass eine grammatische Konstruktion verwendet wird, die nach Auffassung einer Sprachtheorie nicht wohlgeformt bzw. ungrammatisch ist, dann ist die Argumentation schwieriger. Es gibt bisher keine theoretisch genügend fundierte Methode, um korrekte von nicht korrekten Sprachverwendungen zu unterscheiden. Die Belege, die Sie präsentieren, können deshalb immer als nicht korrekter Sprachgebrauch disqualifiziert werden. Man kann beim jetzigen Stand der Korpuslinguistik nur pragmatisch vorgehen. Je mehr Belege für die zweifelhafte Konstruktion gefunden werden, und je vielfältiger die Fundstellen sind, um so gesicherter kann man die Existenz dieser Konstruktion behaupten und darauf bestehen, dass die Theorie den beobachteten Fakten angepasst wird.

4 Methodisches Vorgehen beim Aufbau eines Korpus – Eine Anleitung

Am Schluss dieses Kapitels wollen wir für den Fall, dass Sie ein eigenes Korpus aufbauen wollen, einige Tipps geben:

- Die erste Frage dürfte sein, wie Sie an die Daten herankommen. Da mehr als 80 % der Texte bereits in der Druckvorstufe digitalisiert sind, dürfte das Scannen oder die manuelle Eingabe nur noch eine geringe Rolle spielen. Bei älteren Texten werden Sie aber nicht darum herum kommen. Der Aufwand für diese Aufgabe sollte nicht unterschätzt werden. Eine gute Adresse für Texte aller Art ist das World Wide Web. Aber auch, wenn Sie von dort Daten sammeln, müssen Sie einigen Aufwand für die Bereinigung dieser Daten einplanen. Es gibt aber Werkzeuge, die diese Aufgabe unterstützen[41].

- Sie sollten sich so früh wie möglich Gedanken über das Urheberrecht an den von Ihnen gesammelten Daten machen. Am besten ist es, wenn Sie mit den Rechteinhabern frühzeitig in Kontakt treten und Ihre Nutzung der Texte durch eine Lizenz rechtlich absichern. Dies dürfte nicht so schwer sein, wenn Sie die Daten ausschließlich zu Forschungszwecken nutzen. Etwas schwieriger dürfte es werden, wenn Sie die Daten weitergeben wollen. Es ist einerseits sinnvoll oder sogar notwendig, dass andere Forscher dasselbe Korpus verwenden können, und sei es nur, um Ihre Ergebnisse nachprüfen zu können. Andererseits kann dies die Vereinbarung über Nutzungsrechte erschweren[42].

- Ein nicht unwesentlicher Aspekt ist die Kodierung der Daten. Moderne Betriebssysteme verwenden heute UNICODE[43], eine Kodierung, mit der sich Zeichen aller Sprachen darstellen lassen. Es sind aber auch noch verschiedene Varianten des von der International Standardisation Organisation normierten Zeichensatzes in Gebrauch (ISO8859-1 - ISO8859-15), ebenso wie der wesentlich ältere Kodierungstandard ASCII (‚American Standard Code for Information Interchange‘). Man sollte sich über die Kodierung der Textdateien frühzeitig informieren und für alle Dateien die gleiche Kodierung wählen, was eventuell die Konvertierung einiger Dateien erforderlich macht. Der umfassendste Standard ist UNICODE, wir wollen dessen Verwendung deshalb an dieser Stelle empfehlen.

- Spätestens wenn die Primärdaten gesammelt sind, stellt sich die Frage nach den Metadaten. Wir haben oben gezeigt, wann die Beschreibung der Primärdaten durch Metadaten sinnvoll ist: wenn mehrere Forscher die Daten verwenden und wenn die Daten in einer Forschungsarbeit dokumentiert werden müssen.

- Je nach Forschungszweck kann es sinnvoll sein, die Daten linguistisch zu annotieren. Wir werden in den folgenden Kapiteln ausführlich auf diesen Aspekt der Korpusaufbereitung eingehen.

---

[41] Auf der Website, die dieses Buch begleitet, `http://www.lemnitzer.de/lothar/KoLi`, stellen wir einige dieser Werkzeuge vor.

[42] Ein Extremfall ist sicher die Arbeit von Christa Dern (2003), die für Ihre Untersuchung ein Korpus von Erpresserbriefen verwendete. Es liegt in der Natur der Sache, dass viele Autoren sich nicht ausfindig machen lassen, und der Bundeskriminalamt als sekundärer Rechteinhaber wird an der Verbreitung dieses Korpus sicher kein Interesse haben. Das macht es andererseits schwierig bis unmöglich, die von Dern präsentierten Erkenntnisse zu Formen der Höflichkeit in Erpresserbriefen und die Schlussfolgerungen der Autorin zu überprüfen.

[43] Details finden Sie unter `www.unicode.org`.

5 Weiterführende Literatur

Auch für die in diesem Kapitel angeschnittenen Themen ist das Buch von Tognini-Bonelli (2001) eine ausgezeichnete Referenz. Fast alle Themen werden auch in einem Aufsatz von Atkins, Clear und Ostler (1992) behandelt. Clear geht an anderer Stelle auf die Frage der Repräsentativität und des Aufbaus von Korpora unter diesem Gesichtspunkt ein (1992). Die Frage, ob und wie das World Wide Web als Korpus für linguistische Untersuchungen verwendet werden kann, ist hochaktuell. Eine gute Einführung in die Thematik geben Kilgarriff und Grefenstette 2003. Es gibt außerdem zu diesem Thema eine jährliche Konferenz. Details dazu lassen sich über eine Suchmaschine ermitteln. Der CES-Metadatenstandard ist auf der CES-Website (`http://www.cs.vassar.edu/CES/`) sehr gut dokumentiert. Lesenswert, wenn auch leider nur auf Englisch verfügbar, ist der in das Thema Metadaten einführende Text von Lou Burnard, einem der führenden britischen Korpusexperten (`http://ahds.ac.uk/creating/ guides/linguistic-corpora/chap\-ter3.htm`). Auf die hier nur angerissenen Themen der linguistischen Annotation und der Korpusabfrage gehen wir in Kapitel 4 näher ein.

6 Aufgaben

Hinweis: Lösungsansätze zu den Aufgaben finden Sie auf unserer Website (`http://www.lemnitzer.de/lothar/KoLi`).

1. Nennen Sie jeweils mindestens eine Aufgabe, für die sich a) ein komplettes Korpus, b) eine Belegsammlung als Datenbasis gut eignet.
2. Sie wollen aus Texten, die ein Programm aus dem World Wide Web herunterlädt, ein Korpus der deutschen Sprache aufbauen. Welche Möglichkeiten haben Sie, um möglichst sicherzugehen, dass nur deutschsprachige Texte in Ihr Korpus aufgenommen werden? Das Korpus wird am Ende zu groß sein, als dass Sie jeden Text einzeln daraufhin überprüfen könnten.
3. Erstellen Sie für das Buch, das Sie gerade lesen, einen Metadatensatz a) nach dem Dublin-Core Modell, b) nach dem Corpus Encoding Standards (CES). Gibt es Informationen, die Sie gern in die Schemata eingetragen hätten, die Sie aber nicht ermitteln konnten?

Auf den Schultern anderer stehen – Linguistische Annotation und ihre Nutzung

Am Ende dieses Kapitels können Sie die gängigsten Annotationsebenen unterscheiden. Sie haben das Stuttgart-Tübingen-Tagset zur
Annotation von Wortarten kennen gelernt. Im Bereich der syntaktischen Annotation können Sie den konstituentenbasierten vom de-
pendenzbasierten Ansatz unterscheiden. Sie wissen nicht nur, mit
welchen Informationen man Korpora anreichert, sondern Sie haben
auch Werkzeuge kennen gelernt, die es Ihnen ermöglichen, diese Informationen aus den Korpora zu extrahieren. Außerdem können Sie
nachvollziehen, warum Sprachwissenschaftler und Computerlinguisten die zeitaufwändige Arbeit der Annotation auf sich nehmen, und
haben Tipps bekommen, was Sie bei der eigenen Annotation beachten müssen.

1 Motivation

Nachdem wir im letzten Kapitel bereits auf die Grenzen und Probleme
von linguistischer Annotation hingewiesen haben, beginnt dieses Kapitel mit einem Abschnitt über den Nutzen von Annotation[1].

1.1 Extraktion von linguistischer Information

Jeder, der schon einmal in einer Grammatikarbeit oder Linguistikklau-
sur über Satzanalysen geschwitzt hat, weiß, dass der reine Text (die
Primärdaten) nur wenige linguistische Informationen an der Oberflä-
che offenbart. Linguistische Informationen entstehen erst bei der Interpretation der Daten. Viele Wortformen oder Strukturen sind aus dem
Kontext herausgenommen mehrdeutig. Sie müssen zunächst mit ihrem
Kontext in Bezug gesetzt und so disambiguiert werden. Die Wortform
einen kann zum Beispiel (mindestens) drei Lesarten haben: als Artikel,

---

[1] Die Argumentation orientiert sich an Leech (1997).

Indefinitpronomen oder verbaler Infinitiv (siehe die Beispiele (1) - (3)[2]. Wenn die einzelnen Wörter interpretiert sind, kann man sie auch auf abstraktere linguistische Konzepte abbilden. In Beispiel (1) kann man etwa die Sequenz *einen neuen Blick auf gesellschaftliche Verhältnisse* zu einer Nominalphrase zusammenfassen, die die Funktion des direkten Objekts von *ermögliche* hat.

(1)   Diese Perspektive ermögliche einen neuen Blick auf gesellschaftliche Verhältnisse.

(2)   Was für die einen nur dekadenter Zeitvertreib, ist für die anderen blutiger Ernst.

(3)   [Sie] wollten (...) von Bremen aus die Republik wieder einen.

Ist man an der Artikellesart von *einen* interessiert, erhält man auch bei einer Suche auf den reinen Primärdaten viele relevante Beispiele. Anders sieht es aus, wenn man nach der viel selteneren Verblesart recherchiert. Man muss eine große Anzahl von irrelevanten Beispielen sichten, was mühsam und zeitaufwändig ist. Diese Arbeit wird enorm reduziert, wenn den einzelnen Wortformen ihre jeweilige Wortart zugeordnet ist. Man kann dann gezielt nach Vorkommen von *einen* als Verb suchen. Dasselbe Argument gilt insbesondere auch für komplexere linguistische Phänomene. Nach möglichen Objekten des Verbs *einen* wie der Nominalphrase *die Republik* in Beispiel (3) kann man nur dann effizient suchen, wenn entweder syntaktische Phrasen annotiert oder sogar die grammatischen Funktionen der Wortgruppen angegeben sind. Noch deutlicher wird der Sinn von Annotation, wenn man nach selteneren Phänomenen sucht, die unabhängig von einer bestimmten Wortform auftreten, z.B. nach Prädikativkonstruktionen im Genitiv[3].

Sprache beinhaltet auf allen Ebenen Ambiguitäten, nicht nur auf der Wortebene. Eine strukturelle Ambiguität ist zum Beispiel die Frage des Bezugs von Präpositionalphrasen (das so genannte *PP-Attachment*). Unter Linguisten ist in diesem Zusammenhang ein Zitat von Groucho

---

[2]   Es handelt sich hierbei, wie bei vielen Beispielen in diesem Kapitel, um ggf. leicht gekürzte Korpusbelege aus der *Tübinger Baumbank, Deutsch/Schriftsprache* (kurz *TüBa-D/Z*). Das Z in *TüBa-D/***Z** stammt von **Z**eitungssprache, damit kann man diese Baumbank von der verwandten *TüBa-D/***S** unterscheiden. Letztere enthält Strukturbäume zu gesprochener **S**pontansprache. Wir halten es allerdings mit Pullum (2003) und verwenden auch eigens konstruierte Beispiele, falls es der besseren Veranschaulichung dient.

[3]   Dieses Suchbeispiel geht auf eine Anfrage von Judith Berman zurück. Eine Suche auf der syntaktisch annotierten TüBa-D/Z liefert u.a. folgende Treffer: *der Ansicht sein, der Meinung sein, guten Mutes sein*. Die weitere Interpretation der Ergebnisse liegt dann in der Hand des Linguisten oder Lexikographen.

Marx berühmt: „Last night I shot an elephant in my pajamas and how he got in my pajamas I'll never know"[4]. Diese Ambiguität des Bezugs von *in my pajamas* ist normalerweise für den Leser eine Falle, da sie im Folgesatz in die weniger wahrscheinliche Lesart aufgelöst wird. Im Korpus kann sie durch syntaktische Annotation eindeutig gemacht werden, indem die Präpositionalphrase *in my pajamas* der nominalen Struktur von *an elephant* zugeordnet wird[5].

Die Beispiele haben gezeigt, dass es sinnvoll ist, Korpusdaten mit linguistischen Interpretationen anzureichern, indem man zum Beispiel Wortarten, syntaktische Phrasen oder grammatische Funktionen annotiert. Diese Annotationen machen Korpusuntersuchungen effizienter, indem präzisere Anfragen gestellt werden können und komplexere Phänomene überhaupt erst abfragbar gemacht werden.

1.2 Wiederverwendbarkeit

Die oben beschriebene Interpretation von Daten ist zeitaufwändig. Viel Zeit geht verloren, wenn jeder dieselben Texte immer wieder neu interpretieren muss. Ein annotiertes Korpus ist auch deshalb wertvoll, weil es erlaubt, die Interpretationen anderer zeitsparend zu nutzen[6].

Ein zweiter Aspekt der Wiederverwendbarkeit gilt der Korpusannotation selbst. In vielen Korpusprojekten werden Programme zur automatischen Annotation von Wortarten verwendet (*Tagger*). Die automatische Bestimmung der Wortart ist oft nur durch die Information über die Wortarten der unmittelbar umgebenden Wörter möglich. Nach einem Artikel wie *eine* ist das Wort *lange* mit hoher Wahrscheinlichkeit ein Adjektiv wie in *eine lange Pause*. Steht *lange* jedoch unmittelbar vor einem Partizip, ist es eher ein Adverb wie in *Sie hat lange gewartet*.

Die verschiedenen Ebenen der Interpretation bauen oft aufeinander auf. Auch hier ist die Wiederverwendbarkeit von bereits erarbeitetem Wissen wertvoll. Eine Sequenz von zwei Wörtern, die mit den Wortarten *Artikel* bzw. *Nomen* annotiert sind, kann zum Beispiel auf der Ebene der syntaktischen Annotation automatisch zu einer Nominalphrase zusammengefasst werden.

---

[4] Siehe `http://groucho-marx.com`.

[5] Das gilt zumindest für manuell annotierte Korpora. Ein automatisches Annotationswerkzeug würde auch die zunächst wahrscheinlichere Lesart wählen.

[6] In der Computerlinguistik stellen annotierte Daten eine wichtige Grundlage für die Entwicklung und das Testen von computerlinguistischen Programmen dar.

1.3 Multifunktionalität

Ein weiterführender Aspekt von Wiederverwendbarkeit ist der Einsatz derselben Ressource in ganz unterschiedlichen Bereichen. Zum Beispiel kann ein Korpus zur Erstellung oder Verbesserung eines Lexikons erstellt worden sein. Die Lexikographen waren eventuell an Informationen über mögliche Valenzrahmen von Verben interessiert oder an Kollokationen. Dasselbe Korpus kann dann zum Beispiel auch von Computerlinguisten genutzt werden, um einen syntaktischen Parser oder andere computerlinguistische Werkzeuge zu entwickeln.

Wenn Sie selbst zum Beispiel ein Korpus zur Kommunikation in Chaträumen erstellen, weil Sie an der Verwendung von Neologismen und Anglizismen in dieser informellen Sprachvariante interessiert sind, könnte es sein, dass ein anderer Ihr Korpus nutzen möchte, um die Verwendung von Modal- und Abtönungspartikeln zu studieren.

2 Annotationsebenen

Nachdem der Einsatz von linguistischer Annotation begründet wurde, geht es in den folgenden Abschnitten um die Sache selbst. Welche Arten von Annotationen findet man in Korpora? Hierzu ist noch eine kurze Vorbemerkung nötig und zwar zur Frage, wie die Annotation erzeugt wird.

Wie wir oben schon betont haben, ist das Erstellen von Annotation zeitaufwändig und dadurch teuer. Beim Annotieren wird daher oft zweistufig vorgegangen: Erst findet ein schneller, *automatischer* Vorverarbeitungsschritt statt, bei dem ein computerlinguistisches Werkzeug, also ein Computerprogramm, zum Einsatz kommt. Das Programm besteht aus Regeln, nach denen es die Daten mit Annotationen anreichert. Im zweiten Teil ergänzen oder korrigieren Annotatoren – in der Regel studentische Hilfskräfte – die automatische Annotation in einem *manuellen* Arbeitsschritt. Es gibt auch interaktive Annotationsprogramme, bei denen die strikte Teilung der Arbeitsschritte aufgehoben ist[7]. Das Programm schlägt dem Annotator aufeinander aufbauende Teilanalysen vor, die unmittelbar korrigiert werden können, so dass die einzelnen Reparaturschritte klein bleiben und schnell durchzuführen sind. Die momentan verfügbaren Werkzeuge zur automatischen Annotation sind von unterschiedlicher Qualität, gemeinsam haben sie, dass sie alle nicht perfekt sind. Man geht also einen Kompromiss ein zwischen Datenmenge und Qualität der Annotation. Manuelle Annotation heißt allerdings

---

[7] Zum Beispiel das Programm *Annotate* (Brants und Plaehn, 2000) für syntaktische Annotation.

nicht automatisch fehlerfreie Annotation. Wenn man die Annotationen verschiedener Annotatoren bei mehreren Sätze vergleicht, stimmen sie selten hundertprozentig überein. Man versucht, die Abweichungen möglichst gering zu halten, indem man z.B. Annotationsregeln (*Annotation Guidelines*) festschreibt.

Ebene	Annotation
Morphosyntax	Wortart (*Part of Speech*)
Morphologie Lemma	Flexionsmorphologie Grundform
Syntax	Konstituenten oder Dependenzen, oft mit syntaktischen Funktionen; andere strukturelle Organisationsform: topologische Felder
Semantik	Eigennamen, Lesarten (*Word Senses*), thematische Rahmen (*Frames*)
Pragmatik	Koreferenz, Informationsstruktur, Diskursstruktur
Weitere	Textstruktur, Orthographie, Fehlerannotation, phonetische und prosodische Merkmale, sprachbegleitende Merkmale wie Gestik und Mimik

Tabelle 2: Annotationsebenen

2.1 Segmentierung

Das Thema dieses Abschnitts mag zunächst überraschen. *Segmentierung* bedeutet schließlich Aufteilung und nicht Hinzufügung. Um die Annotation in Korpora nachvollziehen zu können, muss man sich zunächst über die Einheiten im Klaren sein, die mit einer Annotation markiert werden können. Ein Text muss dazu in seine Bestandteile zerlegt werden. Die Segmentierung kann bei der *Textstruktur* beginnen und Bestandteile eines Textes wie Kapitel, Überschrift, Vorspann, Grundtext, Bildtext, Fußnote, Paragraph usw. markieren. Sie geht bis zum *Satz* und unterteilt diesen wiederum in einzelne Worteinheiten. Diese beiden letzten Zerlegungsschritte werden auch unter dem Schlagwort *Tokenisierung* zusammengefasst (auf Englisch *Tokenizing*)[8].

Die Festlegung von Satzgrenzen ist doch keine Schwierigkeit, könnte man meinen. Für die automatische Erkennung von Satzgrenzen stellt

---

[8] Die Zerlegung muss nicht auf der Wortebene aufhören. Bettina Zeisler und Andreas Wagner 2004 beschreiben die Segmentierung auf Morphemebene für ein Korpus des Tibetischen. Bei Korpora, die Transkriptionen von mittelalterlichen Handschriften enthalten, ist es z.B. sinvoll, zusätzlich auf der Zeichenebene zu trennen, um Initialbuchstaben oder Farbinformation annotieren zu können, vgl. Lüdeling et al. (2005a).

die Disambiguierung des Punktzeichens jedoch eine Herausforderung dar, die über Regeln und Statistiken gelöst werden muss. Das folgende Beispiel illustriert drei Lesarten des Punktes: Abkürzungspunkt, Ordinalzahlenpunkt und Satzendepunkt. Beispiel (5) zeigt, dass der Punkt, der auf eine Zahl folgt, nicht immer eine Ordinalzahl markiert.

(4)   Prof. Dr. Marga Reis eröffnete die Konferenz am 2. Februar mit einem Grußwort.

(5)   Es begann 2002.

Die weitere Zerlegung in Worteinheiten identifiziert nicht nur Wörter im gängigen Sinn als *Token*, sondern auch Zahlen, Satzzeichen, Klammern, Anführungsstriche und andere Symbole. Die einfachste Methode dabei ist, sich an Leerstellen zu orientieren und anzunehmen, dass eine geschlossene Zeichenfolge zwischen zwei Leerstellen eine Worteinheit darstellt. Dass es auch in diesem Bereich Diskussionsbedarf gibt, illustrieren die folgenden Beispiele.

Wie behandelt man *kontrahierte Formen* wie die Verschmelzung einer Präposition mit dem definiten Artikel zum Beispiel bei *am* oder *ins*. Soll *machen's* ein Token sein oder zwei? Was ist mit *glaubense* (= *glauben Sie*)? Und wie soll man mit Wörtern umgehen, die unabsichtlich zusammengeschrieben wurden wie *einKooperationsabkommen*? Ist man dem Originaltext treu samt seiner Formatierung oder korrigiert man den Fehler im Korpus?

Das umgekehrte Problem entsteht bei *Mehrwortlexemen* wie *en bloc* oder *New York*, d.h. Sequenzen, die Leerstellen enthalten, aber allgemeinhin als eine Worteinheit empfunden werden. Soll man sie getrennt oder als Einheit betrachten? Wie viele Token umfasst *1 1/2 Stellen* – zwei, drei oder sogar fünf? Noch schwieriger wird es, wenn Namen oder Idiomatik ins Spiel kommt. Wir überlassen es Ihnen, sich zu überlegen, nach welchen Regeln er im folgenden Beispiel die Wortgrenzen festlegen würde.

(6)   des „Für alle Fälle Fitz"-Teams

Das Beispiel steht exemplarisch für alle Titel und Bezeichnungen, die intern eine phrasale Struktur haben, im äußeren Satzzusammenhang aber wie eine nicht weiter zerlegbare Einheit fungieren. Analysiert man sie als einzelne Token, erhält man in späteren Analyseschritten eventuell seltsame Teilstrukturen, weil sie nicht der normalen Wortabfolge oder Syntax konform gebildet sind.

2.2 Morphosyntaktische Annotation

Am meisten verbreitet ist die Annotation von morphosyntaktischer Information. Vereinfacht gesagt handelt es sich um die Markierung der Wortart. Im Englischen heißt die Annotation morphosyntaktischer Merkmale auch *Grammatical Tagging*, *Part-of-Speech Tagging* (kurz: *POS Tagging*)[9] oder einfach *Tagging*[10]. Ein Tag (gesprochen [tæg]) ist ein Label, das dem einzelnen Wort zugeordnet wird und dessen grammatikalische Klasse angibt. Das Wortartenlabel erlaubt die Disambiguierung mehrdeutiger Wortformen (Homographen), insofern sie verschiedenen Wortarten angehören. Die Liste aller verwendeten Wortartenlabel ist ein *Tagset*. Wenn man als Linguist bei dem Stichwort *Tagset* eine überschaubare Liste wie Nomen, Verb, Präposition, Konjunktion usw. erwartet, ist man wahrscheinlich überrascht, wenn man die Anzahl der unterschiedlichen Tags in einem annotierten Korpus betrachtet. Ein typisches Tagset umfasst zwischen 50 und 150 verschiedene Tags[11].

Als Standard für deutschsprachige Korpora hat sich das *Stuttgart-Tübingen Tagset* (kurz: STTS) durchgesetzt[12]. Das so genannte *kleine Tagset* ohne explizite Tags für Flexionsmorphologie umfasst 54 Tags. Neben der Wortklasse werden weitere Eigenschaften wie die syntaktische Position bzw. Distribution des Wortes, seine grammatische Funktion und morphologische oder semantische Eigenschaften berücksichtigt, vgl. die Beispiele unten. Zusätzlich muss das Tagset auch alle Elemente abdecken, die man gemeinhin gar nicht als Wort klassifizieren würde, die aber als Token in authentischer Sprache vorkommen. Die Verwendung der Label wird in den *Tagging-Richtlinien* (auch *Tagging-Guidelines*) festgehalten.

Wortartenlabel basieren auf einer Mischung unterschiedlicher Kategorisierungen:

- **Positionelle Eigenschaften**: Präposition versus Postposition

  (7) Die Zuschauer standen *entlang* der Straße.

  (8) Die Zuschauer standen die ganze Straße *entlang*.

---

[9] *Part of Speech* ist die englische Bezeichnung für Wortart.
[10] Vgl. Leech und Wilson (1996, S. 3).
[11] Siehe z.B. Schmid (in Vorb.).
[12] Ob es ein Zufall ist, dass die Nachnamen der vier maßgeblichen Autorinnen in Stuttgart und Tübingen, Anne Schiller, Christine Thielen, Simone Teufel und Christine Stöckert, ebenfalls zu ‚STTS‘ abgekürzt werden können?
Standards für das Englische sind das CLAWS-Tagset des British National Corpus (BNC) und das Penn Treebank Tagset, vgl. McEnery und Wilson (2001).

- **Syntaktische Funktion**: Attribuierendes versus prädikativ verwendetes Adjektiv

  (9)   Die *damaligen* Probleme sind uns heute nicht fremd.

  (10)   Damit waren sie *quitt.*

- **Morphologische Merkmale**: Finite oder nicht-finite Verbformen

  (11)   Er *schreibt* Tagebuch.

  (12)   Er hat Tagebuch *geschrieben.*

  (13)   Er versuchte, Tagebuch zu *schreiben.*

- **Semantische Merkmale**: Normales Nomen oder Eigenname

  (14)   Verkleidete *Fischer* jagen nackte Amerikaner.

  (15)   Bundesaußenminister *Fischer* stimmte zu.

Oft unterscheiden sich die unterschiedlichen Wortarten in mehr als einem Merkmal. Finite und nicht-finite Verben zum Beispiel unterscheiden sich nicht nur morphologisch, sondern auch in ihrer syntaktischen Distribution. Andersherum unterscheiden sich attribuierende und prädikativ verwendete Adjektive nicht nur in der Distribution, sondern auch in den morphologischen Merkmalen. Nur erstere werden flektiert und kongruieren mit dem begleitenden Nomen.

Das Stuttgart-Tübingen Tagset (STTS)

Als wichtigster Gliederungsaspekt wurden distributionelle Kriterien zu Grunde gelegt. Jede Wortform erhält dabei genau einen Tag. Teile von Mehrwortlexemen werden unabhängig von einander annotiert[13]. Bei der Vergabe der Tagnamen wird auf das Prinzip der Teilbarkeit geachtet[14].

> Das Tagset ist hierarchisch strukturiert. (...) die *tags* bestehen aus möglichst selbsterklärenden Buchstabensequenzen, die von links nach rechts gelesen zuerst die Hauptwortart und dann die Unterwortart kodieren, also von der allgemeineren Information zur spezifischeren hinführen. (Schiller et al., 1999, S. 4).

---

[13] Im englischen BNC werden in diesem Fall *ditto tags* vergeben, vgl. McEnery und Wilson (2001), S. 50. Jedes Token eines Mehrwortlexems erhält die Wortart des Gesamtausdrucks gefolgt von zwei Ziffern: der Gesamtzahl der Einzeltoken des komplexen Ausdrucks und dem jeweiligen Rang des gegebenen Tokens. *All of a sudden* (*ganz plötzlich*) wird zum Beispiel zu *all_RR41 of_RR42 a_RR43 sudden_RR44*, wobei *RR* der allgemeine Ausdruck für *Adverb* ist.

[14] Vg. McEnery und Wilson (2001, S. 51).

Die Klasse der Pronomen P wird am stärksten unterteilt, was sich auch in den zusammengesetzten Tagnamen widerspiegelt. Je nach Funktion werden sie zu D (Demonstrativ), I (Indefinit), PER (PERsonal), POS (POSsessiv), REL (RELativ), RF (ReFlexiv), W (interrogativ oder relativ) oder AV (AdVerbial). Zusätzlich werden die meisten Pronomen noch nach ihrer Distribution spezifiziert: S (Substituierend) bzw. AT (ATtribuierend). Ganz systematisch entstehen so die Tagnamen, z.B. $PPOSS$ steht für ein Pronomen, POSsessiv, Substituierend und PPO-SAT für ein Pronomen, POSsessiv, ATtribuierend. Ein Ausschnitt des kleinen STTS-Tagsets wird in Tabelle 3 mit Beispielen illustriert[15].

Das Tagset als Balanceakt

Ein Tagset stellt immer einen Kompromiss dar zwischen Genauigkeit und Handhabbarkeit. Im STTS werden zum Beispiel prädikativ und adverbial verwendete Adjektive nicht unterschieden, sondern zur gemeinsamen Klasse ADJD zusammengefasst. Der Grund dafür ist, dass ein automatischer Tagger hier viele Fehler machen würde, weil zur Disambiguierung oft der gesamte Satz analysiert werden müsste. Die Verwendung eines unterspezifizierten Tags ist in diesem Fall gut zu vertreten, weil fast alle prädikativ verwendeten Adjektive auch adverbial auftreten können. Für die wenigen Ausnahmen, die nur in einer der beiden Verwendungsweisen vorkommen können (ggf. zusätzlich zur attribuierenden Verwendung)[16], wie *untertan* (nur prädikativ) oder *ständig* (nicht prädikativ), geht diese Information allerdings verloren.

Ein ähnlicher Fall liegt bei den potenziellen Hilfsverben *haben* und *sein* vor. Sie werden immer als Auxiliar gekennzeichnet, unabhängig davon, ob sie im konkreten Fall als Voll- oder Hilfsverb genutzt werden. Auch hier würden automatische Tagger bei der Disambiguierung scheitern, da wegen der Verbstellungsvarianten im Deutschen oft nur eine Analyse des gesamten Satzes ausreichend Informationen zur Auflösung liefern würde. Bei vielen Tagsets gibt es Kompromisse dieser Art, die in Hinblick auf die automatische Vorverarbeitung gemacht werden.

Manche Unterscheidungen sind auch für die Annotatoren schwierig. Ist VW in den Beispielen (36) und (37) ein Eigenname?

(16)   Spontane Streiks bei VW in Emden.

(17)   Wir hatten einen VW besessen.

---

[15] Vgl. Schiller et al. (1999, S. 6f.).
[16] Siehe auch Duden, Bd. 4 *Die Grammatik*, § 450ff.

Wortart	Beschreibung	Beispiele
ADJA	attributives Adjektiv	*[das] große [Haus]*
ADJD	adverbiales oder	*[er fährt] schnell*
	prädikatives Adjektiv	*[er ist] schnell*
ADV	Adverb	*schon, bald, doch*
APPR	Präposition; Zirkumposition links	*in [der Stadt], ohne [mich]*
KON	nebenordnende Konjunktion	*und, oder, aber*
KOKOM	Vergleichskonjunktion	*als, wie*
NN	normales Nomen	*Tisch, Herr, [das] Reisen*
NE	Eigennamen	*Hans, Hamburg, HSV*
PDS	substituierendes Demonstrativpro-nomen	*dieser, jener*
PDAT	attribuierendes Demonstrativpro-nomen	*jener [Mensch]*
PIS	substituierendes Indefinitpronomen	*keiner, viele, man, niemand*
PIAT	attribuierendes Indefinit-pronomen	*kein [Mensch],* *irgendein [Glas]*
PPER	irreflexives Personalpronomen	*ich, er, ihm, mich, dir*
PPOSS	substituierendes Possessiv-pronomen	*meins, deiner*
PPOSAT	attribuierendes Possessivpronomen	*mein [Buch], deine [Mutter]*
PRELS	substituierendes Relativpronomen	*[der Hund,] der*
PRELAT	attribuierendes Relativpronomen	*[der Mann,] dessen [Hund]*
PRF	reflexives Pronomen	*sich, einander, dich, mir*
PWS	substituierendes Interrogativpronomen	*wer, was*
PWAT	attribuierendes Interrogativpronomen	*welche [Farbe],* *wessen [Hut]*
PWAV	adverbiales Interrogativ-oder Relativpronomen	*warum, wo, wann,* *worüber, wobei*
VVFIN	finites Verb, voll	*[du] gehst, [wir] kommen [an]*
VVINF	Infinitiv, voll	*gehen, ankommen*
VVPP	Partizip Perfekt, voll	*gegangen, angekommen*
VAFIN	finites Verb, aux	*[du] bist, [wir] werden*
VMFIN	finites Verb, modal	*dürfen*
$.	Satzbeendende Interpunktion	*. ? ! ; :*

Tabelle 3: Ausschnitt aus dem Stuttgart-Tübingen Tagset (STTS)

Ist *gelehrt* in den beiden nächsten Beispielen ein Adjektiv oder ein ver-
bales Partizip? Hier besteht eine Ambiguität zwischen der Kopulakon-
struktion mit prädikativem *ADJD* und der Passivkonstruktion mit ver-
balem *VVPP*.

(18)   Er ist gelehrt.

(19)   Hier wird Linguistik gelehrt.

Mit systematischen Ambiguitäten wie in den letzten Beispielen wird sehr unterschiedlich umgegangen. Im *British National Corpus*, dem britischen Referenzkorpus, sind *Portmanteau Tags* erlaubt, die aus einer Kombination von zwei Tags bestehen, zum Beispiel `heard&VVD-VVN;` zeigt, dass das Token *heard* entweder in der einfachen Vergangenheit (*VVD*) steht oder als Partizip Perfekt (*VVN*) verwendet wird. Die Zeichen `&` und `;` markieren die Tag-Grenzen (im TEI-Format[17]).

Für Eigennamen definieren die STTS-Guidelines eine in sich abgeschlossene Liste von Eigennamen-Unterklassen wie *Vorname*, *Nachname* und *Firmenname* (aber nicht *Produktname*, vgl. Beispiel (37)!) In anderen Fällen, wie bei der ADJD-VVPP-Ambiguität (vgl. Beispiel (38) und (39)) geben sie linguistische Entscheidungshilfen und listen bereits bekannte lexikalisierte ADJD-Formen auf.

Linguistische Kriterien: ADJD vs. VVPP[18]:

1. Kann der Satz ins Aktiv gesetzt werden mit gleicher Semantik?
   Ja → VVPP

2. Gibt es eine *von*-PP oder ähnliche PP, die auf Verbsemantik hinweist?
   Ja → VVPP

3. Ist eine Ersetzung durch ein semantisch nahes Adjektiv möglich?
   Ja → ADJD

Im Folgenden wenden wir diese Kriterien auf die Beispiele (38) und (39) auf der vorhergehenden Seite an.

(20)   Er ist gelehrt.
          1.*Sie lehrt ihn.
          2.*Er ist von ihr gelehrt.
          3.Er ist klug.
          → ADJD

(21)   Hier wird Linguistik gelehrt.
          1.Sie lehrt hier Linguistik.
          2.Hier wird Linguistik von ihr gelehrt.
          3.*Hier wird Linguistik klug.
          → VVPP

---

[17] Vgl. Leech und Wilson (1996, S. 17), McEnery und Wilson (2001). Im BNC werden die Portmanteau Tags allerdings nur für Ambiguitäten verwendet, die für einen automatischen Tagger schwer aufzulösen sind.

[18] Vgl. (Schiller et al., 1999, S. 24).

Morphologie und Lemmatisierung

Die Annotation von Flexionsmorphologie wird oft vom reinen Wortarten-Tagging unterschieden. Hierzu wird das Token analysiert und auf seine Grundform, das Lemma, zurückgeführt, die Analyse liefert gleichzeitig morphologische Informationen.

Flexionsmorphologie umfasst bekannte Kategorien wie *Kasus, Genus, Numerus, Person, Tempus* und *Modus*. Das so genannte *große Tagset des STTS* verwendet zusätzlich noch die Kategorien *Grad* (steigerbar)[19], *Definitheit* und *Flexion*. Letzteres ist die Markierung für stark (St), schwach (Sw) oder gemischt (Mix) flektierte Adjektive und Nomen (u.a. Nominalisierungen von Adjektiven)[20].

(22)   a. *mit ganzem*/ADJA:Pos.Masc.Dat.Sg.**St** *Einsatz*
        b. *mit dem ganzen*/ADJA:Pos.Masc.Dat.Sg.**Sw** *Hausrat*
        c. *mit einem ganzen*/ADJA:Pos.Masc.Dat.Sg.**Mix** *Apfel*

(23)   a. *ich Armer*/NN<ADJ:Masc.Nom.Sg.**St**   (deadjektivisch)
        b. *der Beamte*/NN:Masc.Nom.Sg.**Sw**
        c. *eine Rote*/NN<ADJ:Fem.Nom.Sg.**Mix**   (deadjektivisch)
        d. die Kosten/NN:*.Nom.Pl._

Kann ein morphologischer Wert nicht eindeutig zugewiesen werden, wird ein Sternchen vergeben, wie z.B. für das Genus bei *Kosten* in Beispiel (23). Manchmal müssen Kategorien aus technischen Gründen angegeben werden, obwohl sie nur bei einer Teilklasse vorhanden sind. Die Kategorie wird dann durch einen Unterstrich symbolisiert. Das Nomen *Kosten* kann hier wieder als Beispiel dienen. Es besitzt wie die Mehrzahl der Nomen keine Flexion und erhält daher an der entsprechenden Position in der Morphologie einen Unterstrich[21].

Durch die Kombination von Wortart und morphologischer Information wächst das Tagset auf mehrere hundert Elemente.

Exkurs: Tagging

Part-of-Speech Tagging bezeichnet die automatische Zuweisung von Wortartenlabeln (*Part-of-Speech Tags*) zu einzelnen Wortformen. Es ist ein wichtiger Schritt in der Textaufbereitung und Grundlage für die

---

[19] *Grad* hat die Werte Positiv (Pos), Komparativ (Comp) und Superlativ (Sup).
[20] Vgl. Schiller et al. (1999, S. 13,20).
[21] Vgl. Schiller et al. (1999, S. 8).

meisten weiterführenden Annotationen[22]. Automatische Methoden sind schon weit entwickelt und erreichen hohe Genauigkeiten (95% bis 98%, vgl. Schmid (in Vorb.)). Das folgende Schaubild gibt eine schematische Übersicht über die wichtigsten Komponenten des Taggings.

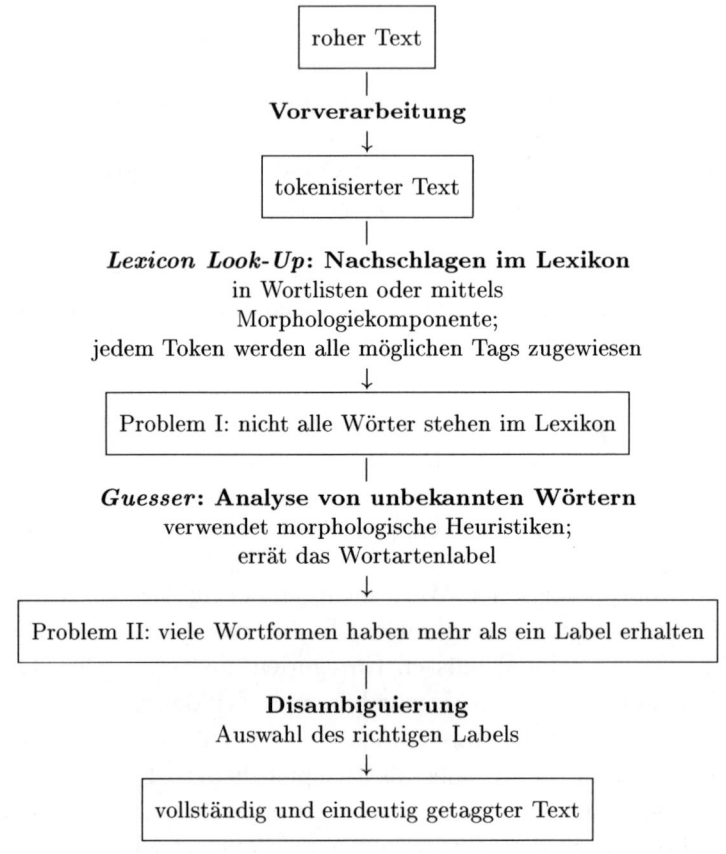

Abbildung 1: Schematische Darstellung des Part-of-Speech Taggings

Unter *Lexikon* versteht man hier eine Auflistung der Wortformen mit jeweils allen möglichen Lesarten, wie z.B. die Einträge von *einen* und *einende* in einem Lexikon, das vom TreeTagger[23] verwendet wird. Eine ‚Lesart‘ wird hier jeweils durch ein Paar bestehend aus Wortartenlabel und entsprechendem Lemma repräsentiert, z.B. *INDEF.subst.Akk ein*. Zur besseren Lesbarkeit ist das eigentliche Token unterstrichen.

---

[22] In der Computerlinguistik dient Text, der mit Wortartenlabeln annotiert ist, als Datengrundlage für viele Anwendungen, z.B. bei der Informationsextraktion, Sprachsynthese, Computerlexikographie oder Termextraktion.

[23] Vgl. Schmid (1994).

```
einen     ART.Akk ein     INDEF.subst.Akk ein  VVFIN einen  VVINF einen
einende   ADJ.Akk einen   ADJ.Nom einen
```

Die Disambiguierung ist das größte Problem beim Taggen. Automatische Tagger können danach klassifiziert werden, wie sie dieses Problem lösen.

- *Symbolische Tagger* verwenden (meist) handgeschriebene Regeln wie ‚Wenn ein Wort zwischen Artikel- und Verblesart ambig ist (z.B. *einen*), dann wähle das Verb-Tag, wenn das vorangehende Wort *zu* ist'. Der Tagger TAGGIT [24], der zum Taggen des BROWN Corpus eingesetzt wurde, basiert zum Beispiel auf Kontextmuster-Regeln, weist 71 verschiedene Tags zu und verwendet zur Disambiguierung 3.300 Disambiguierungsregeln, vgl. McEnery und Wilson (2001).
- *Stochastische Tagger* werden *trainiert*, indem sie automatisch die Frequenzen von Wörtern und Tags eines vorannotierten Trainingskorpus zählen[25] und daraus Wahrscheinlichkeiten berechnen:
  - lexikalische Wahrscheinlichkeit: das wahrscheinlichste Tag für ein Token (z.B. *einen* ist eher ein Artikel als ein Verb)
  - kontextuelle Wahrscheinlichkeit: das wahrscheinlichste Tag für ein Token bei einem bestimmten Kontext (d.h. die Sequenz der vorangehenden oder nachfolgenden Tags und Wörter.)
  Die entscheidende Aufgabe des Taggers besteht darin, die optimale Balance zwischen diesen beiden Ergebnissen zu finden. Beispiele für stochastische Tagger sind der TnT-Tagger (Brants, 2000) oder der TreeTagger[26].
- *Hybride Tagger* verbinden symbolische Regeln mit stochastischen, korpus-basierten Methoden. Sie ‚lernen' die Gewichtung der Regeln anhand ihrer Anwendung auf Korpusdaten und anschließendem Vergleich der Ergebnisse mit einem vorannotierten Korpus (einem *Gold Standard*). Ein prominenter Vertreter dieser Methode ist der Brill-Tagger (Brill, 1995), der neben den Wahrscheinlichkeiten auch symbolische Regeln lernt. Zunächst wird aus dem Gold Standard für jedes Token das wahrscheinlichste Tag abgeleitet. Im ersten Taggingschritt wird jedem Token in dem zu annotierenden Text einfach nur sein wahrscheinlichstes Tag zugeordnet. Das so getaggte Korpus wird mit der Annotation des Gold Standard verglichen. Natürlich

---

[24] Vgl. Greene und Rubin (1971).

[25] Es gibt auch Methoden, Tag-Wahrscheinlichkeiten auf nicht-annotierten Trainingskorpora zu schätzen; siehe dazu allgemein Manning und Schütze (1999).

[26] Schmid (1994).

gibt es viele Abweichungen, immer dann, wenn ein Token im Gold Standard nicht mit seinem wahrscheinlichsten Tag auftritt, sondern mit einem weniger wahrscheinlichen. Dieser erste Abgleich ist der Ausgangspunkt (oder auch die *Baseline*) für das weitere Training. Der Tagger muss versuchen, ein besseres Ergebnis zu erzielen. Er ruft eine Liste von Reparaturregeln (*Transformationsregeln*) auf, die versuchsweise einzelne Tags kontextabhängig ersetzen. Das geänderte Korpus wird wieder mit dem Gold Standard verglichen. Ist das Resultat besser als die Baseline, werden die Regeln übernommen, ansonsten werden sie verworfen. Drei auf diese Art gelernte Regeln für das Deutsche sind z.B. die folgenden (Die Tags stammen aus dem STTS-Tagset. Die zweite Zeile ist jeweils eine umgangssprachliche Umschreibung der Regel.)[27].

(24)   `ART PRELS PREVTAG $,`
         = Ersetze ART durch PRELS, wenn vorher das Tag $, steht.

(25)   `PTKZU APPR NEXT1OR2OR3TAG NN`[28]
         = Ersetze PTKZU durch APPR, wenn innerhalb der nächsten 3 Tags NN kommt.

(26)   `ART PDS WDNEXTTAG das ADV`
         = Ersetze ART durch PDS, wenn das aktuelle Wort *das* heißt und der Tag danach ADV ist.

Der Brill-Tagger versucht, auch auf der Wortbildungsebene Regeln zu lernen. Eine automatisch aus dem Korpus abgeleitete Regel ist z.B. die tatsächlich auch linguistisch motivierte Aussage (hier in verständlicher Umschreibung wiedergegeben):

(27)   Bei Präfix *un* ersetze VVPP durch ADJD.

2.3 Syntaktische Annotation

Die nächste Ebene der Annotation ist die Syntax im Sinne wortübergreifender Analyse. Korpora mit syntaktischer Annotation nennt man auch *Baumbanken*[29]. Die Bezeichnung stammt daher, dass die ersten

---

[27] Vielen Dank an Stefanie Dipper, die uns die die Beispielregeln zur Verfügung stellte. Der Brill-Tagger wurde hierzu auf 779 (STTS-)annotierten Sätzen des TIGER-Korpus plus 820 nicht-annotierten Sätzen trainiert. Es reichten für das Deutsche insgesamt 100-200 Regeln aus, um mit einer Genauigkeit von 97% zu taggen.
[28] PTKZU = *zu* vor Infinitiv.
[29] Von englisch *treebank*. Der Begriff wurde von Geoffrey Leech geprägt im Zusammenhang mit einem Vorgängerprojekt des englischen SUSANNE Korpus, vgl. Sampson (2003), S.40, Fn.1.

syntaktischen Annotationen strukturelle Bäume als Analyseform vor-
sahen.

Graphenstruktur

Ein Baum hat normalerweise einen eindeutigen Wurzelknoten an der
Spitze (*root node*)[30], der über der gesamten Wortkette steht. In Beispiel (29) auf S. 76 ist das der VP-Knoten. Ein Baum verzweigt sich
wohlgeordnet, so dass sich keine Äste (formaler ausgedrückt: *Kanten*
(*edges*)) überkreuzen und jeder Knoten (*node*) nur einen eindeutigen
Mutterknoten besitzt (und nicht zwei oder mehrere). Möchte man Über-
kreuzungen zulassen (also *überkreuzende Kanten*), arbeitet man (wenn
man es mathematisch genau nimmt) nicht mehr mit Baumgraphen, sondern mit allgemeineren Graphenstrukturen[31]. Die Blätter des Baumes
sind die *terminalen* Knoten (von der englischen Bezeichnung *terminal*
für *abschließend, endständig*). Sie bezeichnen hier die einzelnen Wörter
des Satzes. Alle Knoten außer den terminalen werden auch als *nicht-
terminale* Knoten bezeichnet. Alle Knoten, die unmittelbar über den
Wörtern stehen, werden als *Präterminale* bezeichnet. Im Beispiel sind
es die Knoten mit den Wortartenlabeln. Als zusätzliche Ebene findet
man in vielen Baumannotationen auch *sekundäre Kanten*, die nicht zur
eigentlichen Baumstruktur gehören[32].

Dependenz und Konstituenz

Bei der syntaktischen Annotation gibt es zwei grundlegende Modelle:
die *Konstituentenstruktur* und die *Dependenzstruktur*. Was unterscheidet sie? Zur Illustration fangen wir mit einem einfachen Beispiel an. Die
Verbalgruppe *ein einfaches Beispiel geben* besteht aus vier Wörtern. Die
Wörter sind nicht ganz gleichberechtigt, deshalb haben wir die Sequenz
als *Verbalgruppe* bezeichnet, obwohl ja nur eines der vier Wörter ein
Verb ist. Wir heben damit *geben* als Kern der Sequenz hervor.

    Sowohl der dependenzbasierte als auch der konstituentenbasierte
Ansatz gehen von einer hierarchischen Strukturierung von Sätzen aus.
Sie unterscheiden sich jedoch in Bezug auf die Elemente, die in der hier-
archischen Gliederung geordnet werden: In der Konstituentenstruktur

---

[30] Bekannterweise wachsen Syntaxbäume verkehrt herum, mit der Wurzel nach oben.

[31] Im Zusammenhang dieses Buches wollen wir nicht weiter auf die Unterschiede eingehen und werden vereinfachend auch dann von *Bäumen* reden, wenn es im mathematischen Sinne keine sind. In der TIGER-Baumbank zum Beispiel kommen
überkreuzende Kanten zum Einsatz.

[32] In der TIGER-Baumbank werden sekundäre Kanten zum Beispiel verwendet, um
geteilte Argumente in Koordinationen anzuzeigen, vgl. Abb. 12 auf S. 84.

sind es Konstituenten, also abstrakte Einheiten, die jeweils ein oder mehrere Wörter repräsentieren (z.B. VP, NP in Abb. (29)). In der Dependenzstruktur beschränkt man sich auf die Wörter selbst.

Die Konstituentenstrukturanalyse geht auf den amerikanischen Strukturalismus zurück[33]. Man nimmt an, dass Sätze aus hierarchisch geschachtelten Untereinheiten bestehen, die man zum Beispiel durch Klammerung markieren kann. Diese Untereinheiten sind Sequenzen von zusammenhängenden Wörtern, die als *Konstituenten* bezeichnet werden[34]. Das prototypische Beispiel für ein Korpus mit reiner Konstituentenanalyse ist die amerikanische *Penn Treebank* im Repräsentationsformat der ersten Projektphase[35].

(28)   Klammerstruktur:
        [$_{VP}$ [$_{NP}$ [$_{ART}$ ein][$_{ADJA}$ einfaches][$_{NN}$ Beispiel]][$_{VVINF}$ geben]]

(29)   Baumstruktur:

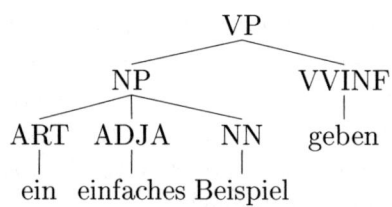

Ein wichtiger Vertreter der Dependenztheorie ist Lucien Tesnière[36]. In einer Dependenzgrammatik besteht die Hierarchie aus Abhängigkeiten (*Dependenzen*) von Wörtern untereinander. Die Dependenzen werden durch Verknüpfungen von jeweils zwei Wörtern modelliert. Graphisch sind es Kanten eines Baums (bei Tesnière *connexions*). Die Verknüpfungen sind immer gerichtet. Genauer gesagt, gibt es immer ein *Regens* und ein davon abhängiges *Dependens*, vgl. Beispiel (41). *Geben* regiert *Beispiel*, welches wiederum *ein* und *einfach* regiert[37]. Normalerweise stehen die abhängigen Elemente in einer bestimmten *grammatischen Funktion* zum Regens, im Beispiel sind es *Det(erminator)*, *Attr(ibut)* und *Akkusativobjekt* (*ObjA*)[38]. Obwohl eine Dependenzanalyse nicht zwingend die

---

[33] Ein wichtiger Vertreter ist Zellig Harris (1951). Es gab aber schon Vorläufer, vgl. Langer (2004).

[34] Konstituenten können durch Tests identifiziert werden (z.B. durch Ersetzung, Verschiebung oder Koordination), vgl. z.B. Pittner und Berman (2004) oder Klenk (2003).

[35] Siehe www.cis.upenn.edu/~treebank/home.html, Marcus et al. (1993).

[36] Vgl. Tesnière (1959). Siehe z.B. Weber (1997) für eine Einführung.

[37] In der graphischen Darstellung weisen die Pfeilspitzen jeweils auf das Regens.

[38] Die Funktionen können wie hier als Kantenlabel dargestellt werden.

Angabe grammatischer Funktionen mit einschließt, sind beide Konzepte doch sehr eng miteinander verbunden. Man spricht auch von einer *funktionalen Analyse*. Das prototypische Beispiel für ein Korpus mit Dependenzannotation ist die tschechische *Prague Dependency Treebank*[39].

(30)   Funktionale Dependenzstruktur:

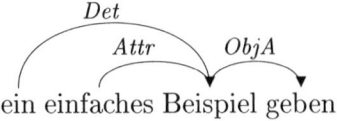

ein einfaches Beispiel geben

Hybride Modelle

Eine Konstituentenstruktur bildet zunächst nur syntaktische Kategorien ab und keine Funktionen. In vielen Projekten wird daher eine gemischte Repräsentation bevorzugt (*hybrides Modell*). Als Grundgerüst werden strukturelle Kategorien gebildet, die mit funktionaler Information angereichert werden. In einer Baumdarstellung kann man z.B. die Kategorien als Knotenlabel repräsentieren und die verbindenden Kanten mit funktionalen Labeln versehen. Wir verwenden hier dieselben Label wie im Dependenzbeispiel oben. Die Köpfe der VP und NP sind zusätzlich als *H(ea)d* markiert.

(31)   Hybride Baumstruktur:

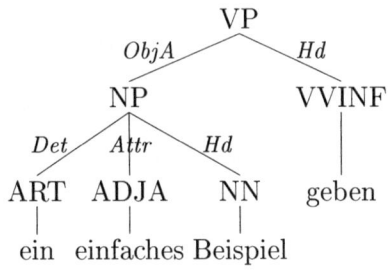

Viele der Baumbanken, die eine konstitutentenbasierte Grundarchitektur besitzen, fallen in die Klasse der hybriden Modelle, weil sie auf die eine oder andere Art auch funktionale Informationen kodieren. Ein rein konstituentenbasiertes Modell ist das Format der Penn Treebank in Phase I. Ab Phase 2 wird auch dort ein hybrides Annotationsschema verwendet, das z.B. Subjekte und adverbiale PPs mit funktionalen oder semantischen Labeln auszeichnet[40].

---

[39] Auf der so genannten *analytischen Ebene* der Annotation sind reine Dependenzstrukturen annotiert, vgl. http://ufal.mff.cuni.cz/pdt2.0.
[40] Vgl. Marcus et al. (1993) und Marcus et al. (1994).

Phrasen und Chunks

Wir haben bisher die Begriffe Konstituente und Phrase wie Synonyme behandelt. Wenn man es genau nehmen möchte, dann ist eine Konstituente die kategorieneutrale Beschreibung einer *Phrase*. Letztere ist immer einer bestimmten Kategorie zugeordnet, z.B. Verbalphrase oder Nominalphrase. Man unterscheidet dabei endozentrische und exozentrische Phrasen. Bei *endozentrischen Phrasen* gibt es einen phraseninternen *Kopf* der Phrase, welcher die kategoriellen Eigenschaften bestimmt, z.B. das Nomen in der Nominalphrase. Die Projektionen des Kopfs bis zur maximalen, also der phrasalen Ebene sind von derselben Kategorie, hier nominal. Sie unterscheiden sich lediglich in der Projektionsebene (ausgedrückt durch Striche, auf Englisch *Bars*, oder Nummerierung, z.B. *N'* oder *N1*). Die maximale Ebene wird dann als „Phrase" gekennzeichnet, hier *NP*. Bei einer *exozentrischen Phrase* ist der Mutterknoten von einem anderen kategoriellen Typ als alle seine Töchter. Hier werden verschiedene Phrasen zu einer funktionalen Einheit zusammengefasst, z.B. der Satzknoten *S*, der in traditionellen Analysen über der Subjekts-NP und der VP steht. Eine Formalisierung erfährt der Phrasenbegriff zum Beispiel durch die X-Bar-Struktur[41].

(32)

  a. Exozentrische Phrase *S*

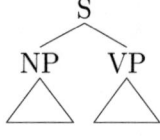

  b. Endozentrische Phrase *NP*

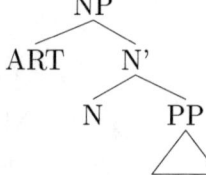

Ein alternatives Konzept der syntaktischen Gruppierung sind *Chunks*. Das Konzept geht auf Steven Abney[42] zurück. Motiviert durch psycholinguistische Beobachtungen[43], definiert er „Brocken" (die wörtliche Übersetzung von *chunks*). Sie entsprechen prosodischen Einheiten, d.h. Sprecheinheiten, nach denen Sprecher intuitiv eine kleine Sprechpause

---

[41] Siehe Jackendoff (1977). Das X-Bar-Schema findet in der Korpusannotation kaum Anwendung. Das hat zwei Gründe. Zum einen versucht man Annotation meistens möglichst theorieneutral zu halten (es sei denn, man versucht explizit eine theoriebasierte Baumbank zu erstellen, wie z.B. die HPSG-basierte bulgarische BulTreebank (Simov und Osenova, 2003)). Zum zweiten erzeugen X-Bar-Strukturen sehr schnell sehr große Bäume, was für den Annotationsvorgang und beim späteren Browsen durch das annotierte Korpus hinderlich ist.

[42] Vgl. Abney (1991).

[43] Vgl. Gee und Grosjean (1983).

machen. Wenn Laien einen Satz graphisch darstellen sollen, tendieren
sie dazu, Einheiten zu bilden, die ebenfalls diesen prosodischen Einheiten entsprechen.

Definition 1 (Chunk (strikte Version)). *Der nicht-rekursive Kern-
bereich einer Konstituente innerhalb eines Satzes, beginnend am Anfang
der Konstituente bis zu ihrem (lexikalen) Kopf. Nach (Abney, 1991).*

Das folgende Beispiel zeigt die Chunks eines englischen Satzes. Bei der
Präpositionalgruppe trifft die Chunkdefinition dann zu, wenn man das
Nomen als lexikalen Kopf der komplexen Struktur betrachtet.

(33)   [The bold man] [was sitting] [on his suitcase.]

Eine Eigenschaft von natürlicher Sprache ist, dass sie *rekursive* Strukturen besitzt, also in sich geschachtelte Einbettungen derselben Kategorie.
Die Baumstruktur links weist zum Beispiel eine solche Einbettung auf:
Sie enthält eine komplexe NP, bei der unter der maximalen NP eine weitere NP eingebettet ist. Beim nicht-rekursiven Chunking dagegen erhält
man flache Analysen und keine rekursiven Einbettungen. Ergänzungen
und Modifikatoren, die nach dem Kopf einer Phrase stehen, werden in
den entsprechenden Chunk nicht mit eingeschlossen. In der Struktur
rechts stehen *NC* und *PC* für nominaler bzw. präpositionaler Chunk.
Die Teilbäume von *the study* und *of the rocks* stehen als unabhängige
Chunks nebeneinander.

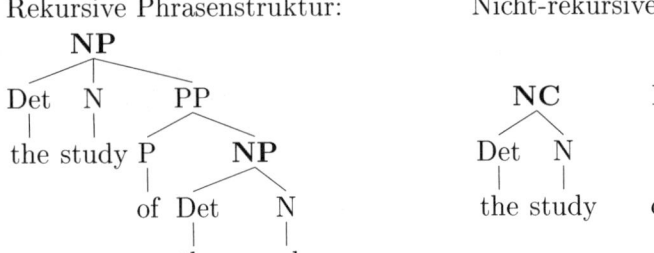

Rekursive Phrasenstruktur: Nicht-rekursives Chunking:

Partielle und vollständige Analyse

Das Chunking (oder auch *Partial Parsing*) ist in der automatischen
Sprachverarbeitung sehr verbreitet. Es erlaubt, Teilstrukturen mit relativ hoher Qualität zu analysieren, ohne dass man über die Gesamt-
struktur des Satzes spekulieren muss. Dasselbe gilt für die Annotation
von Korpora. Auch hier wird das Chunking eingesetzt als eigenständige
Annotationsform oder auch als automatischer Vorverarbeitungsschritt
einer vollständigen syntaktischen Analyse. Für das Deutsche wird die

strenge Chunkdefinition nach Abney auf rekursive Strukturen erweitert, um Beispielen wie (34) gerecht zu werden, bei denen im pränominalen Bereich (anders als im Englischen) erweiterte Adjektivphrasen auftreten, hier z.B. die Adjektivphrase *durch Fehlentscheidungen hochverschuldete*[44].

(34)   [$_{NC}$ die [$_{AC}$ [$_{PC}$ durch [$_{NC}$ Fehlentscheidungen]] [$_{AC}$ hochverschuldete]] Bahn]

Ein Beispiel für ein partiell analysiertes Korpus ist das *Tübinger Partiell Geparste Korpus des Deutschen / Schriftsprache* (kurz: Tü**PP**-D/Z).

Repräsentation der syntaktischen Annotation

Wie sieht die syntaktische Annotation nun in der Praxis aus? Um einen Eindruck davon zu vermitteln, stellen wir drei syntaktische Tagsets beispielhaft an einem Satz vor.

Dependenzannotation. Als erstes betrachten wir ein Korpus, das zur Zeit an der Universität Hamburg entsteht: Die *Hamburg Dependency Treebank* (*CDG Corpus Collection*). Das Korpus wird im Rahmen eines Projekts zum Dependenzparsen erstellt, daher liegt der Schwerpunkt auf der automatischen Annotation und nur ein Teil der Daten ist bisher manuell korrigiert worden[45].

Tabelle 4 zeigt einen Teil des Tagsets für funktionale Dependenzen (insgesamt werden gut 30 Label verwendet)[46].

Tag	Dependens	Regens
S	Wurzelwort eines Satzes (oder eines Satzfragments), normalerweise das finite Verb	NIL (Hilfskonstrukt)
SUBJ	Kopfnomen eines Subjekts	finites Verb
PRED	nicht-verbales Prädikat	Kopulaverb
AUX	Verb	Auxiliar
OBJA	Kopfnomen eines Akkusativobjekts	Verb
OBJD	Kopfnomen eines Dativobjekts	Verb
KOM	Vergleichswort (*als, wie*)	Bezugswort

Tabelle 4: Funktionale Label der Hamburg Dependency Treebank

---

[44] Das Beispiel ist vereinfacht aus Müller (2004), siehe ebenfalls Kermes (2003).
[45] Der *Weighted Constraint Dependency Parser*, vgl. Foth et al. (2004) erzeugt funktionale Dependenzen mit einer Fehlerrate von ca. 10%. Sie können den Parser online testen, vgl. http://nats-www.informatik.uni-hamburg.de/parse/Papa/ParserDemos.
[46] Vgl. Foth (2006).

In Abbildung 7 sehen Sie die graphische Darstellung des Satzes *Wir sind begeistert!* Die Knoten des Baums entsprechen den einzelnen Token bis auf den Wurzelknoten (*NIL*), der ein abstraktes Hilfskonstrukt ist[47]. Eine *S*-Kante markiert *sind* als das eigentliche Wurzelwort des Satzes. Zwei weitere Kanten weisen auf *sind*. Sie verknüpfen über eine *SUBJ*- bzw. eine *PRED*-Funktion, die abhängigen Knoten *wir* und *begeistert* mit ihrem Regens. Das Ausrufezeichen ist als unregiertes Element markiert.

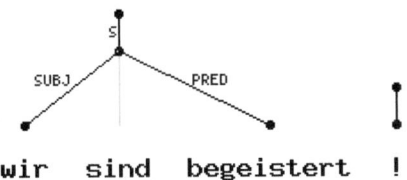

Abbildung 7: Dependenzannotation in der Hamburg Dependency Treebank

Der graphischen Baumdarstellung liegt eine Textdatei zugrunde, vgl. Abbildung 8. Jede Zeile der Datei entspricht einer Dependenz und beginnt jeweils mit dem abhängigen Element. Anstelle der Token stehen hier vereinfachte Lexikoneinträge: Wortform plus Wortart und ggf. weitere Flexionsinformationen, die jeweils mit Unterstrich verbunden sind. Dahinter wird in runden Klammern die Position des Tokens in der Wortkette angegeben. Man indiziert dabei, wie beim Parsen allgemein üblich, die Positionen vor und nach den Token, so dass das erste Token, *wir*, hier den Platz zwischen den Positionen 0 und 1 einnimmt. Ein gestrichelter Pfeil symbolisiert die Kante, in deren Mitte das jeweilige funktionale Label angegeben ist. Am Ende der Zeile steht das Regens der dargestellten Dependenz.

```
Edges:
    000        SYN: wir_PPER(0-1)--SUBJ-->sind_VAFIN_first(1-2)
    002        SYN: sind_VAFIN_first(1-2)--S-->NIL
    004        SYN: begeistert_ADJD(2-3)--PRED-->sind_VAFIN_first(1-2)
    006        SYN: !_$.(3-4)---->NIL
```

Abbildung 8: Textdatei im Stil der Hamburg Dependency Treebank

---

[47] Der eindeutige Wurzelknoten *NIL* ist für die automatischen Verarbeitung wichtig.

Konstituentenstruktur. Als Beispiele für phrasenstrukturelle Tagsets stellen wir die Annotationsschemata der TIGER-Baumbank und
der beiden TüBa-Baumbanken (TüBa-D/S und TüBa-D/Z) vor[48]. Beide

TIGER	TüBa	Beschreibung
S	SIMPX	Satz
AP	ADJX	Adjektivphrase
NP	NX	Nominalphrase
–	VXFIN	finiter Verbalchunk
VP	VXINF	nicht-finite Verbalphrase/ Verbalchunk
VZ	–	Infinitiv mit *zu*
CS	–	koordinierte Sätze
CNP	–	koordinierte Nominalphrasen
–	VF	Vorfeld
–	LK	Linke Satzklammer
–	MF	Mittelfeld
–	VC	Verbkomplex (Rechte Satzklammer)
–	NF	Nachfeld

Tabelle 5: Phrasenstrukturelle Label in TIGER und TüBa

Tagsets umfassen je 25 phrasenstrukturelle Label. Der kleine Vergleich
in Tabelle 5 weist schon auf gewisse Unterschiede hin: In TüBa werden
topologische Felder annotiert[49], in der TIGER-Baumbank erhalten koordinierte Phrasen besondere Label. In den TüBa-Baumbanken ist die
Annotation von der Chunkidee beeinflusst, deshalb heißen z.B. nominale Konstitutenten nicht NP sondern NX[50]. In der TIGER-Baumbank
werden relativ *flache* Strukturen annotiert, d.h. Kategorien werden nur
angegeben, wenn die Phrasen komplex sind. In Abbildung 9 entsprechen
die weißen Ovale den phrasenstrukturellen Knoten, die grauen Käst-
chen den funktionalen Kantenlabeln. TIGER verwendet ca. 50 funktionale Label, z.B.: *HD*=Kopf, *SB*=Subjekt, *PD*=Prädikat, *NK*=*Noun
Kernel*. Abbildung 10 zeigt einen analogen Baum aus der TüBa-D/Z.
Hier werden 40 funktionale Label verwendet einschließlich vier Label
für sekundäre Kanten, z.B. *HD*=Kopf, *ON*=Subjekt (wörtl. Objekt,
nominativ), *PRED*=Prädikat.

---

[48] Die TIGER-Baumbank und die TüBa-D/**S**-Baumbank stehen für Forschungszwecke
kostenlos zur Verfügung.
[49] Vgl. Höhle (1986) bzw. Pittner und Berman (2004) für eine Einführung.
[50] Einen ausführlicheren Vergleich der beiden Annotationsschemata finden Sie in Ule
und Hinrichs (2004) sowie bei Telljohann, Hinrichs und Kübler (2004).

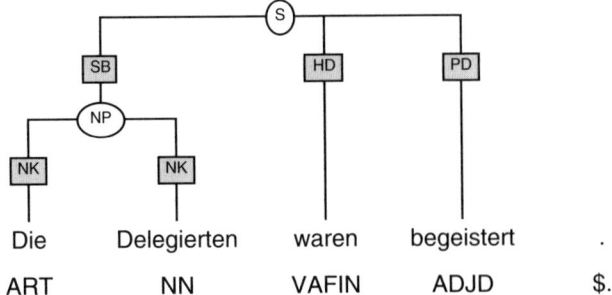

Abbildung 9: Hybride Annotation in der TIGER-Baumbank

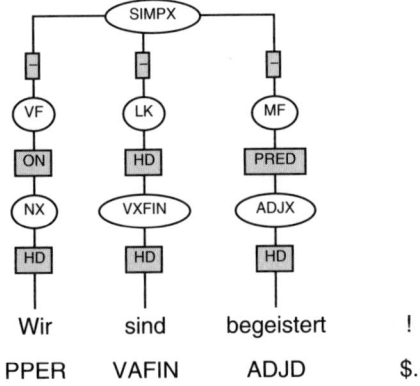

Abbildung 10: Hybride Annotation in den TüBa-Baumbanken

Abbildungen 11 und 12 zeigen etwas komplexere Bäume aus der TIGER-Baumbank[51]. Sie illustrieren zwei Besonderheiten ihrer Annotation: *Überkreuzende Kanten*, die bei Stellungsvarianten den syntaktischen Bezug festhalten, und *Sekundäre Kanten*, die bei Koordination den funktionalen Bezug verdeutlichen.

In Abbildung 11 ist das topikalisierte Präpositionalobjekt *damit* über eine kreuzende Kante mit der VP verbunden. Die scheinbar kreuzenden Kanten in Abbildung 12 gehören nicht zur eigentlichen Baumstruktur. Daher werden sie als sekundäre Kanten bezeichnet. Sie markieren, dass *Sie* Subjekt sowohl von *entwickelt* als auch von *druckt* ist,

---

[51] An dieser Stelle vielen Dank an Stefanie Dipper, die mehrere Abbildungen dieses Kapitels zur Verfügung gestellt hat.

und dass die koordinierte NP *Verpackungen und Etiketten* das Objekt
beider Verben darstellt.

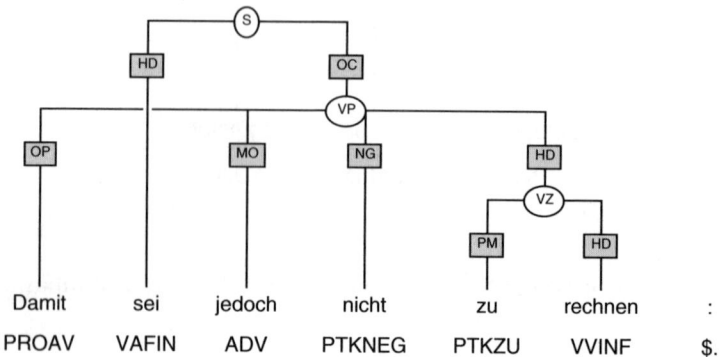

Abbildung 11: Überkreuzende Kanten in TIGER

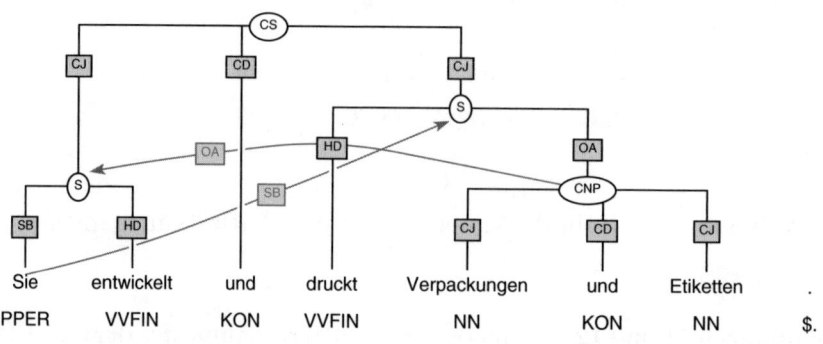

Abbildung 12: Sekundäre Kanten in TIGER

Genauso wie bei der Dependenzannotation wollen wir Ihnen auch
für die phrasenstrukturellen Baumbanken die Textformate vorstellen.
Sowohl die TIGER-Baumbank als auch die TüBa-Baumbanken werden
mit Hilfe des Annotationswerkzeugs *Annotate* von Thorsten Brants und
Oliver Plaehn annotiert[52]. Die Textformate für die Baumbanken sind

---

[52] Vgl. Brants und Plaehn (2000). Ein Teil der TIGER-Baumbank wurde alternativ
erstellt. Die Sätze wurden mit einer LFG-Grammatik geparst und die Analysen in
das TIGER-Format konvertiert, vgl. Zinsmeister et al. (2002).

daher dieselben. In den Aufgaben am Schluss dieses Kapitels wiederholen wir den Satz *Wir sind begeistert!* aus der TüBa-DZ und zeigen Ihnen drei verschiedene Textformate.

2.4 Semantische Annotation

Die erste Art von semantischer Annotation betrifft die Wortebene. In TIGER und TüBa-D/Z werden Eigennamen wie *Anna* mit einem eigenen Wortartenlabel versehen (*NE*). Auch auf Mehrwort-Ebene werden Namen markiert: Titel wie „*Schlaflos in Seattle*" erhalten ein eigenes, semantisch motiviertes Label. In der Penn Treebank werden Adverbiale in Form von Präpositionalphrasen nach ihrer Bedeutung subklassifiziert, z.B. temporale PPs (*on Friday*) als *PP-temp* oder lokative PPs (*in Seattle*) als *PP-loc*.

Ebenfalls auf Wortebene findet die Markierung von Lesarten (*Word senses*) statt. Hierbei werden, meist entlang der Unterscheidung von Lesarten in einem Wörterbuch, die verschiedenen Verwendungen einer lexikalischen Einheit unterschiedlichen Lesarten zugeordnet (z.B. *Satz*: a. syntaktische Einheit; b. Spielabschnitt im Tennis; c. Menge gleichgeordneter Einheiten; d. großer Sprung u.s.w.). Momentan ist die automatische oder halbautomatische Annotierung von Lesarten noch im Stadium der Erprobung. Es gibt weder größere Korpora mit dieser Annotation noch einen Standard, nach dem man sich richten könnte. Hier liegt viel Potenzial für weitere Forschung.

Die Annotation von semantischen Rahmen (*Frames*), im Sinne der *Frame Semantics*[53], geht über die Wortebene hinaus. Ein Frame besteht aus einem Prädikat und allen Argumenten oder Adjunkten, die eine Rolle in Bezug auf das Prädikat einnehmen. Die Rollen sind verwandt mit den Thematischen Rollen der generativen Grammatik, auch wenn sie weniger allgemein sind. Zum Beispiel im Satz *Der Bundestag gilt als Vorbild* wird bei *gelten* der Frame *Categorization* (Kategorisierung) annotiert. Zwei Rollen des Frames sind im Satz realisiert: Das *Item* (Objekt) als die NP *der Bundestag* und die *Message* (Mitteilung)) als die PP *als Vorbild*. Im Saarbrücker SALSA-Projekt annotiert man über die syntaktische Annotation der TIGER-Baumbank semantische Frames[54].

---

[53] Vgl. Fillmore (1968).

[54] Vgl. Erk et al. (2003). SALSA ist angelehnt an das englische FrameNet Projekt, vgl. http://framenet.icsi.berkley.edu. Die Penn Treebank wird im Rahmen der *Proposition Bank*, vgl. Palmer et al. (2005), ebenfalls mit semantischer Information erweitert.

Pragmatische Annotation

Anaphern- oder auch Koreferenzauflösung ist ein potenziell satzüber-
greifendes Phänomen, bei dem eine Anapher mit ihrem *Antezedens* in
Bezug gesetzt wird. Prototypische Beispiele für Anaphern sind Pronomen oder definite Nominalphrasen. In der generativen Linguistik wird
die Koreferenzauflösung zum Beispiel über die *Bindungstheorie*[55] gesteuert. Koreferenzinformation ist in vielerlei Hinsicht wichtig, zum Beispiel wenn man Informationen aus einem Text erschließen möchte (z.B.
bei der *Information Extraction*). Für Sie als Leser ist es trivial, dass
in Beispiel (35) mit dem Pronomen *sie* auf die nachgestellte Nominalphrase *die 220 Albaner aus dem Kosovo* referiert wird, bei einer
automatischen Auswertung ist dieser Bezug nicht ohne Weiteres klar.
Wenn mittels eines Computerprogramms automatisch die Information
gefunden werden soll, wer seit vier Wochen in Berlin ist, dann muss die
Anapher (hier im engeren Sinne eine *Kataphor*, da sich das Bezugswort
im nachfolgenden Text befindet) mit dem Bezugselement gleichgesetzt
werden.

(35)   Vier Wochen sind [sie] nun schon in Berlin, [die 220 Albaner
         aus dem Kosovo].

Für die Entwicklung und das Testen von Programmen, die die Koreferenz auflösen können, werden Korpora mit Koreferenzrelationen anno-
tiert[56].
    Ein weiterer Typ von pragmatischer Annotation ist die Informati-
onsstruktur im Sinne von *Topik* (das, wovon der Satz handelt) und
Fokus (neue Information). Das *Potsdam Commentary Corpus*[57] ist ein
Beispiel für diese Art von Annotation. Der Schwerpunkt des PCC liegt
allerdings auf einer anderen Art der satzübergreifenden Information:
Das Korpus wird mit Diskursstruktur angereichert. Dabei werden die
Bestandteile des Textes in Bezug zu einander gesetzt, vgl. Abbildung 13:
Eine *Evaluation* kommentiert eine Situation, eine *Elaboration* gibt zu-
sätzliche Information und eine *Antithesis* zeigt einen Widerspruch auf.
Das PCC orientiert sich dabei an der *Rhetorical Structure Theory*[58].

---

[55] Vgl. Chomsky (1981).

[56] Siehe z.B. Hinrichs et al. (2004) und Naumann (2005) für die pragmatische Annotation der TüBa-DZ. Ein frei verfügbares Korpus des Englischen ist das *Coreferentially
Annotated Corpus*, http://clg.wlv.ac.uk/resources/, Mitkov et al. (2000). Für
allgemeine Informationen zur Koreferenzrelationen siehe Poesio (2004).

[57] Potsdam Commentary Corpus: www.ling.uni-potsdam.de/cl/cl/res/forsch_
pcc.html, vgl. Stede (2004).

[58] Vgl. Mann und Thompson (1988), siehe http://www.sfu.ca/rst.

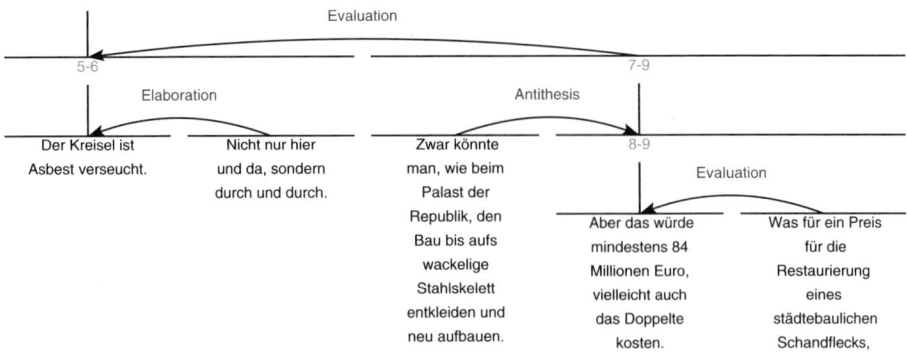

Abbildung 13: Annotation der Diskursstruktur im *Potsdam Commentary Corpus*-Korpus (PCC)

Fehlerannotation

Lernerkorpora enthalten Sprachdaten von Personen, die eine Zweitsprache erlernen und dabei Fehler machen. Die Dokumentation und Annotation der Fehler dient als Grundlage für computergestützte Analysen, die sowohl für den Sprachunterricht relevant sei können als auch für die Spracherwerbsforschung[59]. Fehler können auf allen Ebenen der Sprache gemacht werden: bei der Aussprache, in der Orthographie, der Morphologie, bei der Wahl von Tempus oder Modus, bei der Kongruenz zwischen Wortformen, bei der Wortstellung usw. Es können auch Angemessenheitsfehler vorkommen, wie z.B. dass eine idiomatische Wendung falsch eingesetzt wird. In Berlin entsteht zur Zeit das Lernerkorpus FALKO[60]. Anke Lüdeling et al.[61] argumentieren dafür, die einzelnen Fehlertypen getrennt voneinander zu annotieren, damit man erfassen kann, wenn ein einzelnes Wort oder eine Sequenz gleichzeitig von verschiedenen Fehlertypen betroffen ist (z.B. gleichzeitig von einem Kongruenz- und einem Ausdrucksfehler). Zusätzlich kann ein und derselbe Fehler auf unterschiedliche Weise erklärt werden. Bei einem Kongruenzfehler wie im folgenden Beispiel ist nicht immer klar, welches Wort tatsächlich falsch gebildet ist[62]: Besteht der Fehler darin, dass *diese* fälschlicherweise als Feminin flektiert wurde, oder steht *Phänomen* im falschen Numerus?

---

[59] Vgl. z.B. Nesselhauf (2004).
[60] Vgl. www2.hu-berlin.de/korpling/projekte/falko/, .
[61] Vgl. Lüdeling et al. (2005b).
[62] Vielen Dank an Maik Walter, der die Tabelle zur Verfügung stellte.

Token	Die	Erklärung	für	diese	Phänomen	...
ZIEL 1				dieses		
Fehler				Genus		
ZIEL 2					Phänomene	
Fehler					Numerus	

Tabelle 6: Annotation konkurrierender Fehleranalysen in FALKO

3 Korpusabfrage

Zugang zu den Daten

Ein aktuell sehr positiver Trend ist, dass mehr und mehr Korpusprojekte Online-Abfragemöglichkeiten anbieten. Vorreiter in der deutschen Korpuslinguistik ist hier das Institut für Deutsche Sprache in Mannheim, das mit COSMAS[63] seit Jahren externe Abfragen auf der Mannheimer Korpussammlung ermöglicht[64]. Der Zugang ist kostenlos, man muss sich lediglich als Nutzer registrieren lassen.

In ähnlicher Weise kann man das Kernkorpus des DWDS-Projekts nutzen. Auch hier ist eine kostenlose Registrierung möglich[65].

Das in Dänemark angesiedelte *Visual Interactive Syntax Learning*-Projekt (VISL-Projekt)[66] erlaubt mit *CorpusEye* eine nutzerfreundliche Online-Abfrage auf Korpora, die mit Dependenzstrukturen annotiert sind[67].

Zur Zeit der Entstehung unseres Buches gibt es in Deutschland drei linguistische Sonderforschungsbereiche, in denen unterschiedliche Korpora erstellt werden. Es handelt sich dabei um den SFB 441 *Linguistische Datenstrukturen* in Tübingen, den SFB 538 *Mehrsprachigkeit* in Hamburg und den SFB 632 *Informationsstruktur* in Berlin/Potsdam[68]. Alle drei SFBs sehen vor, Internetschnittstellen mit Zugriff und Suchmöglichkeiten auf den Korpora bereitzustellen. Die Wichtigkeit dieses Angebots wird dadurch unterstrichen, dass es ein zusätzliches, SFB-übergreifendes Projekt gibt, das eigens dafür eingerichtet wurde, den langfristigen Datenerhalt und die Zugänglichkeit (auch online) sicher-

---

[63] COSMAS: http://www.ids-mannheim.de/cosmas2/.

[64] COSMAS II bietet sogar die Möglichkeit, eigene Korpora in das Suchsystem zu laden und dort auszuwerten.

[65] DWDS: www.dwds.de.

[66] VISL-Projekt: corp.hum.sdu.dk/cqp.de.html.

[67] Genau genommen sind die VISL-Korpora mit kategorialgrammatischen Analysen annotiert (Karlsson, 1990). Diese legen eine Dependenzstruktur zugrunde.

[68] Siehe auch die Informationen in der Übersichtstabelle 9 auf S. 114.

zustellen. Wir verweisen hier wieder auf die Webseite zum Buch, wo wir Sie über aktuelle Entwicklungen auf dem Laufenden halten werden.

Suchwerkzeuge und Abfragesprachen

Idealerweise wird Ihr Korpus von einem Suchwerkzeug (auf Englisch *Query Tool*) begleitet. Ist das nicht der Fall, gibt es eine Reihe von kostenlosen Werkzeugen, die man sich aus dem Internet herunterladen kann. Wir geben hier nur eine kleine Anregung und verweisen wieder auf die Webseite zum Buch, wo Sie weitere Informationen finden können.

Die einfachste Suche läuft über die Wortformen. Insbesondere für lexikographische Fragestellungen und im Bereich des Sprachenlernens kann man hier wertvolle Informationen finden. Als Darstellungsform eignet sich eine *Konkordanz* (auch *Keyword in Context*, KWIC-Format), die die einzelnen Treffer untereinander auflistet und jeweils einen gewissen Ausschnitt aus dem vorangehenden und folgenden Text mit ausgibt. Abbildung 14 zeigt den Ausschnitt einer Suche von *begeistert* auf dem IMS-Korpus der *Frankfurter Rundschau* mit der *Corpus Workbench* des Instituts für Maschinelle Sprachverarbeitung in Stuttgart (IMS). Anhand der Konkordanz kann man z.B. Hypothesen über die verschiedenen Lesarten eines Wortes bilden, hier die Verb- versus Adjektivlesart von *begeistert*, deren Verwendungsweisen im Kontext und auch deren Konnotationen (negative, positiv).

```
iums ist vorbei , das Publikum begeistert . Auch Justus Mahr ist voll d
sie auf den Wahlversammlungen  begeistert zujubeln . Anderen gilt er al
gewesen , erzählt er sichtlich begeistert , und es gebe wohl keinen ost
detaillierte Beschreibung " , begeistert sich Scheftel: " Shaleyev ka
halk ist von dieser Idee wenig begeistert . Den Umbau , der nötig wäre
ildet . " Die Leute sind total begeistert von dieser Idee " , freut sic
```

Abbildung 14: Konkordanz (*Kwic*-Format, *KeyWord in Context*)

Bei der linguistischen Suche entsteht schnell das Bedürfnis nach einer etwas ausdrucksstärkeren Suchmöglichkeit. Man möchte die Anfrage unterspezifizieren, weil man z.B. gleichzeitig nach verschiedenen Flexionsformen desselben Lemmas suchen möchte oder man ist an Wortgruppen interessiert, von denen man aber nur einen Teil spezifisch vorgeben will. Kurz gesagt, man möchte nicht nach einzelnen Wortformen, sondern nach Mustern suchen. Eine Mustersuche kann man über *reguläre Ausdrücke* erreichen.

Exkurs: Reguläre Ausdrücke

Reguläre Ausdrücke bzw. Platzhalterzeichen sind Ihnen möglicherweise schon durch die Bedienung von Suchmaschinen bekannt. Suchmaschinen bieten zumindest in der Expertensuche die Anwendung von Platzhalterzeichen an, wenn diese auch nicht immer so vollständig sind wie die hier vorgestellte reguläre Sprache. Ein regulärer Ausdruck beschreibt ein bestimmtes Textmuster in einer abgekürzten oder unterspezifizierten Weise. Dazu sind eine Reihe von *Metazeichen* definiert.

Jeder, der schon einmal einen Ausdruck oder ein linguistisches Phänomen in einem Korpus gesucht hat, weiß, wie praktisch es ist, wenn man nach mehreren Wortformen gleichzeitig suchen kann. Das einfachste ist, wenn man nach zwei oder mehreren Wörtern als Alternativen suchen kann. Ein ganz einfaches Beispiel ist die Suche nach den Wortformen *Rad* und *Rat*.

(36)   *Alternation* (*oder*-Verknüpfung): |
        (Rad|Rat) → findet alle Vorkommen von *Rad* und *Rat*.

Die runden Klammern markieren den Bezugsbereich. Bei längeren Wörtern kann man sich viel Tipperei ersparen, wenn man die Alternation auf den gemeinsamen Wortteil beschränkt.

(37)   *Gruppierung*: ( )
        Ra(d|t) → findet ebenfalls alle Vorkommen von *Rad* und *Rat*
        (wie Beispiel (36)).

Wenn Sie einfach alle Wörter suchen wollen, die mit *Ra* beginnen und insgesamt drei Buchstaben haben, verwenden Sie für den dritten Buchstaben einen Platzhalter. Der Platzhalter wird normalerweise durch einen einfachen Punkt dargestellt.

(38)   *Platzhalter* („*wildcard*'): .
        Ra. → findet z.B. *Rad, Ray, Rat, Rap, Rau* und *Ram*. Der
        Platzhalter steht genau für ein weiteres Zeichen. Wenn man
        für dieses eine Zeichen nur bestimmte Zeichentypen zulassen
        möchte, kann man statt des allgemeinen Platzhalters eine *Zei-*
        chenklasse festlegen. Anstatt des Punkts verwendet man dann
        eckige Klammern und listet einfach alle Zeichen auf, die zuge-
        lassen werden sollen.

(39)   *Zeichenklasse*: [ ]
        Ra[dt] → findet alle Vorkommen von *Rad* und *Rat* (wie Bei-
        spiele (36) und (37)).

Vielleicht fragen Sie sich jetzt, wie sich eine Suche mit Alternation von einer Suche mit Zeichenklasse unterscheidet. Eine Alternation kann mehrere Zeichen umfassen. Eine Zeichenklasse listet die Alternativen für genau *ein* Zeichen auf[69].

(40)   Ra(d|t|um) → findet *Rad, Rat* und *Raum.*
       Ra[dtum] → findet *Rad, Rat* und *Rau, Ram.*

Sehr praktisch ist es, wenn man negativ suchen, also bestimmte Zeichen ausschließen kann. Das funktioniert über eine *negierte Zeichenklasse*. Bitte beachten Sie, dass man auf diese Weise nur einzelne Zeichen negieren kann, nicht ein ganzes Wort.

(41)   *Negierte Zeichenklasse* [^]:
       [^ R]at → findet alle dreistelligen Wörter, die mit *at* enden,
       aber nicht mit *R* anfangen: *bat, Cat, hat, Hat, Pat, Sat, tat,*
       Tat[70] usw., aber auch *rat*, weil nur das Zeichen *R* ausgeschlos-
       sen ist, nicht das Zeichen *r*.

Manchmal möchte man die Suche unterspezifizieren und nur einen Teil des Wortes festlegen. Den nicht festgelegten Teil kann man z.B. durch wiederholtes Aufrufen des Platzhalters abdecken. Für Zeichenwiederholungen verwendet man Operatoren[71].

(42)   *Operator für optionales Auftreten* (= kein oder ein mal): ?
       Rat.? → findet *Rat, Rats* und zum Beispiel auch den Eigenna-
       men *Rath.*

(43)   *Operator für ein oder mehrfaches Auftreten:* +
       Rat.+ → findet *Rats, Rates, Raten, Rathaus, Rathausmarkt,*
       Ratlosigkeit, usw., aber nicht *Rat*, weil der Operator verlangt,
       dass der Platzhalter mindestens einmal durch ein Zeichen er-
       setzt wird.

(44)   *Operator für kein, ein oder beliebig häufiges Auftreten:* * (auch
       Kleene-Stern genannt)
       Rat.* → findet dieselben Vorkommen wie (43) plus zusätzlich
       auch *Rat*, weil der Operator auch Optionalität zulässt.

---

[69] Der Vorteil von Zeichenklassen ist, dass sie normalerweise vom Computer schneller verarbeitet werden können.

[70] *Cat* geht auf *Cat Eye* im Korpus zurück. *Hat* ist ein großgeschriebenes *hat* am Satzanfang. *Pat* stammt von *Pat Lewis, Sat* schließlich von *Sat 1.*

[71] Operatoren können in Bezug auf alle Zeichen oder Gruppierungen verwendet werden, nicht nur zusammen mit dem Platzhalterzeichen. Die Suche nach 12(34)* findet z.B. *12, 1234, 123434* oder auch *1234343434.*

> .*[rR]at.* → geht noch einen Schritt weiter. Es findet alle
> Wörter, die irgendwo im Wort (auch am Anfang oder Ende)
> die Sequenz *rat* oder *Rat* haben. Also auch *beraten*, *Bundesrat*
> oder *Bundes-Rat*, aber auch *Demokratie* oder *Strategie*.

Bei den bisher genannten Beispielen sind wir immer davon ausgegangen, dass Anfang und Ende des Suchmusters auch Anfang und Ende eines Wortes im Text beschreiben würden. In den Suchtools *TIGERSearch* und *CQP* ist das tatsächlich so (bzw. die Grundeinstellung). In anderen Suchtools müssen Sie diese Grenze evtl. explizit markieren[72].

Vielleicht meinen Sie jetzt, dass es ja schön und gut sei mit den regulären Ausdrücken und ihren Metazeichen, aber dass Sie eigentlich an Abkürzungs- und Satzendepunkten interessiert seien. Wie kann man danach suchen, wenn der Punkt als Platzhalter doch für jedes beliebige Zeichen stehen kann? Die Lösung ist einfach. Alle Metazeichen verlieren durch ein vorangestelltes \ ihre besondere Bedeutung. \. steht z.B. für das Punktzeichen.

Die hier vorgestellten Metazeichen und ihre Bedeutungen stellen einen gewissen Standard dar, werden aber nicht in allen Anwendungen genauso verwendet. Es empfiehlt sich deshalb, vor der Verwendung einer Abfragesprache die dazugehörige Dokumentation zu lesen.

Ende des Exkurses

Ein ausdrucksstarkes Suchtool bietet die *IMS Corpus Workbench* (CWB) des Instituts für Maschinelle Sprachverarbeitung in Stuttgart[73]. Die zugrundeliegende Abfragesprache heißt *CQP* (für *Corpus Query Processor*)[74]. In einer Online-Demo kann man ein Korpus mit Bundestagsdebatten befragen, das mit Wortarteninformation und partieller Satzanalyse annotiert ist[75]. Die *CWB* ist auch für den Hausgebrauch sehr geeignet und wird von einer ausführlichen Anleitung begleitet. Sie umfasst auch ein Programm, das neue Korpora ins CWB-Format überführt. CWB ist ursprünglich für die Betriebssysteme SUN Solaris und

---

[72] Die Bezugnahme auf Wortanfang und -ende (oder Zeilenanfang und -ende) nennt man auch *Wortanker* (bzw. *Zeilenanker*).
[73] IMS Corpus Workbench: `www.ims.uni-stuttgart.de/projekte/CorpusWorkbench/`.
[74] Vgl. Christ und Schulze (1995), Evert (2005).
[75] CQP-Demokorpus: `www.ims.uni-stuttgart.de/projekte/CQPDemos/Bundestag/frames-cqp.html`.

Linux geschrieben worden. Über Portierungs-Software wie CYGWIN[76] kann es aber auch auf Windows-Rechnern genutzt werden.

Ein anderes Suchtool wurde im Rahmen des *TIGER*-Projekts speziell für die Suche auf Baumstrukturen entwickelt: *TIGERSearch*[77]. Zusätzlich zu einer CQP-ähnlichen textbasierten Suche bietet es auch die Option einer graphischen Suche. Diese Option eignet sich ganz speziell für Linguisten ohne Vorkenntnisse in Abfragesprachen. Man kann sich (Teil-)Strukturen „zusammenklicken", aber auch reguläre Ausdrücke integrieren. Das Tool generiert auf Abruf die entsprechende textuelle Suchanfrage und eröffnet dem Nutzer somit einen ganz intuitiven Zugang zur Abfragesprache[78]. Auch wenn das Tool im Rahmen des TIGER-Projekts entwickelt wurde, ist es nicht auf die TIGER-Baumbank beschränkt. Es ist mit einem Konversionstool gekoppelt (*TIGERRegistry*), das Filter für verschiedene gängige Korpusformate anbietet, die auf diese Weise auch mittels TIGERSearch untersucht werden können. TIGERSearch ist für Forschungsvorhaben kostenlos zu erhalten, und da es in JAVA implementiert ist, kann man es auf verschiedenen Betriebssystemen nutzen (d.h. sowohl auf Linux- als auch auf Windowsrechnern).

Das Web zum Korpus macht das Browser-basierte *WebCorp*. Es handelt sich um ein frei nutzbares Konkordanz-Tool, mit dem man linguistische Anfragen an das Internet stellen kann. Die Suchergebnisse werden im KWIC-Format präsentiert[79].

Ebenfalls erwähnen wollen wir die *Linguist's Search Engine*[80]. Wie das *WebCorp* handelt es sich hierbei um ein Browser-basiertes Programm. Das Besondere ist, dass es eine Suche mittels Beispielsätzen erlaubt. Der Nutzer muss keine komplizierte Abfragesprache beherrschen, sondern kann (Teil)Sätze eingeben, die vom System im Stil der Penn Treebank analysiert werden. Die syntaktische Analyse kann als Suchanfrage verwendet oder vom Nutzer editiert werden. Das LSE sucht in voranalysierten Korpora des Englischen und Chinesischen, es erlaubt dem Nutzer aber auch sein eigenes Korpus aus dem Internet zusammenzustellen.

---

[76] Vgl. http://de.wikipedia.org/wiki/Cygwin.
[77] Vgl. Lezius (2002). Ein ähnliches Abfragewerkzeug entsteht zur Zeit in Tübingen: Das *Finite Structure Query*-Tool, http://tcl.sfs.uni-tuebingen.de/fsq/.
[78] Auf S. 95 finden Sie ein Beispiel für eine graphische Anfrage.
[79] WebCorp: http://www.webcorp.org.uk/.
[80] Linguist's Search Engine: lse.umiacs.umd.edu.

Für die Suche in Korpora, die mehr als wortbezogene und syntaktische Informationen enthalten, bieten sich verschiedene XML-basierte Werkzeuge an, z.B. die NITE-Workbench[81].

Anfragen formulieren

Beim Formulieren von Suchanfragen muss man als Linguist ggf. die Perspektive auf die Daten ändern. Man muss die linguistische Fragestellung auf die Gegebenheiten des Korpusformats abbilden. Ist das Korpus nur auf Wortebene annotiert, muss man in linearen Abfolgen denken und die zur Verfügung stehenden Konzepte nutzen, wie mittelbare und direkte Präzedenz, intervenierende Elemente, Optionalität, Disjunktion, Wiederholung und Satzgrenzen. Zusätzlich kann man auf die Wortformen und die annotierten Werte zurückgreifen. Die erste Beispielabfrage ist eine CQP-basierte Suche auf Zeitungskorpora[82].

Linguistische Fragestellung	Gibt es Gegenbeispiele zur These, dass im Deutschen AcI-Verben wie *sehen* oder *hören* im Perfekt immer in der Form des Ersatzinfinitivs auftreten? (vgl. Meurers (2005))
Übersetzt in die Anfrage	Suche nach einem Wort mit dem POS-Tag VINF (*Vollverb im Infinitiv*) unmittelbar gefolgt von *gesehen* oder *gehört*.
CQP-Anfrage	[tpos = "VINF"] ("gesehen"|"gehört")
Beispieltreffer	„Während er sich den Vorfall nicht erklären kann, wollen Zeugen einen älteren Mann **davonfahren gesehen** haben."

Tabelle 7: Beispielanfrage *AcI-Verben*

Arbeitet man mit einem phrasenstrukturell annotierten Korpus, kommt das Konzept der *Dominanz* hinzu: mittelbare und direkte Dominanz, gelabelte Dominanz (falls es Kantenlabel gibt) usw. Das zweite Beispiel ist eine Suchanfrage mit TIGERSearch auf der TüBa-D/Z[83]. Abbildung 15 zeigt schließlich die graphische Anfrageoption von TIGERSearch, bei der man Teilstrukturen ‚zeichnen' kann. Der hellgrau hinterlegte Bereich beschreibt die nicht-terminalen Knoten im Baum, der dunkelgrau hinterlegte die terminalen. Die Kanten zwischen den Knoten können mit funktionalen Labeln markiert werden (hier z.B. *PRED* und *HD* für Prädikativ und funktionalen Kopf).

---

[81] NITE:http://nite.nis.sdu.dk/download/.

[82] Donaukurier und Frankfurter Rundschau von der *European Corpus Initiative Multilingual Text I CD*.

[83] Die Anfrage deckt nur einfache Fälle ab. Für komplexere Nominalstrukturen müsste sie erweitert werden.

Linguistische Fragestellung	Gibt es Prädikativkonstruktionen, bei denen ein Genitiv als Prädikatsnomen fungiert?
Übersetzt in die Anfrage	Suche nach zwei nicht-terminalen Knoten, die in einem direkten Dominanzverhältnis zueinander stehen, wobei die verbindende Kante ein *PRED*-Label trägt. Der untere Knoten muss wiederum über ein *HD*-Label (*HD* für *head*, *Kopf*) mit einem terminalen Knoten verbunden sein, welcher als morphologische Markierung an erster Stelle ein *g* für Genitiv trägt.
Textuelle TIGERSearch-Anfrage	`[NT] >PRED #n2:[NT] & #n2 >HD [morph=/g.*/]`
Beispieltreffer	„Die Einsicht ist da, und die Opposition ist im Grunde **derselben Ansicht**."

Tabelle 8: Beispielanfrage *Genitivprädikativ*

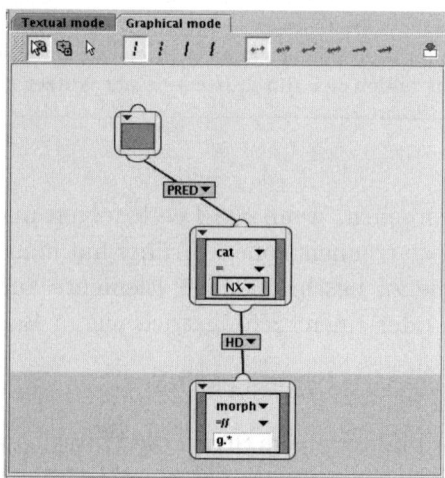

Abbildung 15: Graphische Anfrage in TIGERSearch: *Genitivprädikativ*

4 Annotation Ihres eigenen Korpus

Bedenken Sie immer, dass Ihre Arbeit wiederverwendbar sein sollte. Wiederverwendbar für andere, aber auch für Sie selbst. Dazu gehört, dass Sie ihre Arbeit gut dokumentieren und sich, wenn es geht, an Standards orientieren.

4.1 Standards

Annotationsmaximen nach Geoffrey Leech[84]:

---

1. Annotation sollte so eingetragen sein, dass man den Ursprungs-
   text wiederherstellen kann.
2. Es sollte möglich sein, die Annotation unabhängig vom Ur-
   sprungstext abzuspeichern und auszuwerten.
3. Die Annotation sollte dokumentiert werden, z.B. in der Form
   von Richtlinien. Die Dokumentation sollte dem späteren Nutzer
   zur Verfügung stehen.
   a) Die Annotatoren und die Annotationsumstände sollten be-
      kannt sein.
   b) Die Qualität des Korpus sollte überprüft und dokumen-
      tiert werden. Die Benutzer sollten erfahren, wie konsistent
      die Annotation ist.
4. Das Annotationsschema sollte so weit wie möglich theorieneutral sein.
5. Kein Annotationsschema kann a priori als Standard gelten –
   Standards bilden sich durch Konsens der Nutzer heraus.

Wie können Sie vorgehen, wenn Sie Leech folgen und die Annotation
von den Primärdaten trennen wollen? Früher hat man die linguistischen
Tags einfach an die zu beschreibenden Elemente angehängt, z.B. mit
einem Unterstrich oder einem Schrägstrich wie in Beispiel (45):

(45)   ein/ART einfaches/ADJA Beispiel/NN

Zu jedem Wort wird hinter einem Strich die Wortklasse angegeben. Vor-
teile dieser einfachen Form der Annotation sind die Möglichkeit, diese
bei Bedarf auszublenden, sowie die einfache Suche nach Mustern oder
Folgen von Wortarten. Der Preis dafür ist, dass diese Form der Annotation unübersichtlich wird, wenn mehrere Eigenschaften gleichzeitig
annotiert werden. Die gleichzeitige Annotation von Wörtern und Phrasen ist gar nicht möglich, da nicht klar ist, worauf eine Beschreibung
sich bezieht, auf ein einzelnes Wort, eine Wortgruppe oder einen Wortteil. Deshalb ist man dazu übergegangen, für die Annotation spezielle
Auszeichnungssprachen zu verwenden, wobei XML in den letzten Jahren eine zentrale Rolle spielt[85]. Wenn man XML verwendet, dann kann

---

[84] Vgl. Leech (1997).
[85] Die Abkürzung XML steht für *Extensible Markup Language*. Für eine Einführung in
diesen Formalismus verweisen wir den interessierten Leser auf `http://edition-w3c.`
`de/TR/2000/REC-xml-20001006/` sowie auf das einführende Buch von Henning Lobin (2000).

man das zu beschreibende Element klammern und in die sogenannten Tags, die die Klammer bilden, alle beschreibenden Informationen als Attribute einfügen, wie im folgenden Beispiel[86]:

(46)   <w pos="ART">ein</w><w pos="ADJA">
         einaches</w><w pos="NN">Beispiel</w>

Die öffnende und die schließende Klammer haben hierbei den gleichen Namen (*w*). Die schließende Klammer wird durch einen vorangestellten Schrägstrich kenntlich gemacht. Die linguistische Beschreibung befindet sich in der öffnenden Klammer.

4.2 Annotationswerkzeuge

Um ein Korpus zu annotieren, brauchen Sie im Grunde keine besondere Software. Wenn Sie ein kommerzielles Textverarbeitungsprogramm verwenden, empfiehlt es sich aber, die Daten in reinem Textformat abzuspeichern. Jegliches programmspezifische Layout (wie z.B. Kursivsetzung) könnte verloren gehen, wenn man die Daten in ein anderes Programm überführen möchte oder falls spätere Versionen des ursprünglichen Programms die Kodierung nicht mehr unterstützen[87].

Bei größeren Korpusprojekten erleichtert ein Annotationwerkzeug die Arbeit enorm. Zwei kostenlose Annotationsumgebungen, sind z.B. *CLaRK*, das in einer Kooperation der Universitäten Sofia und Tübingen entwickelt wurde[88] und das Open-Source Programm *WordFreak*[89]. In Hamburg wurde EXMARaLDA[90] für multi-modale Annotiaton entwickelt, in Potsdam ANNIS[91] mit entsprechenden Möglichkeiten.

5 Weiterführende Literatur

Einen tieferen Einblick in Probleme und Lösungen der konkreten Korpuserstellung bekommen sie bei Sasaki und Witt (2004). Die Autoren betonen Aspekte der Texttechnologie, d.h. Fragen der konkreten Datenspeicherung und in welchem Format z.B. Annotation in ein Korpus integriert werden kann. Im selben Sammelband finden Sie bei Ule

---

[86] Wie schon bei den Metadaten, verweisen wir auch hier auf den *Corpus Encoding Standard*, der von EAGLES entwickelt wurde, bzw. auf dessen XML-Version *XCES*, vgl. `http://www.cs.vassar.edu/XCES`.

[87] Vgl. Bird und Simons (2003).

[88] Siehe `http://www.bultreebank.org/clark/`.

[89] Siehe `http://wordfreak.sourceforge.net/index.html`.

[90] EXMARaLDA; `http://www1.uni-hamburg.de/exmaralda/`.

[91] ANNIS: `http://www.sfb632.uni-potsdam.de/annis/`.

und Hinrichs (2004) weiterführende Informationen zur linguistischen Annotation im Allgemeinen und einen Vergleich der Annotationsschemata von der TIGER- und den TüBA-D/Z-Baumbanken im Besonderen. Eine umfassende Übersicht über internationale Baumbankprojekte bekommen Sie bei Nivre (in Vorb.). Da wir im Kapitel kaum auf computerlinguistische Werkzeuge zur Vorverarbeitung eingegangen sind, möchten wir Ihnen hierzu noch Leseempfehlungen ausgeben. In der Einführung *Computerlinguistik und Sprachtechnologie* (Carstensen et al., 2004) sind insbesondere Kap. 3.2 und 3.3 relevant. Dort erfahren sie, wie Tagger und Parser arbeiten. Kap. 4.2 und 4.3 handeln von Korpora sowie Baumbanken und sind ebenfalls zu empfehlen, auch wenn Ihnen manches schon bekannt vorkommen wird.

Wie auch in anderen Bereichen dieses Buches haben wir die Annotation von gesprochener Sprache (phonetische und prosodische Annotation) sowie multi-modale Annotation ausgeklammert. Eine ausführliche Übersicht zur Literatur und zu Werkzeugen der phonetischen und prosodischen Annotation finden Sie auf der Webseite von Thomas Schmidt[92]. Eine allgemeine Einführung in das Thema *Sprachdatenbanken* bietet Florian Draxler[93].

Zum Abschluss möchten wir noch auf die Studienbibliographie zur Computerlinguistik verweisen (Cramer und Schulte im Walde, 2006). Dort finden Sie diverse Informationen zu Korpora, Annotationswerkzeugen und anderen computerlinguistischen Ressourcen. Das Schöne an der Bibliographie ist, dass die Angaben nach Schwierigkeitsstufen sortierbar sind[94].

6 Aufgaben

1. Warum werden Korpora annotiert? Erklären Sie, warum Sprachwissenschaftler und Computerlinguisten die zeitaufwändige Aufgabe der Annotation auf sich nehmen.
2. Uns fällt es meistens gar nicht auf, wie ambig Sprache ist. In Witzen wird das manchmal ausgenutzt.

   A: Wer kann mir sagen, wie lange Europäer im Durchschnitt studieren? - B: Genauso wie kurze.

   Analysieren Sie die Äußerung von Sprecher A. Unterscheiden Sie die beiden Lesarten, indem Sie den Satz mit STTS-Tags annotieren, vgl.

---

[92] Vgl. `www1.uni-hamburg.de/exmaralda/index.html`.
[93] Vgl. Draxler (2004).
[94] Adresse: `http://www.coli.uni-saarland.de/projects/stud-bib/`.

Tab. 3 auf S. 69, und die Konstituentenstruktur durch Klammerung skizzieren. Welche Labels erhält *lange*?

3. Zeichnen Sie eine Baumstruktur für die gechunkte Nominalgruppe in Beispiel (34) auf Seite 80 (das wir hier als Beispiel (47) nochmals wiederholen). Welche der Knoten sind rekursiv?

(47)   [$_{NC}$ die [$_{AC}$ [$_{PC}$ durch [$_{NC}$ Fehlentscheidungen]] [$_{AC}$ hoch-
        verschuldeten]] Bahn]

4. Die drei folgenden Abbildungen sind drei alternative Repräsentationen des Satzes *Wir sind begeistert!*, vgl. Abbildung 10 auf S. 83

   • indizierte Klammerstruktur (*Labeled Bracketing Format*) – auch als „Penn-Treebank-Stil" bezeichnet
   • Spaltenformat, auch „(NEGRA-)export-Format" genannt
   • XML-Repräsentation

   Versuchen Sie nachzuvollziehen, wie der Satz jeweils gespeichert wird.

   a) Wie werden terminale und nicht-terminale Knoten dargestellt?
   b) Wie werden die Kanten, also die Verbindungslinien, kodiert?
   c) Wo findet man die funktionalen Kantenlabel?

```
%%Sent 1630
(   (SIMPX
      (VF
         (NX-ON
            (PPER-HD Wir)))
      (LK
         (VXFIN-HD
            (VAFIN-HD sind)))
      (MF
         (ADJX-PRED
            (ADJD-HD begeistert))))
   ($. !))
```

Abbildung 16: Klammerstruktur der TüBa

Wir	PPER	--	HD	500
sind	VAFIN	--	HD	501
begeistert	ADJD	--	HD	502
!	$.	--	--	0
#500	NX	--	ON	503
#501	VXFIN	--	HD	504
#502	ADJX	--	PRED	505
#503	VF	--	-	506
#504	LK	--	-	506
#505	MF	--	-	506
#506	SIMPX	--	--	0

Abbildung 17: Spaltenformat der TüBa-D/Z

```
<sentence>
    <node cat="SIMPX" func="--" parent="0" comment="">
      <node cat="VF" func="-" comment="">
        <node cat="NX" func="ON" comment="">
          <word form="Wir" pos="PPER" func="HD" comment=""/>
        </node>
      </node>
      <node cat="LK" func="-" comment="">
        <node cat="VXFIN" func="HD" comment="">
          <word form="sind" pos="VAFIN" func="HD" comment=""/>
        </node>
      </node>
      <node cat="MF" func="-" comment="">
        <node cat="ADJX" func="PRED" comment="">
          <word form="begeistert" pos="ADJD" func="HD" comment=""/>
        </node>
      </node>
    </node>
    <word form="!" pos="$." func="--" parent="0" comment=""/>
</sentence>
```

Abbildung 18: XML-Format der TüBa-D/Z

Selber kochen oder auswärts essen gehen? – Deutschsprachige Korpora

Wenn Sie dieses Kapitel gelesen haben, dann haben Sie einen Überblick über die Vielfalt deutschsprachiger Korpora. Sie haben eine Korpustypologie kennen gelernt, die es Ihnen erlaubt, Korpora systematisch zu klassifizieren. Für Ihre eigenen korpuslinguistischen Projekte bedeutet das, dass Sie hier einen Wegweiser in die Korpuslandschaft bekommen haben, der Ihnen hilft, ein passendes Korpus für Ihr Forschungvorhaben zu finden.

1 Einleitung

Als wir unser Buchprojekt planten, hielten wir es für sehr nützlich, eine Übersicht über die Korpuslandschaft des Deutschen zu geben. Das ist nicht so leicht, wie man vielleicht zunächst denken mag. Es gibt keine zentrale Erfassung von Korpusressourcen. Man kann nicht einfach in einer Art „Gelbe Seiten" für Korpuslinguistik nachschlagen und dort das Passende finden.

Wir starteten deshalb eine Umfrage und schrieben viele Personen an, von denen wir wussten oder vermuteten, dass Sie mit eigenen Korpora arbeiten[1]. Eine Zusammenfassung der Resultate unserer Umfrage finden Sie hier im Buch. Da die Forschungslandschaft immer in Bewegung ist und insbesondere Internetauftritte sehr vergänglich sind, haben wir uns entschieden, umfassendere Informationen auf die begleitende Webseite auszulagern, wo wir sie aktuell halten können.

Das Kapitel ist folgendermaßen aufgebaut. Wir beginnen mit einer Korpustypologie und diskutieren dabei die Kriterien, die wir zur Einordnung der Korpora verwendet haben. In Abschnitt 3 nennen wir Ihnen für jedes Kriterium konkrete Beispielkorpora. Der Rest des Kapitels besteht aus zwei tabellarischen Übersichten: die erste stellt einige wichtige nationale sowie internationale Korpusarchive und -sammlungen vor,

---

[1] Zusätzlich stellten wir die Frage auch im Internetforum *Gesprächsforschung*.

die zweite gibt detailliertere Informationen zu einer Vielzahl von Einzelkorpora.

2 Korpustypologie

Damit Sie sich in der Vielzahl der Angaben zurecht finden können, haben wir eine Typologie entworfen, die es erlaubt, die Korpora zu klassifizieren.

Im Folgenden stellen wir die Kriterien vor, nach denen wir die Typologie eingeteilt haben[2]: Funktionalität, Sprachenauswahl, Medium, Annotation, Größe, Persistenz, Sprachbezug, Verfügbarkeit (siehe die Übersicht in Abbildung 19).

Im Unterschied zu manchen der in Fußnote 2 genannten Autoren haben wir Annotation und Verfügbarkeit als Kriterien aufgenommen. Wie schon in Kapitel 2 erläutert wurde, scheiden sich in Bezug auf Annotation die Geister. Manch einer plädiert dafür, auf linguistische Annotation in Korpora ganz zu verzichten. Wir sind aber der Meinung, dass die Annotation Teil eines Korpus ist. Das heißt zum Beispiel, dass wir zwischen dem unannotierten *Europarl-Korpus* einerseits und dem *Constraint-Grammar-annotierten Europarl-Korpus* unterscheiden, obwohl beide auf den selben Primärdaten beruhen. Dasselbe gilt auch für das unannotierte *Frankfurter Rundschau Korpus*, die *TIGER-Baumbank* und das *SALSA-Korpus*. Sie beruhen alle auf Daten aus der Frankfurter Rundschau, unterscheiden sich aber durch ihre Annotationsebenen (und Größe).

Die Kriterien lassen sich selbst klassifizieren. Zunächst gibt es Kriterien, die die Primärdaten betreffen: Sprachenauswahl, Medium, Größe, Sprachbezug, Funktionalität (Erläuterungen siehe unten). Diese Kriterien sind auch beim Korpusaufbau, also bei der Zusammenstellung der Primärdaten entscheidend. Sie werden als *Designkriterien* (auf Englisch auch als *Sampling*-Kriterien) bezeichnet. Davon zu unterscheiden sind Kriterien, die die Korpusaufbereitung betreffen. In unserer Typologie ist das nur die Annotation. Hier könnte man ggf. weiter unterscheiden, z.B. in positionelle Merkmale, die dem einzelnen Token zugeordnet werden, wie die Morphosyntax, und in strukturelle Merkmale, die potenziell einen wortübergreifenden Charakter haben. Die letzte Gruppe bilden Kriterien, bei denen das physische Korpus im Zentrum steht: Persistenz und Verfügbarkeit.

---

[2] Die Kriterien basieren vorwiegend auf Vorschlägen zum Korpusdesign und zur Korpustypologie, die in Sinclair (1996), Dodd (2000), Kap. 1, Kenny (2000), Engelberg und Lemnitzer (2001), Kap. 1.3, Atkins, Clear und Ostler (1992) und Hunston (in Vorb.) vorgestellt und diskutiert werden.

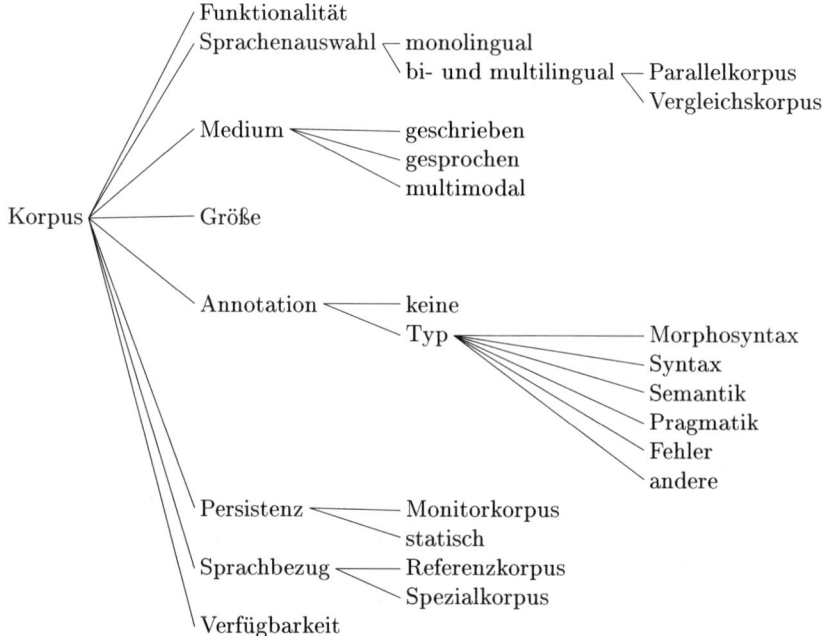

Abbildung 19: Korpustypologie: Übersicht über die Kriterien und ihre
Werte

Kriterium: Funktionalität

Dieses Kriterium liegt den anderen genannten Kriterien zu Grunde.
Zu welchem Zweck wurde ein Korpus ursprünglich erstellt? Der Zweck
bestimmt die Designkriterien, den Umfang der Annotation, die Korpus-
größe, die Persistenz usw.

> It is a truism that there is no such thing as a ‚good' or a ‚bad' cor-
> pus, because how a corpus is designed depends on what kind of
> corpus it is and how it is going to be used (Hunston, in Vorb.).

Die ursprüngliche Funktionalität erklärt bestimmte Eigenschaften eines
Korpus. Sie legt die Nutzung des Korpus aber nicht ein für allemal
fest, vgl. die Diskussion um Multifunktionalität in Bezug auf annotierte
Korpora, Kapitel 4, S. 63. In Abschnitt 3 ab S. 107 stellen wir Ihnen
konkrete Beispiele für Funktionalität vor.

Kriterium: Sprachenauswahl

Handelt es sich bei dem dokumentierten Gegenstand des Korpus um
eine oder um mehrere Sprachen? Bei *monolingualen Korpora* ist zu beachten, ob innerhalb der Sprache Varietäten erfasst und unterschieden

werden, wie etwa beim Deutschen das Schwäbische oder das Schweizer-
deutsch. Bei *bilingualen oder multilingualen Korpora* kann man weiter
danach unterscheiden, ob es sich

- um *Parallelkorpora* handelt, welche aus Texten in einer Sprache *S1*
  und deren Übersetzung(en) in die Sprache(n) *S2...Sn* bestehen. Die
  Textteile, z.B. Absätze oder Sätze, werden dabei einander zugeordnet (*aligniert*);
- um *Vergleichskorpora* handelt, in welchen Texte mehrerer Sprachen
  S1...Sn zu vergleichbaren Diskursbereichen erfasst sind, die aber
  keine Übersetzungen voneinander sind[3].

Diachrone Korpora, d.h. Korpora, die verschiedene Entwicklungsstufen
derselben Sprache dokumentieren, betrachtet man normalerweise als
monolingual. Als Zusatzinformation geben wir auch die *Entstehungszeit der Primärdaten* an, was bei einer feineren Untergliederung ein
eigenständiges Kriterium wäre.

Kriterium: Medium

Gemeint ist hier das Medium, in dem die Primärdaten entstanden sind.
Zu unterscheiden sind Korpora *geschriebener Sprache* von solchen *gesprochener Sprache* und *multimodalen* Korpora, wie z.B. Videokorpora.
Bei den gesprochenen Korpora muss man zwischen den Sprachsignalen
selbst und den Transkripten unterscheiden. Wir folgen aber Sinclair[4]
darin, dass wir auch ein transkribiertes Korpus als Vertreter der *gesprochenen Sprache* zählen. Sinclair weist darauf hin, dass die Grenze
zwischen geschriebenen und gesprochenen Texten durchaus unscharf
sein kann. Eine geschriebene Rede wurde fürs mündliche Medium konzipiert, ebenso Hörspieltexte und Theaterstücke. Diesen Unterschied
haben Koch und Oesterreicher[5] als einen Unterschied zwischen *medialer* und *konzeptioneller* Mündlichkeit bzw. Schriftlichkeit definiert. Man
sollte beide Ebenen bei korpuslinguistischen Untersuchungen sorgfältig
trennen.

Korpora gesprochener Sprache bestehen manchmal aus vorgegebe-
nen Textmustern, die von professionellen Sprechern eingesprochen wer-

---

[3]   In der Übersetzungswissenschaft wird unter *Vergleichskorpus* auch noch ein ande-
      rer Korpustyp verstanden. Es handelt sich dabei um ein monolinguales Korpus, das
      sowohl Texte enthält, die in der Sprache *S1* originär verfasst wurden, als auch Texte,
      die von anderen Sprachen nach *S1* übersetzt wurden. Der ‚originäre‘ Teil des Kor-
      pus dient als Hintergrund, vor dem Besonderheiten von Übersetzungen beobachtet
      werden können.
[4]   Vgl. Sinclair (1996).
[5]   Vgl. Koch und Oesterreicher (1994).

den. Solche Korpora sind für die Sprachgenerierung relevant. Eine andere Mischform zwischen gesprochener und geschriebener Sprache sind Korpora von Chatsprache. Hier wird im schriftlichen Medium konzeptionelle Mündlichkeit realisiert[6]. Wir beschränken uns in dieser Typologie auf die *mediale* Schriftlichkeit bzw. Mündlichkeit.

Bei *multimodalen* Korpora umfassen die Primärdaten weitere Medien wie z.B. eine Videospur, die auch optische Information liefert. Essenziell ist dies zum Beispiel für die Gestenforschung oder für Korpora der Gebärdensprache.

Kriterium: Annotation

Zunächst unterscheiden wir, ob es überhaupt Annotation gibt oder nicht. Wenn Annotation vorhanden ist, können mehrere linguistische Ebenen annotiert sein: *Morphosyntax, Syntax, Semantik, Pragmatik, Fehler,* und weitere Ebenen, auf die wir im Buch wenig oder überhaupt nicht eingegangen sind wie *Textstruktur, Phonetik/Prosodie, Gestik* usw. Für die genaue Interpretation der Werte verweisen wir auf Kapitel 4.

Kriterium: Größe

Die ersten digitalen Korpora wie das *Brown Corpus*[7] umfassen ca. 1 Millionen Wortformen. Aktuelle Referenzkorpora des Englischen wie das *British National Corpus* oder das *American National Corpus* belaufen sich auf 100 Millionen Wortformen. Je stärker ein Korpus annotiert ist, desto kleiner ist normalerweise die Datenmenge. Man sollte sich von der Größe eines Korpus nicht irritieren lassen. Letztendlich hängen Design und Größe des Korpus von der gewählten Fragestellung ab. Für manche Fragestellungen sind sehr große Korpora unabdingbar. Man kann aber auch mit relativ kleinen Korpora interessante Untersuchungen durchführen, wie Mohsen Ghadessy et al. zeigen[89].

Kriterium: Persistenz

Die meisten Korpora sind *statische Korpora*, d.h. es gibt eine abgeschlossene Textmenge, die in einem bestimmten Zeitraum gesammelt

---

[6] Vgl. hierzu Lemnitzer und Naumann (2001), Abschnitt 4.

[7] Vgl. `http://clwww.essex.ac.uk/w3c/corpus\_ling/content/corpora/list/private/brown/brown.html`.

[8] Vgl. Ghadessy et al. (2001).

[9] Vgl. auch Sinclair (1996).

wurde und dann für die weitere Verarbeitung gespeichert ist. Auch *statische* Korpora müssen nicht für immer eingefroren sein. Oft arbeiten die Projekte weiter und ergänzen in bestimmten Zeitabständen das Datenmaterial. Diese Ergänzungen werden normalerweise in neuen Versionen (*Releases*) veröffentlicht. Man muss bei Arbeiten zu statischen Korpora daher auf die Version des Korpus achten. Man hat es in diesem Sinne oft nicht mit statischen, sondern mit dynamischen Korpora zu tun.

Der Begriff des *Monitorkorpus* stammt wahrscheinlich von Sinclair. Er bezeichnet Korpora, deren Größe sich ändert. Der Grund für die Größenänderung kann darin liegen, dass das Korpus kontinuierlich wächst, weil zum Beispiel fortlaufend neue Ausgaben einer Tageszeitung ergänzt werden. Ein anderer Grund kann sein, dass das Korpusmaterial permanent erneuert und ausgetauscht wird, weil man aus Gründen der Effizienz und des Urheberrechts die Textdaten nur so lange speichert, bis eine Untersuchung, z.B. die Extraktion noch nicht registrierter Lexeme, abgeschlossen ist. Nachteil eines Monitorkorpus ist, dass die Ergebnisse einer Untersuchung nicht (oder nur bedingt) an dem gleichen Material wiederholt werden können.

Kriterium: Sprachbezug

Was mit Sprachbezug gemeint ist, erklären wir am besten anhand der Werte, die dieses Kriterium haben kann. *Referenzkorpora* sollen die Eigenschaften des dadurch repräsentierten Gegenstandes möglichst gut abdecken. Im Normalfall bedeutet *Gegenstand* hier eine natürliche Sprache in einer bestimmten zeitlichen Periode, zum Beispiel ‚das Deutsche des 20. Jahrhunderts'. Referenzkorpora dienen als Hintergrund- oder *Kontrollkorpora* für Untersuchungen, die sich auf *Spezialkorpora* beziehen und Eigenschaften der durch dieses Spezialkorpus repräsentierten Varietät untersuchen. Die Besonderheiten der untersuchten Varietät werden sichtbar, wenn man die Verteilung der zu untersuchenden Phänomene im Spezialkorpus und im Referenzkorpus vergleicht. Auf das Verhältnis von Korpus und repräsentiertem Gegenstand bezieht sich auch das Kriterium der *Ausgewogenheit* von Korpora[10]. Ein ausgewogenes Korpus ist in sich heterogen. Das klingt zunächst nach einem Widerspruch. Es bedeutet aber nur, dass ein ausgewogenes Korpus der Heterogenität einer Sprache gerecht wird. ‚Das Deutsche' zum Beispiel existiert nicht als abgeschlossenes Ganzes. Mündliches Deutsch unterscheidet sich von schriftlichem, und bei letzterem macht es einen großen Unterschied, ob es sich um veröffentlichte Texte handelt oder

---

[10] Vgl. Atkins et al. (1992).

nicht. So findet man in Gesetzestexten eine andere Sprache als in Tage-
buchnotizen. Nach diesem Kriterium lassen sich auch varietätenspezifische Korpora charakterisieren, z.B. Dialektkorpora, Fachsprachenkor-
pora, Gruppensprachenkorpora.

Die reale Datenbeschaffung stellt bei wohldefinierten Designkriteri-
en manchmal ein Problem dar. Viele Daten stehen wegen Copyright-
Beschränkungen der Forschung nicht zur Verfügung und erst recht
nicht für eine Veröffentlichung. Deshalb beruhen viele Korpora auf
mehr oder weniger *opportunistischen* Datenzusammenstellungen, d.h.
ein Text wird vor allem deshalb zum Teil eines Korpus, weil er frei zur
Verfügung steht. Für eine Verwendung von opportunistischen Korpora kann damit argumentiert werden, dass sowieso kein Korpus wirklich
repräsentativ ist. Bei einem opportunistischen Korpus handelt es sich
im Normalfall um ein Spezialkorpus, zum Beispiel mehrere Jahrgänge
einer Tageszeitung. Deshalb ist *opportunistisches Korpus* auch nicht als
eigenständiger Wert in der Korpustypologie aufgeführt.

Kriterium: Verfügbarkeit

Dieses Kriterium wird in den klassischen Quellen nicht angesprochen,
ist aber für Sie als potenzieller Nutzer von großem Interesse. Neben
Korpora, die vollkommen frei von Webseiten heruntergeladen werden
können, ist es bei kostenlosen Korpora oft üblich, dass man sich als
Nutzer registrieren lassen oder einen (kostenlosen) Lizenzvertrag ab-
schließen muss. Mit den Lizenzverträgen soll sichergestellt werden, dass
die Daten nicht zu kommerziellen Zwecken verwendet werden, ohne dass
das Erzeugerinstitut ebenfalls davon profitiert. Bei manchen Korpora
muss man nachweisen, dass man die Lizenzgebühr für die Primärdaten bezahlt hat. Für die *Tübinger Baumbank deutscher Zeitungssprache*
(TüBa-D/Z) z.B. muss man eine *taz*-Lizenz nachweisen.

Wie schon in der Einleitung zu diesem Kapitel angemerkt, gibt es
kein zentrales Register für deutsche Korpora. Es gibt aber eine Reihe von nationalen und internationalen Einrichtungen, die sicherstellen,
dass linguistische Ressourcen, einschließlich Korpora, nachhaltig verfügbar sind. In Tabelle 9 auf Seite 114 haben wir die Adressen einiger
wichtiger Einrichtungen zusammengestellt.

3 Deutsche Korpuslandschaft

Am Ende dieses Unterkapitels geben wir eine Übersicht über deutschsprachige Korpora, die wir nach den genannten Kriterien strukturiert

haben[11]. Zusätzlich wollten wir Ihnen gerne Informationen über die Dokumentation zu den Korpora geben sowie Publikationen nennen, die auf die einzelnen Korpora Bezug nehmen. Auch ist es sinnvoll, Abfragewerkzeuge für die einzelnen Korpora zu nennen. Im Buch können wir diese ausführlichen Angaben nicht machen, stellen sie aber auf unserer Webseite[12] zur Verfügung.

Es ist uns sehr wichtig zu betonen, dass wir zwar versucht haben, eine möglichst vollständige Übersicht zu geben, sicherlich aber das eine oder andere Korpus übersehen haben. Falls Sie ein solches Korpus kennen, möchten wir Sie bitten, uns dies mitzuteilen, damit wir das betreffende Korpus auf der Webseite ergänzen können.

In den folgenden Abschnitten werden zu jedem Kriterium die in der Tabelle aufgeführten Werte erläutert und ein paar typische Vertreter genannt.

3.1 Funktionalität der Korpora

Der Normalfall ist die Angabe, dass das Korpus als *empirische Basis für linguistische und/oder computerlinguistische Forschung* erstellt wurde. Im Bereich der Computerlinguistik gilt das oft für große, opportunistisch gesammelte Korpora, wie z.B. das *Huge German Corpus* (HGC) des Instituts für maschinelle Sprachverarbeitung in Stuttgart. Fast ebenso unspezifisch ist die Angabe *Sprachdokumentation*, die für Korpora von älteren Sprachstufen verwendet wird, z.B. dem *Bonner Frühneuhochdeutsch-Korpus* oder dem *Mittelhochdeutsch-Korpus*, das ebenfalls in Bonn gepflegt wird, sowie das Korpus *Emigrantendeutsch in Israel* (im Deutschen Spracharchiv in Mannheim archiviert), welches eine Varietät des Deutschen der zwanziger Jahre des letzten Jahrhunderts dokumentiert. Natürlich dokumentieren alle Korpora die Sprache. Hier ist jedoch gemeint, dass die Korpora Material dokumentieren, das nicht durch neue Datenerhebungen ersetzt werden kann.

Als Datengrundlage für ganz konkrete lexikographische Projekte wurden z.B. die *IDS Handbuchkorpora* oder das *DWDS-Kernkorpus* erstellt.

Als Material für die Sprachlehre dienen z.B. das *CG-annotierte Europarl Korpus* als auch das Lernerkorpus *Falko*. Beide Korpora wurden aber zu ganz unterschiedlichen Zwecken in diesem Bereich konzipiert. Das *Europarl*-Korpus soll als konkretes Übungsmaterial für Lerner dienen, wohingegen das *Falko*-Korpus die Sprache von Lernern dokumen-

---

[11] Das Kriterium Persistenz ist in der Tabelle nicht aufgeführt. Die drei einzigen Monitorkorpora unserer Liste werden unten gesondert vorgestellt.

[12] http://www.lemnitzer.de/lothar/KoLi.

tiert für Untersuchungen zu Problemen beim Zweitspracherwerb und in Hinblick auf eine sprachdidaktische Auswertung.

Das Dortmunder *Chat-Korpus* wurde als empirische Grundlage für Forschung in der computervermittelten Kommunikation (cvK) aufgebaut.

Eine konkrete computerlinguistische Motivation stand hinter der Erstellung des *Hypnotic-Korpus*. Es dient als Datengrundlage für die Programmerstellung einer automatischen Klassifizierung von Webseiten.

Aus dem Bereich der gesprochenen Sprache wollen wir als Beispiel noch das *Vineta-Korpus* nennen, das für die Untersuchung von intonatorischen Verfahren zusammengestellt wurde.

3.2 Sprachenauswahl der Korpora

Die meisten der aufgeführten Korpora sind monolingual *Deutsch*. In der Datenbank des *Deutschen Spracharchivs* findet man auch Dialektkorpora und Korpora von österreichischen und deutsch-schweizer Sprechern. Entsprechende Tageszeitungen sind in der Korpussammlung des Instituts für Deutsche Sprache vertreten.

Auch ältere Sprachstufen werden in der Tabelle explizit aufgeführt. An dieser Stelle sei auf *Mediaevum* verwiesen, ein Internetportal, das Zugriff auf Korpora und andere Ressourcen des Mittel- und Althochdeutschen bereitstellt.

Eine weitere Variante des Deutschen ist Lernerdeutsch, wobei hier zwischen dem Erstspracherwerb und dem Zweitspracherwerb unterschieden wird. Für Daten zum Erstspracherwerb verweisen wir auf die Datenbank *CHILDES*. Zweitspracherwerb von Erwachsenen wird z.B. im *Learning Prosody* (LeaP) Korpus dokumentiert. Typische Fehler von Zweitsprachenlernern sind Gegenstand des *Falko*-Korpus.

Das *Learning Prosody* (LeaP) ist ein bilinguales Vergleichskorpus mit Tonaufnahmen von Nicht-Muttersprachlern in Englisch und Deutsch. Ein bilinguales Parallelkorpus liegt mit dem *INTERSECT*-Korpus aus Brighton vor, das ebenfalls das Sprachpaar Deutsch-Englisch dokumentiert, jedoch als direkte Übersetzung. Das Korpus ist auf Satzebene *aligniert* (satzaligniert).

In den *OPUS*-Korpora findet man Subkorpora mit bis zu 21 verschiedenen Sprachen, die auf Satzebene aligniert sind. Eines dieser Subkorpora ist das (unabhängig erstellte) *Europarl*-Korpus, das Übersetzungen von Debatten des europäischen Parlaments aus dem Englischen in die anderen 10 Amtssprachen der EU beinhaltet.

3.3 Medium der Korpora

Unsere Sammlung legt entsprechend unserer persönlichen Forschungs-
ausrichtungen einen Schwerpunkt auf Korpora der *geschriebenen* Sprache. Dies entspricht der Gesamttendenz unseres Buches, nicht aber dem,
was an Korpusressourcen tatsächlich vorhanden ist. Für Korpora der *gesprochenen* Sprache wollen wir vor allem auf die großen Archive verweisen, das *Bayerische Archiv für Sprachsignale* (BAS) und das *Deutsche
Spracharchiv* (DSAv) in Mannheim, das nicht nur Korpora archiviert,
sondern mit der *Datenbank Gesprochenes Deutsch* (DGD) auch eine
Möglichkeit zur Online-Recherche bietet.

Sowohl geschriebene als auch gesprochene Anteile enthalten z.B. das
LIMAS-Korpus und das *DWDS*-Kernkorpus.

Das Freiburger *Videokorpus zur Aphasie* ist ein *multimodales* Korpus. Es beinhaltet Audio- und Videospuren, Transkriptionen und weiterführende Annotationen. Ähnliches gilt für das *Multilingual Soccer
Corpus* von Thomas Schmidt, das im Moment allerdings noch keine
Videodaten bereitstellt.

3.4 Größe der Korpora

In unserer Aufstellung finden Sie einige relativ kleine Korpora, wie zum
Beispiel das *Vineta*-Korpus, das Transkriptionen von nur ungefähr 46
Minuten Gespräch umfasst. Es wurde von Stefan Rabenus für seine
Doktorarbeit in Einzelarbeit aufgenommen und annotiert. Das *Potsdam Commentary Corpus* (PCC) umfasst 174 Artikel einer Tageszeitung, welche 32 800 Token entsprechen. Hierbei handelt es sich zwar um
eine Gruppenarbeit. Die relativ geringe Größe erklärt sich aber dadurch,
dass es eine Art Pilotprojekt für die Annotation von sehr komplexen
Diskursstrukturen darstellt. Ein weiteres kleineres Korpus ist das *Learning Prosody*-Korpus (LeaP). Es ist wie das *Vineta*-Korpus ein Korpus
der gesprochenen Sprache und umfasst in der Transkription ca. 76 000
Token. Es wurde ebenfalls im Rahmen eines Dissertationsprojekts erzeugt.

Manche der erwähnten Korpora sind dagegen sehr groß. Das *Kernkorpus* des Projekts *Digitales Wörterbuch der Deutschen Sprache* ist
100 Millionen Token groß. Das Korpus, das dem *Projekt Deutscher
Sprache* zugrunde liegt, umfasst 500 Millionen Token. Sogar mehr als
2 Milliarden Token können online beim *Institut für Deutsche Sprache*
durchforstet werden.

3.5 Annotation der Korpora

Ohne jegliche linguistische Annotation kommen zum Beispiel die Rohtexte der Zeitungsverlage aus[13]. Auch in den Sammlungen historischer
Texte findet man meistens keine Annotation. Die Korpora des *Instituts
für Deutsche Sprache* sind mit Textstruktur annotiert. Teilweise enthalten sie auch morphosyntaktische Annotation, wie ein Großteil aller
aufgeführten Korpora. Die Annotation ist in den meisten Fällen automatisch erstellt und daher mit gewissen Fehlern behaftet. Syntaktisch
annotiert und manuell kontrolliert sind die beiden Korpora der Baumbankprojekte *TIGER* und *TüBa-D/Z*. Beispiele für weiterführende Annotationen, die auf der syntaktischen Annotation aufbauen, sind die semantische Annotation in der *SALSA*-Baumbank und die pragmatische
Annotation im *Potsdam Commentary Corpus*.

3.6 Persistenz der Korpora

Dieses Kriterium taucht als einziges in der Übersicht ab Seite 115 nicht
explizit auf. Der Grund ist, dass fast alle Korpora statische Korpora
sind. Die einzigen Ausnahmen stellen das *ZEIT*-Korpus, das Korpus
des *Mannheimer Morgens* und das Korpus der *Wortwarte* dar. Die ersten beiden sind Korpora, die kontinuierlich wachsen. Das Korpus der
Wortwarte ist vergänglich in dem Sinn, dass die Daten nur drei Tage gespeichert, ausgewertet und anschließend aus Copyright-Gründen
gelöscht werden.

3.7 Sprachbezug der Korpora

Unsere Sammlung enthält zwei *Referenzkorpora*: das *LIMAS*-Korpus
und das *DWDS-Kernkorpus* des *DWDS*-Projekts. Beide sind nach sorgfältig ausgewählten Designkriterien zusammengestellt. Das *LIMAS*-
Korpus orientiert sich dabei an den Kriterien, die bei der Erstellung des
Brown-Korpus[14] verwendet wurden, so dass es zum Beispiel 500 Text-
ausschnitte mit je 2000 Wörtern umfasst. Das *Kernkorpus* orientiert
sich hingegen eher an Kriterien, die für das *British National Corpus*
entwickelt wurden. So sind hier jeweils ganze Texte enthalten und es
wurde versucht, eine balancierte Mischung verschiedener Genres und
Varietäten abzudecken.

Die meisten der von uns erwähnten Korpora sind als *Spezialkorpora*
zu klassifizieren, wobei sie bei ausreichender Größe durchaus auch als

---

[13] Die Rohtexte liegen ggf. als HTML-Dokumente vor und beinhalten dann Markie-
rungen der Textstruktur.
[14] Vgl. Kučera und Francis (1967).

Referenz, z.B. für Wortlisten, eingesetzt werden können. Ein Beispiel für ein Korpus einer Individualsprache ist das Bonner *Kant-Korpus*.

Exoten unter den Spezialkorpora sind zum Beispiel das *Lufthansa-Korpus* oder das *SMS*-Korpus, weil sie extrem eingeschränkte Domänen umfassen.

3.8 Verfügbarkeit der Korpora

In der folgenden Ressourcenübersicht haben wir nur potenziell verfügbare Ressourcen aufgenommen. Manche Ressourcen, die an anderer Stelle im Buch genannt sind, werden Sie hier deshalb nicht finden. Das diachrone *Mainzer Zeitungskorpus* zum Beispiel, das von Carmen Scherer für ihre Promotion zum Wortbildungswandel[15] ausgewertet wurde, wird nicht erwähnt, weil es nicht digital zur Verfügung steht. Verlagskorpora, wie das *Wahrig*-Korpus[16], haben wir aus dem selben Grund ebenfalls nicht aufgenommen. Korpora, die aus rechtlichen Gründen nur institutsintern genutzt werden dürfen, wie das *Leipzig/BYU Corpus of German*[17], fehlen ebenfalls. Eine Ausnahme gibt es allerdings: das *Videokorpus zur Aphasie*. Obwohl damit nur an der Universität Freiburg Forschung betrieben werden kann, haben wir es aufgenommen. Es handelt sich um ein weltweit einmaliges Korpus einer Langzeitstudie, in der zehn Familien über einen Zeitraum von einem Jahr nach Entlassung des Aphasikers aus der Klinik immer wieder aufgezeichnet wurden. Das Korpus eignet sich sehr gut z.B. für Promotionsprojekte, die allerdings aus rechtlichen Gründen an der Universität Freiburg angesiedelt sein müssen.

Um den Schutz der Privatsphäre der Teilnehmer zu wahren, werden manche Daten nur in anonymisierter Form freigegeben, so z.B. das Dortmunder *Chat-Korpus*.

Verfügbarkeit kann folgende Werte haben: *frei*, wenn die Daten frei aus dem Netz kopierbar sind; *auf Anfrage*, wenn die Daten frei sind, aber nicht im Netz stehen; *online*, wenn man sie kostenlos online durchsuchen kann (ggf. mit Registrierung); *Lizenz* bedeutet im Normalfall, dass man etwas zahlen muss (meist in der Größenordnung von 50-100 EUR). Manche der annotierten Korpora beruhen auf Zeitungsdaten, z.B. die *TIGER* und die *TüBa-D/Z* Baumbanken. Die annotierte Fassung an

---

[15] Vgl. (Scherer, 2005).

[16] Es wird allerdings von Universitäten im Rahmen von gemeinsamen Projekten lizenziert und kann intern genutzt werden, so z.B. an der Universität des Saarlands in Saarbrücken.

[17] Kontakt: Randall L. Jones, Brigham Young University; Erwin Tschirner, Universität Leipzig.

sich ist frei zu haben, man muss aber nachweisen, dass man die jeweiligen Zeitungsdaten lizenziert hat. *Verkauf* schließlich bedeutet, dass man mehrere hundert Euro für die Daten zahlen muss, wie es z.B. für das *Mannheimer Korpus* des IDS der Fall ist.

3.9 Übersichten

Archive und Portale

In Tabelle 9 haben wir eine Reihe von nationalen und internationalen Archiven und Portalen zusammengestellt, die Korpora archivieren bzw. Links auf Korpora bereitstellen. Manche der Initiativen ermöglichen den Zugriff auf die Korpora nur gegen eine Lizenzgebühr oder verlangen (kostenpflichtige) Mitgliedschaft[18].

Name	Adresse	Kommentar
Bayerisches Archiv für Sprachsignale (BAS)	http://www.phonetik. uni-muenchen.de/Bas/ BasHomedeu.html	Archiviert Korpora gesprochener Sprache; Daten sind frei oder unter Lizenz verfügbar.
Child Language Data Exchange System (CHILDES)	http://childes.psy.cmu. edu/	Internationales Archiv für Spracherwerbsdaten; Online-Suche und teilweise frei verfügbar.
Deutsch Diachron Digital (DDD)	http://www. deutschdiachrondigital. designato.de/	Sammlung systematisch annotierter historischer Korpora; gemeinschaftliches Projekt verschiedener Institutionen; in der Antragsphase (Stand 01/2006).
European Language Resources Association (ELRA)	http://www.elra.info	Internationale Organisation, die Sprachressourcen wie Korpora zur Verfügung stellt (größtenteils kostenpflichtig).
Institut für Deutsche Sprache (IDS)	http://www.ids-mannheim. de/kt/projekte/korpora/	Größte zentrale Korpussammlung Deutschlands, 2 Millarden Wörter (Stand: 01/2006); Annotation von Textstruktur, teilweise morphosyntaktisch annotiert; Online-Abfrage mit COSMAS II.

---

[18] Erkundigen Sie sich, ob Ihr Institut zum Beispiel Mitglied im *LDC* ist. Dann stünden Ihnen eine Vielzahl von Ressourcen zur Verfügung.

Name	Adresse	Kommentar
Korpusstelle gesprochenes Deutsch	`http://www.ids-mannheim.de/ksgd`	Stellt über das *Archiv gesprochenes Deutsch* Korpora gesprochener Sprache zur Verfügung; In der *Datenbank Gesprochenes Deutsch* ist eine Online-Recherche in alignierten Transkripten möglich.
Linguistic Data Consortium (LDC)	`http://www.ldc.upenn.edu`	Amerikanische Organisation (Zusammenschluß von Firmen, Universitäten und staatlichen Stellen); Schwerpunkt auf Korpora der gesprochenen Sprache; Manche Korpora nur für Mitgliedsinstitutionen erhältlich; Deutsche Korpora gesprochener Sprache sind z.B. die Katalogeinträge LDC97S43 (CALLHOME) und LDC96S51 (CALLFRIEND).
Mediaevum	`http://mediaevum.de`	Sehr umfangreiches Portal zu lateinischen und deutschen Texten des Mittelalters; Enthält Links u.a. zu Sprachressourcen und Hilfsmitteln.
Projekt Gutenberg	`http://www.gutenberg.org`	Internationales Archiv mit frei verfügbaren elektronischen Büchern.
SFB 441	`http://www.sfb441.uni-tuebingen.de/`	„Linguistische Datenstrukturen"; Korpuslinguistische Links: `http://www.sfb441.uni-tuebingen.de/c1/corp-ling.html`; Online-Korpusabfrage mit TUSNELDA: `http://www.sfb441.uni-tuebingen.de/tusnelda.html`.
SFB 538	`http://www.uni-hamburg.de/fachbereiche-einrichtungen/sfb538/`	„Mehrsprachigkeit"; Erstellte Korpora werden in Zukunft auf Anfrage zur Verfügung gestellt.
SFB 632	`http://www.sfb632.uni-potsdam.de/`	„Informationsstruktur"; Erstellte Korpora werden in Zukunft auf Anfrage zur Verfügung gestellt.
TITUS	`http://titus.uni-frankfurt.de/indexd.htm`	Portal für indogermanische Text- und Sprachmaterialien an der Universität Frankfurt; Bietet Möglichkeit der Online-Recherche.

Tabelle 9: Nationale und Internationale Korpusarchive und -sammlungen

Einzelne Korpora

Im folgenden Abschnitt haben wir für Sie eine Reihe von Einzelkorpora zusammengestellt, die eine gewisse Übersicht über die deutsche Korpuslandschaft geben.

Manche Korpora, die über eines der in Tabelle 9 bereits genannten zentralen Archive zugänglich sind, werden noch einmal in der folgenden Übersicht aufgeführt. Die zweite Nennung erfolgt bei den Teilkorpora, auf die wir an anderen Stellen in diesem Buch Bezug nehmen[19].

Legende: Z: Zugang, **F**: Funktion, **S**: Sprachenauswahl, **M**: Medium, **G**: Größe, **P**: Persistenz, **A**: Annotation, **SB**: Sprachbezug, **V**: Verfügbarkeit

Attritions-Korpus
Z: ms.schmid@let.vu.nl (Monika Schmid)
F: Empirische Basis zum Sprachverlust bei deutschen Emigranten im anglophonen Kanada und in den Niederlanden
S: Deutsch
M: Audiodaten und Transkripte
G: ca. 0,5 Millionen Token **P:** statisch
SB: Deutsche Migranten in Kanada und den Niederlanden
V: auf Anfrage

Bonner Frühneuhochdeutschkorpus
Z: http://www.ikp.uni-bonn.de/dt/forsch/fnhd/, http://www.ikp.uni-bonn.de/~wle/mailformular.php (Winfried Lenders)
F: Materialgrundlage für die Erarbeitung der Grammatik des Frühneuhochdeutschen
S: Frühneuhochdeutsch
M: geschrieben
G: 1500 Texte (Gesamt), 40 Texte (Auswahlkorpus)
P: statisch
A: Morphosyntax, Morphologie (zum Teil, s. hierzu: http://www.ikp.uni-bonn.de/ikpab/Fnhd.pdf)
SB: Sprachstadium
V: frei

Bonner Zeitungskorpus
Z: http://www.ids-mannheim.de/kt/projekte/korpora/archiv/bzk.html, belica@ids-mannheim.de (Institut für Deutsche Sprache)
F: Teil der IDS-Korpora
S: Deutsch
M: geschrieben
G: 3,1 Millionen Token
P: statisch
A: Textstruktur

---

[19] Für die Merkmale, die bei der Beschreibung einzelner Korpora fehlen, konnten wir leider keine Werte ermitteln. Wir werden diese Informationen, wenn wir sie erhalten, auf unserer Webseite ergänzen.

SB: Spezial: Tageszeitungen (Neues Deutschland (DDR), Die Welt (BRD))
V: online, Verkauf

Bonner Zeitungskorpus CG-annotiert
Z: http://beta.visl.sdu.dk/corpus_linguistics.html, eckhard.bick@mail.dk
(Eckhard Bick)
S: Deutsch
M: geschrieben
G: 4 Millionen Token
P: statisch
SB: Tageszeitung
V: online mit Lizenz, online-Abfrage: corp.hum.sdu.dk

Chat-Korpus
Z: http://www.chatkorpus.uni-dortmund.de, Michael.Beisswenger@gmx.de (Universität Dortmund)
F: empirische Grundlage für Forschung in der computervermittelten Kommunikation (cvK)
S: Deutsch
M: geschrieben
G: 0,6 Millionen Token
P: statisch
SB: Logfiles aus Chatkommunikation
V: frei, online

DWDS-Kernkorpus
Z: http://www.dwds.de/, dwds@bbaw.de (Berlin-Brandenburgische Akademie der Wissenschaften)
F: Teil der Textbasis für Digitales Wörterbuch der Deutschen Sprache des 20. Jahrhunderts
S: Deutsch
M: gesprochen, geschrieben
G: 100 Millionen Token
P: statisch
A: Lemma, Morphosyntax
SB: Referenzkorpus
V: online

Emigrantendeutsch in Israel
Z: anne.betten@sbg.ac.at (Deutsches Spracharchiv am IDS)
F: Sprachdokumentation
S: Deutsch
M: gesprochen
P: statisch
SB: Gruppensprache emigrierter deutschsprachiger Juden
V: auf CD

Europarl
Z: http://people.csail.mit.edu/koehn/publications/europarl/, koehn@isi.edu
(Philipp Koehn)
F: Textbasis für Maschinelle Übersetzung

S: D,Dä,E,Fr,Gr,Fi,It,Nd,Port,Sp,Sw: satzaligniert
M: gesprochen
G: 11 x 28 Millionen Token
P: statisch
SB: Spezialkorpus: European Parliament Proceedings Parallel Corpus 1996-2003
V: frei

Europarl CG-annotiert
Z: http://beta.visl.sdu.dk/corpus_linguistics.html, eckhard.bick@mail.dk
(Eckhard Bick)
F: Sprachlehre, empirische Grundlage für computerlinguistische Forschung
S: Deutsch
M: gesprochen
G: 15 Millionen Token
P: statisch
SB: Europäische Parlamentsdebatten
V: frei, online-Abfrage: corp.hum.sdu.dk

European Corpus Initiative CG-annotiert (Frankfurter Rundschau)
Z: http://beta.visl.sdu.dk/corpus_linguistics.html, eckhard.bick@mail.dk
(Eckhard Bick)
S: Deutsch
M: geschrieben
G: 34 Millionen Token
P: statisch
SB: Zeitungsdeutsch
V: online mit Lizenz, online-Abfrage: corp.hum.sdu.dk

Fehler-Annotiertes Linguistisches Korpus (FALKO)
Z: http://www.linguistik.hu-berlin.designato.de/korpuslinguistik/projekte/
falko/index.php, anke.luedeling@rz.hu-berlin.de (Humboldt Universität)
F: Untersuchungen zu typischen Fehlern von Zweitsprachlernern, mit sprachdidaktischer Auswertung; Kontrollkorpus von muttersprachlichen Texten
S: Deutsch von Nichtmuttersprachlern
M: geschrieben
G: im Aufbau
P: statisch
A: geplant
SB: Lernersprache
V: frei

Goethe-Korpus
Z: http://www.ids-mannheim.de/kt/projekte/korpora/archiv/goe.html (Institut für Deutsche Sprache)
F: Teil der IDS-Korpora
S: Deutsch
M: geschrieben
G: 1,4 Millionen Token
P: statisch
A: Textstruktur
SB: Individualsprache: 29 Texte aus Goethes Werken

V: online

Hamburg Dependency Treebank (CDG Corpus Collection)
Z: papa@nats.informatik.uni-hamburg.de (Universität Hamburg)
F: empirische Basis für computerlinguistische Forschung
S: Deutsche
M: mehrheitlich geschrieben
G: 52 038 Sätze / 6 343 408 Token
P: statisch
A: Dependenzsyntax (automatisch, teilweise korrigiert)
SB: 75% Online-News, diverse andere Texttypen
V: auf Anfrage

Handbuchkorpora
Z: http://www.ids-mannheim.de/kt/projekte/korpora/archiv/hbk.html (Institut für Deutsche Sprache)
F: Teil der IDS-Korpora: Datengrundlage für Handbucherstellung
S: Deutsch
M: geschrieben
G: 11 Millionen Token
P: statisch
A: Textstruktur
SB: Zeitungs- und Zeitschriftenartikel: 1985-1988
V: online

Huge German Corpus (HGC)
Z: Ulrich.Heid@ims.uni-stuttgart.de (Institut für Maschinelle Sprachverarbeitung)
F: Datengrundlage für diverse Projekte der maschinellen Sprachverarbeitung
S: Deutsch
M: geschrieben
G: 204,5 Millionen Token
P: statisch
A: Morphosyntax
SB: Opportunistische Sammlung diverser Tageszeitungen
V: Auf Anfrage (teilw. Lizenzen)

Hypnotic
Z: georg.rehm@gmail.com (Georg Rehm)
F: Klassifizieren von Webseiten
S: Deutsch
M: geschrieben
G: mehr als 4 Millionen Webseiten, mehr als 1000 Millionen Token
P: statisch
SB: Spezialkorpus: Universitäts-Webseiten, 01/2001-09/2002
V: auf Anfrage

HyTex-Korpus
Z: http://www.hytex.uni-dortmund.de/hytex/worx-korpus.html,
Michael.Beisswenger@gmx.de (Universität Dortmund)
F: Forschungen zu Hypertextstrukturen
S: Deutsch

M: geschrieben
G: ca. 25 000 Normseiten
P: statisch
A: Syntax (automatisch): Chunking mit KoRoParse für 28 Dokumente; Textgrammatik
SB: Fachtexte

IDS-Korpora
Z: http://www.ids-mannheim.de/kt/projekte/korpora/, belica@ids-mannheim.de (Institut für Deutsche Sprache)
F: empirische Basis für linguistische Forschung
S: Deutsch
M: geschrieben
G: mehr als 2 Milliarden Token
P: statisch
A: Textstruktur, teilweise Morphosyntax
SB: Referenzkorpus
V: online, teils Verkauf

INTERSECT Corpus
Z: http://www.brighton.ac.uk/languages/contact/academicstaff/intersect.html, r.m.salkie@brighton.ac.uk (University Brighton)
F: Sprachlehre
S: Deutsch, Englisch: Parallelkorpus, satzaligniert
M: geschrieben
G: 800 000 Token
P: statisch
SB: Domänen: Wirtschaft und Politik
V: auf Anfrage

Kant-Korpus
Z: http://www.ikp.uni-bonn.de/kant, Bernhard Schroeder@uni-bonn.de (Gerd Willee, Bernhard Schröder)
S: Deutsch
M: geschrieben
P: statisch
A: teilweise lemmatisiert
SB: Individualsprache: Texte des Philosophen Kant

Kieler Korpus gesprochener Sprache
Z: http://www.ipds.uni-kiel.de/forschung/kielcorpus.de.html (Institut für Phonetik und digitale Sprachverarbeitung, Universität Kiel)
F: Materialgrundlage für computerlinguistische Anwendungen
S: Deutsch
M: gesprochen
G: 4 Stunden
P: statisch
SB: Lese- und Spontansprache
V: Lizenz, über Webseite zu bestellen

Korpus Magazin Lufthansa Bordbuch / DEUTSCH
Z: http://www.ids-mannheim.de/kt/projekte/korpora/archiv/mld.html,
belica@ids-mannheim.de (Institut für Deutsche Sprache)
F: Teil der IDS-Korpora
S: Deutsch
M: geschrieben
G: 0.25 Millionen Token
P: statisch
A: Textstruktur
SB: Spezial: Tourismus, Lufthansa: 1995-1997
V: online

Learning Prosody (LeaP)
Z: http://www.phonetik.uni-freiburg.de/leap/,
ulrike.gut@anglistik.uni-freiburg.de (Ulrike Gut)
S: Vergleich: Deutsch, Englisch
M: gesprochen
G: 76.000 Token, 12 Stunden
P: statisch
V: auf Anfrage

LIMAS-Korpus
Z: http://www.ikp.uni-bonn.de/Limas/, Bernhard Schroeder@uni-bonn.de (Gerd
Willee, Bernhard Schröder)
S: Deutsch
M: geschrieben
G: 1 Millionen Token
P: statisch
A: Morphosyntax, Lemma (maschinell)
V: frei, online (über COSMAS)

Mannheimer Korpus 1
Z: http://www.ids-mannheim.de/kt/projekte/korpora/archiv/mk.html,
belica@ids-mannheim.de (Institut für Deutsche Sprache)
F: Teil der IDS-Korpora
S: Deutsch
M: geschrieben
G: 2,2 Millionen Token
P: statisch
A: Textstruktur
SB: div. Textgenres: 1950-1967
V: online, Verkauf

Mannheimer Korpus 2
Z: http://www.ids-mannheim.de/kt/projekte/korpora/archiv/mk.html (Institut
für Deutsche Sprache)
F: Teil der IDS-Korpora
S: Deutsch
M: geschrieben
G: 0,3 Millionen Token
P: statisch

A: Textstruktur
SB: Diverse Textgenres: 1950-1967
V: online, Verkauf

Mannheimer Korpus CG-annotiert
Z: http://beta.visl.sdu.dk/corpus_linguistics.html, eckhard.bick@mail.dk
(Eckhard Bick)
S: Deutsch
M: geschrieben
G: 4 Millionen Token
P: statisch
SB: Zeitungskorpus
V: online mit Lizenz, online-Abfrage: corp.hum.sdu.dk

Mannheimer Morgen
Z: http://www.ids-mannheim.de/kt/projekte/korpora/archiv/mm.html (Institut
für Deutsche Sprache)
F: Teil der IDS-Korpora
S: Deutsch
M: geschrieben
G: 141,66 Millionen Token
P: Monitorkorpus (Stand 11/2005)
A: Textstruktur
SB: Tageszeitung: 1989-2003
V: online

Mittelhochdeutsch-Korpus
Z: http://www.mittelhochdeutsche-grammatik.info/DE/korpus_bonn.html
F: Sprachdokumentation
S: Deutsch
M: geschrieben
P: statisch

Multilingual Soccer Corpus
Z: thomas.schmidt@uni-hamburg.de (Thomas Schmidt)
F: Kontrastive, linguistische Untersuchungen zur Sprache von Fußballreportagen
S: mulilingual: Deutsch, Englisch, Französisch (evtl. zusätzlich Spanisch, Portugie-
sisch, Italienisch, Japanisch), teilweise parallele Subkorpora
M: multimodal
G: mindestens 3 x 250 000 Token
P: statisch
A: Wörter, Sätze, teilweise Textstruktur, Bindestrichkomposita, Semantik: Spiel-
stände
SB: Spezialkorpus: Fußballberichte
V: auf Anfrage

NEGRA-Korpus (Version 2)
Z: http://www.coli.uni-saarland.de/projects/sfb378/negra-corpus/
negra-corpus.html, gj@coli.uni-sb.de (Universität des Saarlandes)
F: Empirische Basis für ling. Forschung und maschinelles Lernen
S: Deutsch

M: geschrieben
G: 0,36 Millionen Token
P: statisch
A: Morphosyntax, Konstituenten, grammatische Funktionen (halbautomatisch)
SB: Tageszeitung: Frankfurter Rundschau
V: Lizenz

OPUS-Korpora
Z: `http://logos.uio.no/opus/EUconst.html`, tiedeman@let.rug.nl (Jörg Tiede-mann)
F: Datengrundlage für computerlinguistische Anwendungen
S: bis zu 21 Sprachen, satzaligniert
P: statisch
A: Token, Morphosyntax und partiell syntaktisch (maschinell)
SB: Spezialkorpus: politische Texte und Computermanuals
V: frei, online

Oslo Multilingual Corpus (OMC)
Z: `http://www.hf.uio.no/forskningsprosjekter/sprik/english/index.html`, c.f.hansen@german.uio.no (Cathrine Fabricius Hansen)
S: Deutsch und Englisch
M: geschrieben
G: ca. 700 000 Token (deutscher Teil)
P: statisch
SB: Literarische und Gebrauchstexte
V: frei, Anmeldung online erforderlich (`http://www.hf.uio.no/ilos/OMC/English/Tillatelse_eng.htm`)

Potsdam Commentary Corpus (PCC)
Z: `http://www.ling.uni-potsdam.de/cl/cl/res/forsch_pcc.html`, stede@ling.uni-potsdam.de (Manfred Stede)
F: Untersuchungen zur Informationsstruktur von Texten
S: Deutsch
M: geschrieben
G: 174 Artikel = 32 800 Token
P: statisch
A: halbautomatisch: Morphosyntax (STTS), Syntax (TIGER); Teilkorpus (10 Artikel) auch mit Morphologie und Lemma; Pragmatik: Rhetorical Structure Theory (RST); im Aufbau: Koreferenz, Diskurs-Konnektoren
SB: Spezialkorpus: Zeitungskommentare aus MAZ (Märkische Allgemeine Zeitung)
V: auf Anfrage

Projekt Deutscher Wortschatz
Z: `wortschatz.uni-leipzig.de`, wort@informatik.uni-leipzig.de (Uwe Quasthoff)
F: Sprachstatistische Analysen
S: Deutsch
M: geschrieben
G: ca. 500 Millionen Token
P: statisch
A: syntaktisch (Unterscheidung der vier Grundwortarten), semantisch (semantische Primitive und Relationen zwischen Wörtern)

SB: Opportunistisches Korpus aus Webquellen
V: frei, Wortanfragen über die Webseite und über Webservice

Saarbrücken Lexical Semantics Acquisition Project (SALSA)
Z: http://www.coli.uni-saarland.de/projects/salsa/, salsa-mit@coli.uni-sb.de
(Universität des Saarlandes)
F: Materialbasis für computerlinguistische Anwendungen
S: Deutsch
M: geschrieben
P: statisch
A: TIGER plus semantische Frames, Koreferenz
SB: Zeitungssprache: Frankfurter Rundschau
V: auf Anfrage

SMS-Korpus
Z: http://www.mediensprache.net/de/medienanalyse/corpora/,
info@mediensprache.net (Jens Runkehl, Peter Schlobinski, Torsten Siever)
F: Untersuchungen zu medienspezifischen Sprachvarietäten
S: Deutsch
M: multimodal
G: 98 SMS
P: statisch
SB: Info-SMS;Werbemittel
V: online

tageszeitung (taz)
Z: https://www.taz.de/pt/.etc/nf/taz-Archiv-CD (die tageszeitung (taz))
F: Recherche
S: Deutsch
M: geschrieben
G: 111,3 Millionen Token
P: statisch
A: Textstruktur (HTML)
SB: Zeitungssprache
V: Lizenz

TIGER (Version 2)
Z: http://www.ims.uni-stuttgart.de/projekte/TIGER/TIGERCorpus/,
tigercorpus@ims.uni-stuttgart.de (Universität Stuttgart)
F: Materialgrundlage für linguistische und computerlinguistische Forschung
S: Deutsch
M: geschrieben
G: 0,9 Millionen Token
P: statisch
A: Morphosyntax, Morphologie, Syntax (Konstituenten und funktionale Information), Semantik (Eigennamen)
SB: Zeitungssprache (Frankfurter Rundschau)
V: kostenlose Lizenz http://www.ims.uni-stuttgart.de/projekte/TIGER/
TIGERCorpus/license

Tübinger Baumbank des Deutschen / Schriftsprache (TüBa-D/Z, Version 2)
Z: http://www.sfs.uni-tuebingen.de/de_tuebadz.shtml/,
zinsmeis@sfs.uni-tuebingen.de (Heike Zinsmeister)
F: Datenbasis für Maschinelles Lernen (u.A. Parser)
S: Deutsch
M: geschrieben
G: 0,38 Millionen Token
P: statisch
A: Morphosyntax, Morphologie, Syntax (Konstituenten und funktionale Information), topologische Felder, Eigennamen, Koreferenz (manuell)
SB: Spezialkorpus: die tageszeitung 1999
V: Lizenz

Tübinger Baumbank des Deutschen / Spontansprache (TüBa-D/S)
Z: http://www.sfs.uni-tuebingen.de/de_tuebads.shtml/,
kuebler@sfs.uni-tuebingen.de (Sandra Kübler)
F: Datenbasis für Maschinelle Übersetzung (Verbmobil)
M: gesprochen
G: 0,36 Millionen Token
P: statisch
A: Morphosyntax, Morphologie, Syntax (Konstituenten und funktionale Information), topologische Felder, Eigennamen (manuell)
SB: Spezialkorpus: Dialoge (Terminvereinbarungen)
V: kostenlose Lizenz

Tübinger Partiell Geparstes Korpus des Deutschen/Schriftsprache (TüPP-D/Z)
Z: http://www.sfs.uni-tuebingen.de/de_tuepp.shtml/,
kuebler@sfs.uni-tuebingen.de (Sandra Kübler)
F: Datenbasis für Maschinelles Lernen (u.a. Parser)
S: Deutsch
M: gesprochen
G: 200 Millionen Token
P: statisch
A: Morphosyntax, Chunks, topologische Felder (maschinell)
SB: Spezialkorpus: die tageszeitung (taz) 1986-1999
V: Lizenz

Videokorpus zur Aphasie
Z: peter.auer@germanistik.uni-freiburg.de,
angelika.bauer@germanistik.uni-freiburg.de (Peter Auer, Angelika Bauer)
F: Klinische Untersuchungen zur Aphasie
S: Deutsch
M: multimodal
P: statisch
A: Transkription, Digitalisierung, Alignierung von Text mit Videospur
SB: Spezialkorpus: Videoaufnahmen zur Familieninteraktion mit Aphasikern; Longitudinalstudie, in der 10 Familien über einen Zeitraum von einem Jahr nach Entlassung des Aphasikers aus der Klinik beobachtet wurden

V: nur in Freiburg

Vineta-Korpus
Z: http://archiv.ub.uni-marburg.de/sonst/2000/0003/, stefan.rabanus@univr.it (Stefan Rabanus)
F: Untersuchung von intonatorischen Verfahren
S: Deutsch, Italienisch
M: gesprochen
G: 45 Minuten
P: statisch
A: intonatorisch (ToBI, Grundwertfrequenzen)
SB: Spezialkorpus spontaner gesprochener Sprache
V: frei

Wendekorpus
Z: http://www.ids-mannheim.de/kt/projekte/korpora/archiv/wk.html, belica@ids-mannheim.de (Institut für Deutsche Sprache)
F: Teil der IDS-Korpora
S: Deutsch
M: gesprochen, geschrieben
G: 3,3 Millionen Token
P: statisch
A: Textstruktur
SB: Spezialkorpus: diverse Textgenres aus DDR und BRD 1989-1990
V: online

Wortwarte
Z: http://www.wortwarte.de, lothar@lemnitzer.de (Universität Tübingen)
F: Tägliche Extraktion neuer Wörter
S: Deutsch
M: Schriftsprache
G: Pro Tag etwa 1 Millionen Token. Die Worttyp-Listen werden aufgehoben, die eigentlichen Texte nach drei Tagen gelöscht.
P: Monitorkorpus
A: keine
SB: Tägliche Auswertung von 10 deutschen Tages- und Wochenzeitungen. Wird mit der Wortliste eines Referenzkorpus des Deutschen abgeglichen.
V: Die Worttyp-Listen aller seit September 2000 gesampelten Tage (ca. 1300) sind auf Anfrage verfügbar.

Züricher getaggtes Korpus
Z: http://www.ifi.unizh.ch/cl/index5.html, siclemat@ifi.unizh.ch (Simone Clematide)
F: Materialbasis für Maschinelle Sprachverarbeitung
S: Deutsch
M: geschrieben
G: 50 000 Token
P: statisch
A: Morphosyntax (manuell)
SB: Berichte über die Universität Zürich

V: auf Anfrage

Züricher Syntax-annotiertes Korpus
Z: `http://www.ifi.unizh.ch/cl/index5.html`, siclemat@ifi.unizh.ch (Simone Clematide)
F: Materialbasis für Maschinelle Sprachverarbeitung
S: Deutsch
M: geschrieben
G: 3000 Sätze
P: statisch
A: Morphosyntax, Syntax – wie NEGRA (manuell)
SB: Computerzeitung
V: auf Anfrage

4 Weiterführende Literatur

Wir wollen an dieser Stelle nicht auf weitere Literaturstellen verweisen, sondern auf Mailinglisten, bei denen Sie sich anmelden (*subskribieren*) können. Als angemeldeter Benutzer erhalten Sie alle an diese Listen gesendeten Beiträge. Durch diese Beiträge sind Sie über Entwicklungen in der Korpuslinguistik auf dem Laufenden. Sie können sich auch selbst beteiligen und dort Fragen stellen. Wenn Sie freundlich fragen, werden Sie in den meisten Fällen auch freundliche Antworten erhalten. Die Mailinglisten sind *Corpora* (`http://torvald.aksis.uib.no/corpora/`, folgen Sie dem Link zur *Info Page*, dort erfahren Sie, wie Sie Mitglied werden können), *Gesprächsforschung* (`http://www.gespraechsforschung.de/liste.htm`, mit online-Registrierung) und die *Linguist List* (`http://www.linguistlist.org/`).

Wie man in den Wald hineinruft –
Korpuslinguistik in der Praxis

Nach Lektüre dieses Kapitels werden Sie in der Lage sein, selbstständig korpusbasierte linguistische Untersuchungen entsprechend den genannten Vorbildern zu planen und durchzuführen.

1 Übersicht

In diesem Kapitel wollen wir linguistische Untersuchungen vorstellen, die auf deutschsprachigen Korpora basieren. Wir glauben, dass man aus diesen Beispiele etwas lernen kann – im positiven wie im negativen Sinn. Ein Blick in die germanistischen Fachzeitschriften zeigt, dass in den letzten fünf Jahren erstaunlich viele linguistische Arbeiten entstanden sind, denen Korpora zugrunde liegen. Diese Arbeiten sind freilich von recht unterschiedlicher Qualität, wie wir noch sehen werden. Sie sind auch thematisch weit gestreut.

Wir haben uns bei der Darstellung für die folgende Anordnung entschieden. Zunächst orientieren wir uns an den klassischen linguistischen Beschreibungsebenen: Orthographie, Morphologie und Wortbildung, Syntax, Lexikographie und Lexikologie. Bei einigen dieser Arbeiten, die sich nicht leicht in dieses Schema einordnen ließen, haben wir den Gegenstand als charakterisierendes Merkmal gewählt.

Der aufmerksame Leser wird sich über bestimmte Lücken in diesem Kapitel wundern. Gerade Disziplinen, in denen traditionell mit Korpora gearbeitet wurde, fehlen. Dies sind vor allem die Bereiche der historischen Linguistik und des Erstspracherwerbs. Auch das Gebiet der Computerlinguistik streifen wir nur kurz. Dies hat zwei Gründe. Zum einen fehlt uns auf den Gebieten der historischen Linguistik und der Psycholinguistik die nötige Kompetenz, um die schwierige und reichhaltige Materie kompakt darzustellen. Zum anderen wollen wir uns hier auf die innovativen Ansätze und Bereiche der linguistischen Analyse und Anwendung von Korpusdaten konzentrieren. Zu weiteren Ausführungen fehlt uns der Platz. Wir werden deshalb einige Aspekte auf der begleitenden Webseite ergänzen.

Eine kritische Würdigung der neueren korpuslinguistischen Arbeiten rundet dieses Kapitel ab.

2 Orthographie

Der deutschen Rechtschreibung liegt spätestens seit den Zeiten Konrad Dudens eine Norm zugrunde. Deshalb der Ausdruck *Recht*schreibung. Diese Norm, die allerdings auch Wandlungen und Reformen unterliegt, wird in der Schule vermittelt, sie kann nicht verhandelt werden. Sie ist allerdings öfter der Gegenstand von Diskussionen, was gerade die jüngste Rechtschreibreform gezeigt hat. Im fachlichen Diskurs der Linguistik stehen die Prinzipien hinter der Norm sowie Fragen ihrer Angemessenheit, Schlüssigkeit und Lernbarkeit zur Diskussion. Linguisten nehmen aktiv Anteil an der Weiterentwicklung dieser Norm, dabei werden sie von Zeit zu Zeit von interessierten Laien begleitet oder auch bekämpft.

Dementsprechend befasst sich das Gros der Arbeiten zur Rechtschreibnorm mit den folgenden Themen:

- Darstellung, Begründung oder Kritik der Norm;
- Präsentation der Norm, als Menge von Regeln und / oder als Liste von Einzelwörtern;
- Vermittlung der Norm im Sprachunterricht[1].

Diese Themen beziehen sich auf die festgesetzte Norm und nicht auf den tatsächlichen Sprachgebrauch. Empirische Untersuchungen an authentischen Sprachdaten sind hier überflüssig. Die Liberalisierung der orthographischen Norm im Zuge der letzten Rechtschreibreform macht es nun allerdings interessanter, am tatsächlichen Sprachgebrauch zu untersuchen, welche Varianten in welchen quantitativen Verhältnissen verwendet werden. Darüber hinaus gibt es bei einigen Textsorten orthographische Besonderheiten, die nicht Teil der Norm sind. Beide Aspekte der orthographischen Praxis sind Gegenstand jüngerer empirischer Untersuchungen.

Helmut Langner[2] untersucht den Wortschatz der Sachgruppe Internet auf morphologische, aber auch orthographische Besonderheiten. Er stellt fest, dass bei der Schreibung von Wörtern aus diesem Bereich orthographische Unsicherheiten deutlich werden: „Erstaunlich ist ...das starke Schwanken zwischen Zusammenschreibung und Schreibung mit Bindestrich, nicht selten sogar im selben Text ...Probleme

---

[1] Vgl. z.B. die Sammelbände von Augst (1997) sowie Eroms und Munske (1997).
[2] Vgl. Langner (2001). Seitenzahlenangaben in Klammern beziehen sich auf diesen Text.

haben Schreiber offensichtlich dann, wenn die Lexeme Konstituenten besitzen, die noch als fremdsprachig empfunden werden" (105). Langner stützt seine Beobachtungen auf eine Belegsammlung, die er im Jahr 2000 aus verschiedenen Quellen, vor allem Zeitung und Rundfunk, zusammengestellt hat (97). Die Beobachtungen Langners zeigen, dass sich nicht alles in einer Rechtschreibnorm regeln lässt und manche Konzepte, wie das der Fremdworthaftigkeit mancher Ausdrücke, unscharf sind. Die reformierte Rechtschreibnorm trägt dem durch eine höhere Zahl an zugelassenen Varianten Rechnung. Dennoch wird es immer orthographische Probleme jenseits der Norm geben.

Christa Dürscheid untersucht zwei Typen von „Schreibungen, die in der Rechtschreibnormierung nicht geregelt sind"[3]. Es handelt sich dabei um die Binnengroßschreibung (z.B. *InterCity*) und um die Getrenntschreibung von Komposita (z.B. *Progamm Entwickler*). Ihre These lautet, dass sich in diesen Bereichen in der Sprachverwendung Tendenzen zeigen, die früher oder später die Rechtschreibnorm verändern werden. Sie stützt ihre Analysen auf unsystematisch gesammelte Belege aus verschiedenen Medien: Fernsehen, Radio, Zeitung, aber auch aus der Beschreibung von Software oder aus der Bahnwerbung. Am Schluss des Buches finden Sie hierzu eine Übung, die auf Material des *Wortwarte-Korpus* beruht.

In einer anderen Arbeit[4] untersucht Dürscheid Verstöße gegen die orthographische Norm an verschiedenen Textsorten, die Bestandteil computervermittelten Kommunikation sind. Die Daten, auf die sie diese Untersuchungen stützt, sind Mitschnitte von Chats sowie E-Mails. Ob die nicht-normgerechten Schreibweisen in der computervermittelten Kommunikation, die nicht auf technisches oder menschliches Versagen zurückzuführen sind, Auswirkungen auf die Schreibnorm und die Schreibpraxis außerhalb dieses Mediums haben werden, kann nicht vorausgesagt werden. Die Autorin fordert hierzu weitergehende empirische Untersuchungen. Dem kann man sich nur anschließen. Es wäre wünschenswert, wenn sich solche Untersuchungen auf ein öffentlich zugängliches Referenzkorpus der computervermittelten Kommunikation stützen könnten. Ein solches ist an der Universität Dortmund im Aufbau[5].

In verschiedenen Arbeiten, die um die Jahrtausendwende herum entstanden sind[6], werden vor allem graphostilistische Elemente in computervermittelter Kommunikation, und hier vor allem bei E-Mail und Chat, untersucht: Smileys, Sonderzeichen wie Stern (*) und at-Zeichen

---

[3] Vgl. Dürscheid (2000a), S. 223.
[4] Vgl. Dürscheid (2000b).
[5] Vgl. Kapitel 5.
[6] Vgl. Haase et al. (1997), Runkehl et al. (1998), Storrer (2000), Storrer (2001).

(@), prononcierte Großschreibung ganzer Wörter. Der Bereich ist für diese Formen der Kommunikation recht gut untersucht und auch solide korpuslinguistisch fundiert. Es wird in Zukunft zu zeigen sein, ob sich auch in Texten anderer neuer Medien, wie den über Mobiltelefone verbreiteten SMS, orthographische Sonderformen etablieren. SMS-Texte dürften allerdings wesentlich schwieriger zu akquirieren sein als Texte, die über das World Wide Web verbreitet werden[7].

3 Wortbildung

Die Wortbildung ist der kreativste Bereich einer tagtäglich verwendeten Sprache. Sprecher schaffen auf diese Weise unzählige neue Wörter, von denen viele nur dem einen, momentanen kommunikativen Zweck dienen und danach nie wieder verwendet werden.

Die Bausteine, aus denen im Deutschen neue Wörter geformt werden, sind:

- Wortstämme (z.B. *seh, Mutter*); eine Unterklasse der Stämme, die nicht selbständig ein Wort bilden können, wird *Konfix* genannt (z.B. *schwieger, thek*).
- Affixe, die nach ihrer Stellung zum Wortstamm unterschieden werden in Präfixe (z.B. *be-*), Suffixe (z.B. *-bar*) und Infixe (z.B. das Fugenmorphem *-s-*);
- Zwischen diesen beiden Klassen stehen Elemente, die sich von selbständigen Wortstämmen zu Affixen entwickeln, unter Verlust eines eigenen semantischen Gehalts (z.B. *-mäßig* in Wörtern wie *gefühlsmäßig*). Diese Bausteine werden in der neueren Literatur *Affixoide* genannt.
- Flexive, die grammatische Merkmale eines Worts wie Kasus oder Tempus markieren (z.B. *-en*, das als Flexiv die Infinitivform und die erste und dritte Person Plural eines Verbs markieren kann).

Ziel der Wortbildungsforschung als linguistischer Disziplin ist es, die Regeln und Beschränkungen zu formulieren, denen die freie Kombination dieser Bausteine unterliegt, und die Merkmale der aus der Kombination der Bausteine entstehenden Wortbildungsprodukte zu beschreiben. Zum Beispiel

- darf das Suffix *-bar* nur mit verbalen Wortstämmen kombiniert werden. Das entstehende Wort wird als Adjektiv verwendet. Der Beitrag

---

[7] Es gibt dennoch einige korpusbasierte Arbeiten zu diesem Thema, z.B. Schwitalla (2002), Doering (2002), allerdings beziehen sich diese Arbeiten nicht auf die Themen Rechtschreibnorm und Rechtschreibpraxis.

des Suffixes zur Gesamtbedeutung des Adjektivs ist es meist, dass die durch den verbalen Stamm beschriebene Handlung dem Gegenstand, auf den das neue Adjektiv sich bezieht, als Potenzial zugeschrieben wird (X ist ableitbar → X kann abgeleitet werden).

- muss in manchen Fällen zwischen die zwei Bestandteile eines Kompositums ein Fugenmorphem treten. Die Notwendigkeit des Fugenelements wird phonologisch begründet, es macht den Übergang vom letzten Phonem des ersten Wortstamms zum ersten Phonem des zweiten Wortstamms leichter (z.B. *Arbeit-s-amt, Tag-e-bau*).

Die Wortbildung als produktiver Prozess des Sprachausbaus steht im Spannungsverhältnis zum Lexikon einer Sprache. Wenn täglich Hunderte von neuen Wörtern gebildet werden, dann kann das Lexikon einer Sprache oder eines einzelnen Sprechers niemals vollständig in Hinblick auf das Vokabular der Sprache sein. Es ist deshalb ähnlich wie in der Syntax eine wichtige linguistische Aufgabe, die Regeln zu beschreiben, denen dieser kreativ Prozess unterliegt[8]. Diese Regeln steuern die Produktion neuer Wörter und ermöglichen es den Hörern, diese neuen Wörter korrekt zu interpretieren[9].

Empirische Sprachdaten sind auch für Wortbildungsforschung wichtig:

- Große Korpora enthalten viele Belege für die meisten Wortbildungsmuster und durchweg mehr Beispiele, als ein Wörterbuch verzeichnen kann. Gerade die nicht in Wörterbüchern verzeichneten, kontextuell gesteuerten Gelegenheitsbildungen bilden einen wichtigen Prüfstein für theoretische Annahmen zu Regeln, Regularitäten und Beschränkungen in der Wortbildung;
- Viele Wortbildungsprodukte werden erst verständlich und interpretierbar, wenn man den Kotext sieht, in dem das Wort verwendet wird. Besonders Komposita bedürfen oft der Stützung durch den Kotext[10].

---

[8] Dass in diesem Teil der Sprache Regeln wirken, sieht man an Bildungen wie *unkaputtbar*, die deshalb so auffällig sind, weil sie gegen diese Regeln verstoßen. In unserem Beispiel ist das Ziel des Regelverstoßes, Aufmerksamkeit zu erregen, und dies ist sicher gelungen.

[9] Oftmals ist dafür aber auch ein größerer Kotext oder Kontext erforderlich, wie das Beispiel *BVB-Transfer* zeigt. Ob ein BVB transferiert wird oder ein BVB etwas transferiert, erschließt sich, wenn man weiß oder erfährt, dass der BVB ein Fußballverein ist, der seine Mannschaft durch Transfers von Spielern verändert.

[10] Auf den Zusammenhang hat kürzlich Corinna Peschel in ihrer Monographie zum Verhältnis von Wortbildung und Textkonstitution hingewiesen, vgl. Peschel (2002).

3.1 Qualitative Aspekte

In den letzten Jahren ist eine Reihe von korpusbasierten Fallstudien zu einzelnen Wortbausteinen erschienen. Hierzu gehören Arbeiten von Angelika Feine sowie von Anke Lüdeling und Stefan Evert zur nicht-medizinischen Verwendung von *-itis*-Kombinationen[11], eine Arbeit von Nikolaus Ruge zum Suffixoid *-technisch*[12], eine Studie zur Valenz der *be*-präfigierten Verben von Piklu Gupta[13] sowie ein Aufsatz von Annette Klosa zu Verben mit dem Präfix *gegen-*[14]. Mehr korpusgestützte Arbeiten zu Details der Wortbildung erscheinen uns wünschenswert.

Wir wollen in diesem Abschnitt exemplarisch die Arbeit von Susanne Riehemann zur Beschreibung der Adjektive mit dem Suffix *-bar* vorstellen[15]. Riehemann versucht anhand von intensiven Korpusrecherchen die Wortbildungsregeln und -beschränkungen im Zusammenhang mit der Verwendung des Suffixes *-bar* zu erfassen und in der Lexikonkomponente des Grammatikformalismus *Head-Driven Phrase Structure Grammar* (HPSG) zu beschreiben (2-3). Ihre Arbeit ist damit sowohl für die theoretische Linguistik als auch für die Computerlinguistik von Interesse.

Riehemann stützt ihre Untersuchungen auf neun Korpora, ein großes und acht kleinere, mit insgesamt knapp 18 Millionen laufenden Wörtern (Token). Die Frequenzangaben zu den *-bar*-Adjektiven bezieht die Autorin ausdrücklich nur auf das mit 10,7 Millionen Token größte Korpus, das Zeitungskorpus des Instituts für deutsche Sprache in Mannheim. Die kleineren Korpora bezeichnet sie als zu wenig repräsentativ, um quantitative Aussagen darauf zu stützen (5). Im einzelnen untersucht sie die folgenden Aspekte:

- Die Klassen von *-bar*-Ableitungen, vor allem hinsichtlich der zugrunde liegenden Verben. Riehemann berücksichtigt die Frequenzverteilung dieser Adjektive, die das typische Profil aller produktiven sprachlichen Prozesse aufweist: es gibt wenige hochfrequente Wörter, die weit über die Hälfte aller vorkommenden Wörter ausmachen, und sehr viele selten vorkommende Wörter (9-12);

---

[11] *Handyritis, Aufschieberitis* etc., vgl. Feine (2003) und Lüdeling und Evert (2004). Auf die Arbeiten von Lüdeling und Evert werden wir im nächsten Abschnitt genauer eingehen.

[12] Vgl. Ruge (2004), interessant sind hier weniger die transparenten Bildungen wie *verfahrenstechnisch*, sondern vielmehr neudeutsche Bildungen wie *gefühlstechnisch*.

[13] Vgl. Gupta (2000).

[14] Vgl. Klosa (2003), die Untersuchungen basieren auf dem Korpora des Instituts für deutsche Sprache und auf dem DWDS-Korpus.

[15] Vgl. Riehemann (1993). Die Seitenzahlen in Klammern verweisen auf diesen Text.

- die Form und Funktion der Wortbildungsprodukte, also der so entstandenen Adjektive, wobei sie vor allem deren syntaktische (mögliche Komplemente der Adjektive) und semantische Eigenschaften betrachtet (5-9);

- in einem weiteren Abschnitt diskutiert Riehemann syntaktische, semantische und pragmatische Beschränkungen des Wortbildungsprozesses, die erklären, warum einige Bildungen ungrammatisch sind, wohingegen andere, ebenfalls vom prototypischen Muster – mit einem transitiven Verb als Basis – abweichende Wörter durchaus bildbar sind (z.B. *abbaubar* mit einem intransitiven Verb als Basis und *verformbar* mit einem reflexiven Verb als Basis.) (12-16);

- Riehemann zieht auch die Argumente der zugrunde liegenden Verben in Betracht, die von dem abgeleiteten Adjektiv ‚ererbt' werden (*Ein Auto nach Deutschland importieren* → *Ein nach Deutschland importierbares Auto*). Vor allem bei der Bestimmung von Beschränkungen hinsichtlich der Vererbung von Argumenten erweist sich der Blick in das Korpus als sehr hilfreich (17-19);

- schließlich beschreibt Riehemann Unterschiede im attributiven und prädikativen Gebrauch dieser Adjektive.

Im zweiten, dem Hauptteil der Arbeit entwickelt Riehemann eine formale Beschreibung der lexikalischen Eigenschaften dieser Adjektivgruppe im Rahmen eines HPSG-Lexikons, die all den im ersten Teil der Arbeit beschriebenen Generalisierungen gerecht wird. Die Arbeit endet mit zwei Anhängen, in denen zum einen alle im Korpus vorgefundenen *-bar*-Adjektive, zum anderen die häufigsten 300 Adjektive in der Reihenfolge ihrer Häufigkeit aufgelistet sind (70-78). Riehemanns Arbeit ist ein wichtiger Beitrag zu einer formalen Beschreibung von Wortbildungsprozessen am Beispiel des vermutlich produktivsten Suffixes der deutschen Sprache. Weitere Arbeiten in diesem Stil sind wünschenswert.

3.2 Qualitativ-quantitative Aspekte

In jüngster Zeit ist in verstärktem Maße die Produktivität von Wortbildungselementen, wie z.B. dem Suffix *-bar*, untersucht worden. Die Produktivität in der Wortbildung hat einen qualitativen und einen quantitativen Aspekt. Beide erfordern unterschiedliche Analysemethoden.

- Der qualitative Aspekt hängt zusammen mit der Menge der Elemente, mit denen ein bestimmtes Morphem kombiniert werden kann. So ist z.B. der Anwendungsbereich des Suffixes *-bar* auf verbale Basen beschränkt, und hier fast ausschließlich auf die transitiven Verben. Das Suffix *-sam* hingegen tritt zusammen mit verbalen Basen (*arbeit-sam*) und mit adjektivischen Basen (*selt-sam*) auf. Der Anwendungsbereich von *-bar* und damit die Menge der hiermit bildbaren Wörter ist also beschränkter als der Anwendungsbereich von *-sam*;

- der quantitative Aspekt der Wortbildung kann informell beschrieben werden als die Wahrscheinlichkeit, mit der man einem mit einem bestimmten Morphem gebildeten neuen Wort begegnet, nachdem man bereits eine bestimmte Anzahl von Wörtern beobachtet hat. In einer anderen Sichtweise wird der Produktivitätsindex bestimmt von der relativen Anzahl der Wörter, die bisher nur einmal in den beobachteten Daten auftauchten[16]. In dieser Interpretation wird man nach Analyse eines Korpus der deutschen Gegenwartssprache feststellen, dass das Suffix *-bar* relativ produktiv ist, die Produktivität des Suffixes *-sam* hingegen gegen null tendiert. Mit anderen Worten, die Wörter mit dem Suffix *-sam* sind vollständig aufzählbar.

Wie man an den obigen Beispielen sieht, sind der qualitative und der quantitative Aspekt der Produktivität von Wortbildungselementen unabhängig voneinander. Die qualitative Analyse kann anhand einer Belegsammlung durchgeführt werden. Für die quantitative Analyse ist die Analyse eines kompletten, möglichst großen Korpus allerdings zwingend notwendig. Dies hat zwei Gründe:

- Erstens kann man im Hinblick auf Vorkommenshäufigkeiten von Wörtern oder Wortbildungsmustern weder die eigene Intuition noch die Intuition anderer Muttersprachler zu Rate ziehen. Hinsichtlich quantitativer Verhältnisse ist unser Sprachgefühl zu unzuverlässig;
- zweitens muss man für die hier zur Diskussion stehende Analyse eine große Menge von Texten sukzessive nach der Anzahl und Häufigkeit der Vorkommen eines bestimmten Musters durchforsten.

Anke Lüdeling und Stefan Evert[17] untersuchen den quantitativen Aspekt der Produktivität des Suffixes *-lich*. Sie verwenden hierfür ein Zeitungskorpus von ca. 3 Millionen laufenden Wörtern. Die Analyse der Klasse aller mit *-lich* gebildeten Wörter ergibt ein ziemlich unscharfes Bild. Die Analyse wird aber präziser, nachdem die Autoren vier verschiedene Klassen gebildet haben: a) *-lich* mit adjektivischer Basis (z.B. *grün-lich*), b) *-lich* mit verbaler Basis (z.B. *vergess-lich*), c) *-lich* mit nominaler Basis (z.B. *ärzt-lich*) und d) *-lich* mit phrasaler Basis (z.B. *vorweihnacht-lich*). Die Kombination des Suffixes mit nominaler Basis

---

[16] Eine formale Beschreibung dieses als *Vocabulary Growth Curve* bezeichneten Phänomens gibt Baayen (2001).

[17] Vgl. Lüdeling und Evert (2003).

ist sehr produktiv, die Kombination mit verbaler Basis hingegen unproduktiv. Für die beiden anderen Bildungsmuster ist die Datenmenge zu gering für eine ausreichend genaue Bewertung. Die Autoren zeigen weiterhin, dass es auch unter den Nomen herausragend produktive Stämme gibt (z.B. *X-geschicht-lich*), die eine weitere Klassifizierung der Nomen nahe legen. Wie man an diesem Beispiel sieht, kann die qualitative Analyse von der quantitativen Analyse profitieren. Letztere fungiert sozusagen als Lackmustest für die Güte einer qualitativ begründeten Klassifizierung.

Anke Lüdeling, Stefan Evert und Ulrich Heid[18] zeigen aber auch, dass der automatischen Analyse von Korpora im Hinblick auf Anzahl und Häufigkeit von Wortbildungsmustern Grenzen gesetzt sind. Dies hängt mit der Fehleranfälligkeit der Analysemöglichkeiten zusammen, die eine manuelle Durchsicht der Daten beim heutigen Stand der Technik erforderlich machen. Probleme bereiten:

- Tippfehler in den Texten;
- Wörter, die zufällig mit der gleichen Zeichenkette wie das Suffix enden (z.B. *Balsam, Sesam*);
- Wörter, die scheinbar eine Derivation sind, im Grunde aber eine Komposition mit einem früher derivierten Wort (z.B. *Kadavergehorsam* → *Kadaver+Gehorsam*, nicht jedoch → *Kadavegehor-sam*). Beide Fälle sind mit den heutigen Mitteln morphologischer Analyse nicht zu unterscheiden. So wurde z.B. *unverzichtbar* gebildet durch Präfigierung von *verzichtbar*; *befahrbar* wurde gebildet durch Suffigierung von *befahren*. Nur das letzte Wort ist relevant für die die Wortbildung mit *-bar*[19].

Lüdeling und Evert zeigen das Potenzial, aber auch die Grenzen einer korpusgestützten Produktivitätsanalyse beim heutigen Stand der Technik[20]. Die Relevanz solcher Untersuchungen liegt in den folgenden Anwendungsgebieten:

- In der Lexikographie kann man sich bei unproduktiven Wortbildungselementen auf die Auflistung der wichtigsten lexikalischen Einheiten beschränken. Für produktive Wortbildungselemente ist der Ansatz eines eigenen Artikels zu erwägen, in dem die Verwendungsregularitäten erklärt werden sollten;
- im Sprachunterricht spielt die Vermittlung der morphologischen und semantischen Regularitäten produktiver Wortbildungselemente eine

---

[18] Vgl. Lüdeling et al. (2000) und Evert und Lüdeling (2001).

[19] Die Beispiele entstammen Evert und Lüdeling (2001).

[20] Die Notwendigkeit manueller Intervention ist einer der Gründe, warum die Autoren für ihre *-lich*-Studie ein relativ kleines Korpus gewählt haben.

wichtige Rolle. Es ist wahrscheinlich, dass Lerner Wörtern dieses
Bildungstyps begegnen werden, die nicht im Wörterbuch stehen[21].

4 Syntax

In der Syntaxforschung kann man drei Arten der Verwendung von Korpora unterscheiden: Erstens die Suche nach einzelnen Beispielen bzw.
Gegenbeispielen im Rahmen einer bestimmten Theorie. Zweitens die
Erhebung von Frequenzangaben zu bestimmten Phänomenen, oft im
Rahmen eines Vergleichs von konkurrierenden syntaktischen Alternativen. Der dritte Typ ist eine syntaxbasierte Auswertung von Korpora,
dessen Ergebnisse zwar Konsequenzen für eine zu Grunde gelegte syntaktische Theorie haben, aber auch als Datenbasis für weitere Untersuchungen in anderen Bereichen der Linguistik oder Computerlinguistik
genutzt werden können.

Quer zu dieser Einteilung liegt die Frage nach der Art der Korpusabfrage, welche stark mit der zur Verfügung stehenden Annotation der
Korpora gekoppelt ist. Wird nur über Wortformen gesucht oder auch
über Wortarten oder wird sogar eine weiterführende Annotation genutzt? In jedem Fall ist die Verwendung eines Suchwerkzeugs, das mit
regulären Ausdrücken arbeitet, extrem hilfreich[22]. Detmar Meurers und
Stefan Müller[23] diskutieren eine Reihe von Fallbeispielen, in denen sie
Korpusanfragen zu syntaktischen Phänomenen durchspielen. Sie erläutern anschaulich, wie man die linguistische Fragestellung in Konzepte
der Korpusannotation übersetzen kann. Siehe hierzu auch Abschnitt 3
im vierten Kapitel.

Mangels verfügbarer Ressourcen haben Syntaktiker bisher oftmals
nur mit wortbasierter Suche recherchiert z.B. Pittner (1999) oder Ehrich
(2001) auf den IDS-Korpora. Das wird sich in Zukunft wahrscheinlich
ändern, nachdem inzwischen vollständig syntaktisch annotierte Baumbanken wie *TüBa-D/Z* und *TIGER* zur Verfügung stehen. Letztere umfasst in ihrem zweiten Release vom Dezember 2005 immerhin 900 000
Token und hat damit eine beachtliche Größe erreicht.

---

[21] Korpusbasierte morphologische Analysen spielen auch in der Computerlinguistik
und hier besonders in der Computerlexikographie eine Rolle. Korpusanalysen dienen
hier dazu, das Regelhafte und das Idiosynkratische zu trennen: alles, was nicht in
Regeln gefasst werden kann, muss in Lexika beschrieben werden. Eine wichtige Rolle
spielen hier die Arbeiten im Umfeld des morphologischen Lexikons *IMSLex*, vgl.
Fitschen (2004). Wir können auf diesen Aspekt an dieser Stelle nicht näher eingehen
und verweisen auf die computerlinguistische Fachliteratur.
[22] Siehe den Exkurs zu den *Regulären Ausdrücken* in Kapitel 4 auf S. 90.
[23] Vgl. Meurers (2005), Meurers und Müller (in Vorb.).

Ein zweites Problem ist die Handhabung der Korpora: Sie zu lizenzieren und auf dem eigenen Computer zu installieren, ist nicht jedermanns Sache. Es besteht aber die Tendenz, dass in Zukunft immer mehr Ressourcen auch online zugänglich gemacht werden, so dass sich auch die technischen Hürden verringern werden.

Im Folgenden stellen wir Ihnen zu den drei eingangs genannten Typen stellvertretend ein paar Arbeiten vor. Ein Beispiel für den ersten Typ, die Suche nach Beispielen, sind die Arbeiten von Stefan Müller zur mehrfachen Vorfeldbesetzung. Er verwendet für seine Recherchen die IDS-Korpora über die Online-Anfrage COSMAS, das Material, das auf den *DigiBib*-CDs[24] zur Verfügung steht, und die Tageszeitung *taz* (persönliche Auskunft). Das Ergebnis seiner Recherche sind Beispiele wie[25]:

(1)   [Öl] [ins Feuer] goß gestern das Rote-Khmer-Radio:...

Hier stehen zwei unabhängige Konstituenten vor dem finiten Verb im Vorfeld (*Öl* bzw. *ins Feuer*). Die Belegsammlung zeigt die Natürlichkeit des Phänomens. Müller argumentiert, die Häufigkeit des Auftretens zeige, dass man die Daten, deren Existenz in der theoretischen Literatur teilweise bestritten wurde, nicht einfach ignorieren kann. Müller selbst schlägt eine Analyse im Rahmen der *Head Driven Phrase Structure Grammar* (HPSG) vor[26]. Die empirische Untersuchung macht die Vielfalt des Phänomens deutlich, wobei sich gewisse Muster in den Daten feststellen lassen[27]. Das Phänomen weist aber auch Beschränkungen auf, vgl. die Ungrammatikalität von Beispiel (2). Die empirischen Daten helfen, Kontexteigenschaften zu identifizieren, die die weitere Analyse unterstützen.

(2)   * Maria Max gab ein Buch.

In einer methodisch ähnlichen Arbeit untersucht Gabriele Kniffka die Syntax und Pragmatik von NP-Aufsplittung im Deutschen (im Rahmen der so genannten DP-Hypothese der generativen Grammatik)[28]. Die Belege geschriebener Sprache stammen bei ihr aus verschiedenen

---

[24] Vgl. DigiBib: `http://eris.hbz-nrw.de/`.

[25] Quelle: taz, 18.06.1997.

[26] Konkret nimmt er an, dass die Konstituenten im Vorfeld durch ein abstraktes Verb lizenziert sind, vgl. Müller (2005).

[27] Siehe Müller (2003) und Müllers Belegsammlung auf `http://www.cl.uni-bremen.de/~stefan`.

[28] Vgl. Kniffka (1996).

Druckerzeugnissen, zusätzlich wertet sie aber auch ein kleines Korpus
der gesprochenen Sprache aus[29].

Angelika Storrer[30] untersucht die Distribution von Nominalverbgefü-
gen (NVG) wie *Unterricht erteilen*. Ein relativ allgemeines Verb (*erteilen*) tritt zusammen mit einer Nominalisierung als Objekt (*Unterricht*)
in fester Wendung auf[31]. Storrer vergleicht die Verteilung der NVGs
mit denen des jeweiligen Basisverbs (hier *unterrichten*). Motivation für
diese Arbeit ist die immer wieder zu lesende Behauptung, dass die NVG
nur eine phrasale Umschreibung des Basisverbes sei – und zudem ein
schlechter Sprachstil. Anders als die bisher genannten Arbeiten wertet
Storrer ein spezifisches Korpus aus, das DWDS-Kernkorpus. Sie analysiert die Belege zunächst qualitativ und untersucht dabei vergleichend
das semantische und kombinatorische Potenzial von NVG und Basisverb, z.B. mögliche Selektionsrestriktionen oder Modifikationsmöglich-
keiten am Basisverb und an der Nominalisierung. Letztere bietet eine
Reihe von Optionen, die beim Basisverb nicht gegeben sind, wie die
Modifikation durch bestimmte Adjektive, durch Relativsatz oder Spezifikator sowie bestimmte Koordinationsmöglichkeiten. Belege wie (3)
im Kontrast mit dem konstruierten (4) können als Gegenbeispiel zur
‚Umschreibungsthese‘ gewertet werden.

(3)   ... dem Krieg eine Absage erteilen.

(4)   ??dem Krieg absagen.

Eine zusätzliche quantitative Auswertung zur wechselseitigen Paraphra-
sierbarkeit ergibt, dass die Basisverben mehrdeutig (*polysem*), die entsprechenden NVGs hingegen spezifischer sind und meist nur eine der
Bedeutungen des Basisverbs tragen. Die NVG erlaubt es demnach Ambiguitäten zu vermeiden. Zum Beispiel ist *unterrichten* ambig zwischen
den Lesarten *mitteilen* und *lehren*, während *Unterricht erteilen* nur die
eine Bedeutung hat. Das Fazit der Studie ist, dass Nominalverbgefüge
keine ‚semantischen Dubletten‘ des Basisverbs sind – die oben erwähnte Stilfrage stellt sich damit nicht. Storrers Arbeit leitet direkt zum
zweiten Verwendungstyp über, dem der Frequenzerhebung.

---

[29] Jan-Philipp Soehn sammelt ebenfalls Belege aus diversen Quellen und entwickelt
darüber eine HPSG-Analyse zu idiomatischen Wendungen, vgl. (Soehn, 2006). Wir
erwähnen die Arbeit, weil sie eine interessante Datensammlung für weitere Untersuchungen auf CD bereithält.

[30] Vgl. Storrer (2006a).

[31] Die Klasse der Nominalverbgefüge ist in sich nicht homogen. Storrer (2006b) diffe-
renziert hier weiter und stellt einen korpusbasierten Vergleich von zwei Unterklassen
vor.

Die beiden folgenden Arbeiten erheben Frequenzdaten auf einem syntaktisch annotierten Korpus. Sie sind beide an der Distribution von Relativsätzen interessiert und verbinden die Untersuchung der Korpusfrequenz mit psycholinguistischen Experimenten. In der ersten Arbeit untersuchen Uszkoreit et al.[32], welche Faktoren einen Einfluss darauf haben, ob ein Relativsatz adjazent, d.h. direkt benachbart, zu seinem Bezugsnomen steht oder extraponiert im Nachfeld auftritt.

(5)   Er hat [das Buch, [das er gestern erst gekauft hat],] heute gelesen.

(6)   Er hat [das Buch] heute gelesen, [das er gestern erst gekauft hat].

Sie verwenden eine Vorstufe des NEGRA-Korpus mit 12 000 vollständig syntaktisch annotierten Sätzen, welches sich aber als zu klein erwies, so dass sie auf ein weiteres Korpus zurückgreifen. Die Untersuchung kann damit auf einer Textbasis von 1 Millionen Wörtern durchgeführt werden[33]. Das Ergebnis der quantitativen Studie legt eine performanzorientierte Erklärung der Distribution nahe. Bestimmend sind die Faktoren *Distanz* (zwischen Bezugsnomen und potenzieller extraponierter Position) und *Länge* (Gewicht des Relativsatzes in Wortanzahl). Eine ähnliche Auswertung, diesmal auf dem kompletten NEGRA-Korpus, wird von Schade et al.[34] durchgeführt. Sie suchen nach geschachtelten Relativsätzen in der geschriebenen Sprache und finden Beispiele wie (Klammerung wurde hinzugefügt):

(7)   Er hat jene Heiterkeit, [die ein Tierlehrer, [der an sich auf Pferdedressuren geeicht ist], braucht], um auch ein so spaßiges Spektakel wie den „Schweizer Bergbauernhof" durchzustehen.

Um einen Eindruck von der spontanen Produktion zu bekommen, werten sie auch die Verbmobil-Baumbank zur gesprochenen Sprache aus[35]. Dort finden sie keine geschachtelten Relativsätze, sondern nebengeordnete Strukturen wie (Klammerung wiederum hinzugefügt):

(8)   Ja, also erstmal zum Hotel: Da haben wir noch drei verschiedene Hotels, [die wir Ihnen anbieten können], [die noch Zimmer frei haben].

---

[32] Vgl. Uszkoreit et al. (1998).
[33] Das zweite Korpus ist nur POS-annotiert und erfordert, wie die Autoren bemerken, viel zeitaufwändige Handarbeit in der Auswertung.
[34] Vgl. Schade et al. (2003).
[35] Die Verbmobil-Baumbank ist 2005 als *TüBa-D/S* veröffentlicht worden.

Die beiden Korpusstudien verwenden Schade et al. als Ausgangsbasis
für ihre weiterführenden psycholinguistischen Experimente zur Relativ-
satzperzeption.

Eine Arbeit, die in den dritten Verwendungsbereich fällt, also die
syntax-basierte Korpusauswertung für weitere Anwendungen, stellt Nadine Aldinger[36] vor. Sie entwickelt auf der Basis einer halbautoma-
tischen Textanalyse Regeln, die man einsetzen kann, um verschiedene Lesarten von Genitivattributen deverbaler Nomen zu unterscheiden.
Das klingt kompliziert, gemeint sind damit Beispiele wie:

(9)   (...) die Bodenmessungen des städtischen Umweltamtes (...)

(10)   (...) Vermietung ganzer Etagen an polnische Landarbeiter (...)

Das Interessante hierbei ist, dass der jeweilige postnominale Genitiv
(*des städtischen Umweltamtes* bzw. *ganzer Etagen*) beim zugrunde liegenden Verb (hier also *messen* und *vermieten*) unterschiedliche Funktionen einnehmen kann (*das Umweltamt* als Subjekt und *ganze Etagen*
als Akkusativobjekt). Zu erkennen, um welche Lesart es sich handelt,
ist eine wichtige Grundlage für verschiedene Anwendungen in der Computerlinguistik, z.B. für die Informationsextraktion. Aldinger verwendet
das *Frankfurter Rundschau Korpus* am Institut für Maschinelle Sprachverarbeitung in Stuttgart. Das Korpus umfasst 40 Millionen Wörter, ist
lemmatisiert, automatisch getaggt und (rekursiv) gechunkt. Sie extrahiert mit Hilfe der Abfragesprache *Corpus Query Processor* (CQP) Beispiele, die durch die vorhandene Annotation automatisch nach folgenden Merkmalen sortiert werden können: Beim deverbalen Kopfnomen
(hier *Bodenmessung* bzw. *Vermietung*) speichert Aldinger z.B. Numerus, Definitheit, Kasus, ggf. den Spezifikator (Wort und Wortart) und
die adjektivischen Modifikatoren sowie den Nicht-Kopfanteil bei Komposita (*Boden* von *Bodenmessungen*); bei einer dem Genitiv nachgestell-
ten PP die Präposition und den Kasus der eingebetteten NP. Für die
Genitiv-NP selbst notiert sie u.a. Numerus, Definitheit und das Kopf-
lemma. Wir geben die Liste der Kontextfaktoren so detailliert wieder,
um klar zu machen, dass die für die Interpretation des Genitivs ver-
antwortlichen komplexen Zusammenhänge der Faktoren nur empirisch
festzustellen sind, d.h. nur durch eine quantitative Studie aufgedeckt

---

[36] Vgl. Aldinger (2005).

werden können[37]. Diese Art von Daten entziehen sich der Introspektion[38].

Timm Lichte[39] arbeitet ebenfalls mit einem (rekursiv) gechunkten Korpus, der TüPP-D/Z. Er verwendet 2.7 Millionen Sätze des Gesamtkorpus, um automatisch Negative Polaritätselemente (NPI)[40] zu identifizieren. NPIs sind Ausdrücke, die nur im Umfeld von bestimmten negativen Ausdrücken und Fragekontexten lizenziert sind wie *(nicht) ganz geheuer*. Lichte legt die Annahme zu Grunde, dass sich NPIs und ihre Lizenzierer wie Kollokationen verhalten. Außer der Menge der Lizenzierer gelten alle anderen Lemmata des Korpus als potentielle NPIs[41]. Sein System erstellt eine Rangliste der Lemmata, die manuell überprüft werden muss. Unter den obersten 20 Kandidaten findet man schöne Beispiele wie *verdenken*, *unversucht*, *umhin* oder *lumpen*. Lichte zeigt auch auf, wie seine Methode auf Mehrwort-NPIs erweitert werden kann. In einem Experiment dazu erhält er Kandidaten wie *unversucht lassen*, *ganz geheuer*, *umhin zu kommen* oder *lumpen lassen*.

5 Computerlinguistik

Die Computerlinguistik ist ein Bereich, in dem Korpora eine wichtige Rolle spielen. Zunächst dienen sie einfach als Datenquelle für das empirische Arbeiten. Der Computerlinguist sichtet Korpusdaten, um seine Hypothesen, Modelle oder Programme an authentischem Material zu entwickeln und zu prüfen. In diesem Vorgehen unterscheidet er sich nicht von anderen Linguisten.

Der Unterschied besteht darin, dass der Computerlinguist die Korpora auch in großem Maßstab zum Entwickeln und Prüfen seiner Programme nutzen kann. Was ist damit gemeint?

Bei der Entwicklung von Programmen nutzt er die Frequenzinformationen, die in einem Korpus stecken, z.B. beim *Training* von statistischen Programmen[42]. Diese Programme beinhalten Regeln, deren Anwendungen über so genannte Gewichte gesteuert werden. Eine Regel mit höherem Gewicht wird bevorzugt angewendet. Die Werte für die

---

[37] Siehe z.B. die *Multivariate Analysis* in McEnery und Wilson (2001, S. 88f.).

[38] Eine methodisch sehr ähnliche Arbeit wird von Kathrin Beck in (Beck, 2006) durchgeführt. Sie wertet Kontextfaktoren für die Interpretation von Präpositionalergänzungen von *ung*-Nominalisierungen in der TüBa-D/Z aus.

[39] Vgl. Lichte (2005).

[40] *Negative Polarity Item* (NPI).

[41] Lichte beschränkt die Untersuchung auf Lemmata, die häufiger als 40 mal im Korpus vorkommen. Er erhält damit eine Ausgangsmenge von fast 35 000 Lemmata.

[42] Im vierten Kapitel hatten wir Ihnen im Exkurs zum Part-of-Speech Tagging z.B. das Training des Brill-Taggers vorgestellt.

Gewichte werden aus Korpora abgeleitet, indem man die Wahrscheinlichkeiten für die Regeln anhand eines Korpus ermittelt (in der Computerlinguistik sagt man, das Programm *lernt* die Wahrscheinlichkeiten
beim *Training*). Stark vereinfacht zählt das Programm dabei, wie oft
eine Regel bei der Analyse des Korpus angewendet wird[43].

Ein Beispiel für das Lernen aus Korpora ist die *Grammatikindukti-
on*. Aus den Annotationsstrukturen des Korpus werden Frequenzen für
Grammatikregeln abgelesen. Im Extremfall leitet man sogar die Grammatikregeln selbst aus dem Korpus ab (Anette Frank[44] erzeugt z.B.
eine lexikalisierte *Tree Adjoining Grammar* auf der Basis des NEGRA-
Korpus).

Das Training kann auch nur indirekt auf einem Korpus stattfinden. Manchmal werden zuerst Daten aus einem Korpus extrahiert
und zum Beispiel in einer Datenbank gesammelt. Die im Abschnitt
zur Syntax beschriebenen Arbeiten von Nadine Aldinger und Timm
Lichte sind Beispiele dafür. Aldinger sammelt komplexe syntaktische
und morphologische Informationen zu Genitivergänzungen von *-ung*-
Nominalisierungen, um die Lesarten der Ergänzungen vorherzusagen.
Lichte listet Kookkurrenzen von Wörtern und Lizenzierern für Negative Polaritätselemente auf, um mit Hilfe eines statistischen Programms
Kandidaten für Negative Polaritätselemente zu bestimmen.

Sabine Schulte im Walde[45] zeigt, wie man mit computerlinguistischen Methoden die Verbklassen von Levin (1993) auf deutschen Daten
nachvollziehen kann. Sie trainiert zunächst eine Grammatik auf dem
Huge German Corpus, um Frequenzinformationen über Verben, deren
Argumentrahmen und die aufgetretenen nominalen Realisierungen der
Argumente zu erfassen. In einem zweiten Schritt entwickelt sie ein Programm, das aus diesen Informationen Klassen von Verben bilden kann
(das Programm *clustert* die Verben in Gruppen), z.B.[46]:

(11)   Verben, die sich auf eine Basis beziehen:
        basieren, beruhen, resultieren, stammen

(12)   Verben der Maßänderung:
        reduzieren, senken, steigern, verbessern, vergrößern, verklei-
        nern, verringern, verschärfen, verstärken, verändern (...)

---

[43] Zwei empfehlenswerte englischsprachige Einführungen zur statistischen Sprachverarbeitung sind Jurafsky und Martin (2000) und Manning und Schütze (1999).
[44] Vgl. Frank (2001).
[45] Vgl. Schulte im Walde (2003).
[46] Wir stellen hier nur korrekte Beispiele vor, um das Ergebnis zu veranschaulichen.
Das Programm clustert teilweise auch Verben in eine Gruppe, die keine gemeinsame
Bedeutung besitzen.

Eine weitere Verwendungsweise von Korpora in der Computerlinguistik ist das Testen von Programmen, anders ausgedrückt die *Evaluierung*. Hierzu benötigt man ein linguistisch annotiertes Korpus (den *Gold Standard*), das idealerweise mit den Strukturen annotiert ist, die das Programm erzeugen soll. Der Idealfall ist allerdings nicht immer gegeben, da – wie Sie ja inzwischen wissen – Annotation sehr aufwändig und kostenintensiv ist. Man muss manchmal Kompromisse eingehen und z.B. die Ausgabe des eigenen Programms auf das vorgegebene Format des Testkorpus abbilden. Letzteres hat den einen Vorteil, dass man auf diese Art verschiedene Programme unmittelbar anhand desselben Testkorpus vergleichen kann. Wenn man testet, muss man sich klar machen, dass auch das Testkorpus Fehler enthalten kann. Es bietet sich daher an, als obere Grenze bei einer Evaluierung nicht 100% Übereinstimmung zu verlangen, sondern sich an der Übereinstimmung der Annotatoren des Gold Standards zu orientieren (am *Inter Annotator Agreement*).

6 Lexikologie und Lexikographie

Der Nutzen von Korpora für die Lexikographie ist vielfältig, was an anderer Stelle ausführlich beschrieben wird[47]. Wir wollen uns hier auf eine Zusammenfassung aus der Sicht des lexikographischen Prozesses und auf einige Felder beschränken, die auch für das Deutsche gut bearbeitet wurden.

Aus der Sicht des lexikographischen Prozesses[48] werden Korpora in den folgenden Phasen konsultiert:

- Bei der Wörterbuchplanung, besonders bei der Finanzplanung, spielen die Existenz und die Verfügbarkeit von Korpora für den durch das Wörterbuch zu beschreibenden Gegenstand eine Rolle. Wichtig sind auch die Werkzeuge, die die für die Lexikographen relevanten Informationen aus den Korpora extrahieren und präsentieren. Hier ist möglicherweise Entwicklungs- und Anpassungsarbeit notwendig.
- Korpora können wichtige Hinweise für die Lemmaauswahl geben. So kann die Häufigkeit, mit der eine lexikalische Einheit in einem Korpus vorkommt, darüber entscheiden, ob sie in die Lemmaliste eines Wörterbuchs aufgenommen wird oder nicht[49].

---

[47] Vgl. Engelberg und Lemnitzer (2001), Wiegand (1998) und die dort erwähnte Literatur sowie, für das Englische, Ooi (1998).

[48] Vgl. hierzu vor allem Kapitel 6 in Engelberg und Lemnitzer (2001).

[49] Ausführlich hierzu Scholze-Stubenrecht (2002).

• Den Hauptteil lexikographischer Arbeit bildet das Erstellen der Wörterbuchartikel zu den Lemmata. Bei einem allgemeinsprachlichen
  Standardwörterbuch müssen die lexikalischen Zeichen auf allen linguistischen Ebenen beschrieben werden. Hierfür bilden Korpora eine
  Informationsquelle. Betrachten wir ein Beispiel. Es muss beschrieben
  werden, ob bestimmte Verben, die mentale Zustände ausdrücken –
  wissen, glauben, meinen etc.
  – mit *dass*-Sätzen und *ob*-Sätzen als Ergänzung verwendet werden
    können; wenn dies der Fall ist
  – welches, wenn beide Ergänzungen möglich sind, die häufigere Variante ist oder ob eine der beiden Varianten sehr selten ist, und
    weiter
  – ob die Verwendung der Ergänzungen auf bestimmte Kontexte beschränkt ist, z.B. negative Kontexte oder bestimmte Zeitformen
    des Verbs:

(13)   *Ich weiß, ob das geht.

(14)   Ich weiß *nicht*, ob das geht.

(15)   *Er wusste, ob das geht.

(16)   Er *wird* schon wissen, ob das geht[50].

Diese subtilen Unterscheidungen können am besten durch die gründliche Analyse eines Textkorpus ermittelt werden.

• Korpora stellen eine wichtige Quelle von Verwendungsbeispielen dar.
  Lexikographen können auf Grund ihrer Sprachkompetenz zwar Beispiele erfinden, es hat sich aber erwiesen, dass diese bei weitem nicht
  an die Qualität von Korpusbelegen heranreichen[51].

• Die Häufigkeit ihrer Verwendung kann ein wichtiges Kriterium für
  die Anordnung von Lesarten in einem Artikel für ein sprachliches
  Zeichen sein. Vor allem in Lernerwörterbüchern sollte das Häufige
  vor dem Seltenen erscheinen oder das Seltene sogar unerwähnt bleiben, je nach Umfang des Wörterbuchs.

• Ein wichtiger Aspekt der Verwendung lexikalischer Zeichen ist ihre Verwendung in typischen Kotexten. Manche lexikalischen Zeichen
  tauchen in nur einem oder sehr wenigen Kotexten auf (z.B. *Hehl*,

---

[50] Wir empfehlen Ihnen, in einem Wörterbuch ihrer Wahl nachzuschlagen und zu prüfen, ob Sie auf die Fragen, die wir hier gestellt haben, eine Antwort finden. Wenn Sie
Muttersprachler sind, versetzen Sie sich in die Situation eines Nichtmuttersprachlers, der diese Verben korrekt verwenden möchte. Oder machen Sie den Test mit
einem Wörterbuch einer anderen Sprache.

[51] Luise Pusch hat eine lesenswerte Satire geschrieben, für die sie reichlich Beispiele der
von den Duden-Redakteuren produzierten Belegprosa verwendet, vgl. Pusch (1984).

fackeln), viele lexikalische Zeichen treten typischerweise mit einer kleinen Anzahl anderer lexikalischer Zeichen auf und bilden mit diesen Kollokationen oder idiomatische Wendungen (typische Begleiter von *hart* sind z.B.: *Bandagen, Droge, Leben, Währung*). Statistische Verfahren, auf großen Korpora angewendet, geben Auskunft über diese typischen Paarungen. Auch hier sind Korpora der sprachlichen Intuition selbst der erfahrensten Lexikographen überlegen.

• In den Produktionsphasen nach der Erstellung der Wörterbuchartikel – Korrektur und Drucklegung – spielen Korpora naturgemäß eine geringe Rolle. Einzelne Entscheidungen in der Korrekturphase können bei Bedarf an Korpora überprüft werden. In der Phase der Materialsammlung zwischen zwei Auflagen eines Wörterbuchs kommt Texten, die nach der Drucklegung der letzten Auflage erschienen sind, wieder eine größere Bedeutung zu.

Die Werkzeuge, die Lexikographen typischerweise für diese Arbeit verwenden, sind Programme für die quantitative Analyse von Korpora, um z.B. die Verwendungshäufigkeit bestimmter lexikalischer Zeichen – insgesamt oder in bestimmten Lesarten – oder typische Kombinationen sprachlicher Zeichen zu ermitteln. Des Weiteren werden Programme verwendet, die für ein bestimmtes lexikalisches Zeichen alle Vorkommenskontexte in einer vom Lexikographen festlegbaren Anordnung präsentieren[52]. Die Kombination dieser Werkzeuge hilft, aus dem Meer der Texte durch Auswahl und Filterung der Daten den Lexikographen die Informationen zu liefern, die sie für ihr Handwerk der lexikalischen Beschreibung benötigen[53].

Wir werden uns im Folgenden auf drei Felder konzentrieren, auf denen die germanistische Korpuslinguistik bereits einige Erfolge erzielen, d.h. interessante und relevante Ergebnisse zu Tage fördern konnte. Dies sind die Lexikonbereiche der Neologismen und Anglizismen sowie die Kombination einzelner lexikalischer Zeichen in Kollokationen und festen Wendungen.

6.1 Kollokationen und Phraseme

Als Kollokation wird das gemeinsame Vorkommen zweier sprachlicher Zeichen miteinander bezeichnet. Ein Element einer Kollokation tritt im

---

[52] Diese Werkzeuge präsentieren ‚Keywords in Context', und werden deshalb KWIC-Tools genannt, die Daten, die sie erzeugen, *Konkordanzen*. Wir gehen in Abschnitt 3 näher darauf ein.

[53] Ein Desiderat sind allerdings immer noch Werkzeuge, die automatisch die Belege auswählen, in denen ein Schlüsselwort in einer bestimmten Lesart verwendet wird. Dies ist ein Forschungsgegenstand der Computerlinguistik.

Umfeld des anderen Teils auf. So kommt im vorletzten Satz z.B. *als* im Umfeld von *Kollokation* vor, *sprachlicher* im Umfeld von *Zeichen* etc. Wichtig ist, dass dieses gemeinsame Vorkommen nicht zufällig ist. Nun kann man mit Recht behaupten, dass die Wahl eines Wortes in einem durchdachten Text niemals zufällig ist. Wir müssen es also etwas anders formulieren. Wir sprechen von einer Kollokation, wenn ein lexikalisches Zeichen ein anderes lexikalisches Zeichen als Kotext bestimmt, meist unter Ausschluss anderer, bedeutungsähnlicher Zeichen. Der Charakter dieser Auswahl wird deutlich, wenn wir einige in etwa gleichbedeutende Wortverbindungen in verschiedenen Sprachen betrachten. In Tabelle 10 haben wir einige Paare zusammengestellt.

Sprache 1	Sprache2	Wörtliche Übersetzung
Schlange stehen	sp: hacer cola	Schlange machen
sich die Zähne putzen	fr: se laver les dents	sich die Zähne waschen
den Tisch decken	en: lay the table	den Tisch legen
dichtes Haar	en: thick hair	dickes Haar
harte Währung	fr: devises fortes	starke Währung

Tabelle 10: Kollokationen in verschiedenen Sprachen

Man sieht an den Daten in Tabelle 10, dass

- die Auswahl eines Wortes durch ein anderes arbiträr und zugleich in einer Einzelsprache konventionalisiert ist, es sich also bei Kollokationen um komplexe sprachliche Zeichen handelt;
- die Auswahl eines Wortes durch ein anderes sich nicht regelhaft beschreiben lässt. Man *putzt* sich die Zähne und *wäscht* sich die Haare oder Hände, man ist mit etwas *hoch* zufrieden oder über etwas *stark* enttäuscht oder gar von etwas *voll* genervt. Diese Wortverbindungen müssen deshalb als Ganzes gelernt bzw. im Wörterbuch gesucht werden.

Als Kollokation im weiteren Sinn hat man im Umfeld des Kontextualismus jedes gemeinsame Vorkommen zweier Wörter im gleichen Kotext bezeichnet[54]. Dieser sehr weite Begriff wird bereits im Umfeld des Kontextualismus weiter eingegrenzt, zunächst auf die Wortpaare, die übli-

---

[54] „[...] innerhalb der britischen Schule des Kontextualismus [...] wurde unter *Kollokation* das faktische Miteinandervorkommen zweier oder mehrerer beliebiger Wörter und/oder lexikalischer Einheiten [...] verstanden [...]. Der Terminus *Kollokation* war in der Theorie des Kontextualismus an keinerlei normative Bewertung hinsichtlich Korrektheit oder Grammatikalität der untersuchten Wortverbindungen gekoppelt.", vgl. Lehr (1996), S. 2.

cherweise miteinander vorkommen[55]. Sidney Greenbaum berücksichtigt zudem die syntaktischen Relationen zwischen den miteinander vorkommenden Wörtern[56]. So könnten die Beziehungen zwischen den miteinander vorkommenden Wörtern der Wortklassen Nomen und Adjektiv oder Nomen und Verb gezielt untersucht werden. Die Verbindung von *Als* und *Kollokation* aus unserem obigen Beispiel würde sich dagegen nicht als Kollokation qualifizieren.

Franz Josef Hausmann schließlich führt den Unterschied zwischen Basis und Kollokator ein. Zwischen diesen beiden Elementen besteht eine gerichtete Beziehung; die Basis bestimmt den Kollokator. Welche Konsequenzen für die Lexikographie das hat, wollen wir an dem Beispiel der Kollokation *schütteres Haar* erläutern. Wenn ein Sprecher oder Schreiber einen Text produzieren möchte, dann ist ihm daran gelegen zu erfahren, welche Prädikate dem Gegenstand *Haar* sprachlich zugeschrieben werden können (z.B. *lang, kurz, blond, rot, braun, graumeliert, strähnig, voll, dicht, schütter*). Dieser potenzielle Benutzer eines Wörterbuchs wird bei der Basis (*Haar*) nachschlagen, um Unsicherheiten bei der Wortwahl zu klären. Hausmann geht es in erster Linie um die Verbesserung der lexikographischen Praxis, die in Einklang zu bringen sei mit den unterschiedlichen Nachschlagebedürfnissen von Benutzern, die einen Text verstehen, und Nutzern, die einen Text erstellen wollen[57]. Wir teilen Hausmanns Meinung, dass es sinnvoll ist, dem Begriff *Kollokation* ein schärferes Profil zu geben. Für sprachtechnologische Zwecke aber mag es genügen, die Wortpaare zu finden, die häufiger als erwartbar miteinander vorkommen. Um beiden Phänomenen gerecht zu werden, wollen wir hier zwischen *Kookkurrenz* und *Kollokation* (im engeren Sinn) unterscheiden.

- Als *Kookkurrenz* soll das gemeinsame Vorkommen zweier Wörter in einem gemeinsamen Kotext betrachtet werden. Die Länge des betrachteten Kotextes kann als Textfenster einer bestimmten Länge festgelegt werden. Im Allgemeinen wird vom einzelnen Beleg abstrahiert und das gemeinsame Vorkommen zweier Wörter in vielen Kotexten betrachtet werden. Es kann zudem die Reihenfolge des Auftretens beider Wörter in den Belegen als unterscheidendes Kri-

---

[55] „By collocation is meant the *habitual* association of a word in a language with other particular words in sentences." (Robins 1964, zit. nach Lehr (1996), S. 5).

[56] „A more valuable, if more modest, contribution might be made to the study of collocations if a relatively homogenous class of items were selected and an investigation undertaken of the collocation of each item in the class with other items that are related syntactically in a given way.", vgl. Greenbaum (1970), S. 13.

[57] Zu dieser Position vgl. vor allem Hausmann (1985) und Hausmann (2004).

terium zweier Kookkurrenzen festgelegt werden[58]. Ferner kann festgelegt werden, dass die Wörter einer Kookkurrenz häufiger (im gegebenen Textfenster) miteinander vorkommen, als dies der Fall wäre,
wenn die Wörter zufällig verteilt wären. Man spricht in diesem Fall
von einem *signifikanten* Kovorkommen beider Wörter und verwendet statistische Assoziationsmaße, um dies zu messen[59].

- Eine *Kollokation* muss natürlich den oben genannten Kriterien genügen, darüber hinaus aber auch eine innere Struktur, in Form einer Hierarchie zwischen Kollokationsbasis und Kollokator aufweisen.
  Darüber hinaus müssen die Glieder einer Kollokation in einer syntaktischen Beziehung zueinander stehen, z.B. als Köpfe einer Verbalphrase und einer gleich- oder untergeordneten Nominalphrase,
  oder als Kopf einer Nominalphrase und Kopf einer untergeordneten
  Adjektivphrase[60].

Es ist offensichtlich, dass Korpora für das Aufspüren von Kookkurrenzen und Kollokationen von großem Nutzen, wenn nicht gar unverzichtbar sind. Je größer das Korpus, desto mehr Belege für ein beliebiges
Wortpaar wird man darin finden. Dies macht die darauf basierenden
Statistiken zuverlässiger. Im einfachsten Fall, dem der Kookkurrenz,
reicht es, das Korpus in eine Menge von Textfenstern aufzuteilen und
zu ermitteln: a) in wie vielen Festern $Wort_1$ und $Wort_2$ gemeinsam vorkommen, b) in wie vielen Fenstern nur $Wort_1$ vorkommt, c) in wie vielen Fenstern nur $Wort_2$ vorkommt und d) in wie vielen Fenstern weder
$Wort_1$ noch $Wort_2$ vorkommen. Die meisten Assoziationsmaße setzen
diese vier Werte bzw. ihre Summen miteinander in Beziehung. Das Ergebnis der Anwendung eines Assoziationsmaßes auf ein Wortpaar ist
eine Kennziffer, durch die dieses Wortpaar mit anderen Wortpaaren in
Beziehung gesetzt werden kann. Wortpaare mit hohen Kennziffern sind
signifikante Kookkurrenzen und damit gute Kandidaten für Kollokationen. Die anderen Bedingungen für eine Kollokation müssen allerdings
auch gegeben sein. Um dies zu prüfen, braucht man ein Korpus, bei dem
zumindest die Wortarten annotiert sind, oder eine Belegsammlung.

Elisabeth Breidt wendet ein solches Verfahren auf ein wortartenan-
notiertes Korpus an, um Nomen-Verb-Kollokationen zu ermitteln[61]. Lothar Lemnitzer[62] experimentiert mit verschiedenen Assoziationsmaßen

---

[58] Die Wortfolge *doch eben* bedeutet eben doch etwas anderes als die Wortfolge *eben
doch.*

[59] Eine Übersicht über statistische Assoziationsmaße geben Lemnitzer (1997), Kapitel
4, und Evert (2004).

[60] Einige Beispiele für diese Beziehungen befinden sich in Tabelle 10.

[61] Vgl. Breidt (1993).

[62] Vgl. Lemnitzer (1997), Kap. 4.

und arbeitet ebenfalls mit einem wortartengetaggten Korpus, belässt es aber bei einer Fallstudie, den Kollokanten des lexikalischen Zeichens *hart*.[63]. Joachim Wermter und Udo Hahn extrahieren Kollokationen zwischen Präpositionalphrasen und Verben aus einem großen, ebenfalls wortartengetaggten Korpus[64]. Von hoher praktischer Relevanz sind schließlich auch die Arbeiten am Institut für maschinelle Sprachverarbeitung der Universität Stuttgart. Stellvertretend sei hier auf die Arbeit von Heike Zinsmeister und Ulrich Heid hingewiesen[65]. Die Autoren extrahieren aus einem getaggten und partiell geparsten Zeitungskorpus Kombinationen von Verb, Nomen und modifizierendem Adjektiv, trennen die relevanten von den irrelevanten Kombinationen und klassifizieren die relevanten Tripel halbautomatisch in sechs Klassen, die das Spektrum von der idiomatischen Wendung (z.B. *offene Türen einrennen*) bis zur gänzlich freien Fügung (z.B. *konkrete Zahlen nennen*) abdecken. Die Relevanz dieser Arbeit für die praktische Lexikographie ist offensichtlich. Die Autoren diskutieren auch die Grenzen und Probleme ihres Ansatzes. So gibt es zur Zeit kein Verfahren, das auf der Basis der Unterschiede der sechs Klassen eine vollständige und vollkommene Klassifizierung erreichen kann[66].

Es ist davon auszugehen, dass die Extraktion von Kollokationen und anderen mehrwortigen Lexemen zur Alltagspraxis in den großen deutschen Wörterbuchredaktionen gehört, es ist aber nicht zu erwarten, dass man von dort Interessantes über diese Arbeit erfahren wird. Es bleibt zu hoffen, dass die Korpusarbeit sich positiv auf die Qualität der Wörterbücher gerade in diesem Bereich auswirkt[67].

Die korpusbasierte Untersuchung von festen Redewendungen, *Phraseme* genannt, steht hinter der Untersuchung von Kollokationen bisher deutlich zurück. Eine Ausnahme bildet eine Arbeitsgruppe um Christiane Fellbaum an der Berlin-Brandenburgischen Akademie der Wissenschaften. Diese Gruppe hat es sich zum Ziel gesetzt, systematisch, möglichst vollständig und mit synchroner und diachroner Perspektive

---

[63] Vgl. Lemnitzer (1997), Kap. 5. Das Hauptziel dieser Arbeit ist es, korpusgestützt Mehrwortlexeme zu ermitteln, Kollokationen sind dort nur ein Aspekt unter mehreren.

[64] Vgl. Wermter und Hahn (2004). Zwei ihrer Beispiele sind *unter Druck geraten* und *in den Griff bekommen*.

[65] Vgl. Zinsmeister und Heid (2003).

[66] Einige Beispiele für alle sechs Klassen werden in Zinsmeister und Heid (2003), Tabelle 5, präsentiert.

[67] Hausmann kritisiert u.E. völlig zu Recht die Einordnung vieler Kollokationen unter dem Stichwort des Kollokanten und zudem das Fehlen vieler Kollokationen im Duden Stilwörterbuch, einem Wörterbuch also, das vor allem auf die Benutzung als Produktionswörterbuch angelegt ist, vgl. Hausmann (2004), S. 310.

die Gruppe der aus einer Verbalphrase und einer untergeordneten Nominalphrase bestehenden Phraseme zu untersuchen[68]. Phraseme zeichnen
sich dadurch aus, dass

- sie nach der Grammatik der entsprechenden Sprache nicht immer
  wohlgeformt sind (z.B. *ganz Ohr sein*);
- sie semantisch intransparent sind, die einzelnen Bestandteile also
  nicht die Bedeutung haben, die sie in freier Verwendung haben (z.B.
  die Katze aus dem Sack lassen);
- sie nur begrenzt modifizierbar sind (vgl. *einen Kater haben, einen
  furchtbaren Kater haben, einen grau gescheckten Kater haben*, im
  letzten Fall geht die idiomatische Lesart – unter den Folgen über-
  höhten Alkoholgenusses leiden – verloren)[69].

Die von Fellbaum und ihrem Team untersuchten verbalen Phraseme
zeichnen sich dadurch aus, dass sie oft komplexe Sachverhalte benennen
und deshalb nicht einfach in die semantischen Strukturen des Lexikons
einer Sprache eingefügt werden können[70].

In einer detaillierten Arbeit untersuchen sie die Funktion der hoch-
gradig unspezifischen Pronomen *etwas* und *ein(en)* als Ergänzungen
verbaler Phraseme[71]. In manchen Fällen haben diese Ergänzungen Argumentstatus und referieren auf etwas, wenn auch sehr Unspezifisches
(z.B. *etwas auf der hohen Kante haben*). In anderen Fällen hat *etwas*
keinen Argumentstatus und referiert nicht (z.B. *jemandem etwas hus-
ten*). Die Autoren vermuten, dass der „Platzhalter" hier grammatische
Funktionen übernimmt. Zum einen ermöglicht er die Einführung eines
indirekten Objekts (das die Existenz eines direkten Objekts voraus-
setzt; *etwas* füllt diesen Platz aus). Zum anderen erzwingt *etwas* die
Interpretation des Verbs und damit des gesamten Phrasems als zeitlich
eingegrenztes Ereignis. Zwischen diesen beiden Verwendungen von *etwas* gibt es, wie die Autoren zeigen, etliche Zwischenstufen. Ähnliche
Befunde werden bei der Analyse von *ein(en)* ermittelt.

Die Arbeit ist vor allem für die lexikographische Praxis relevant. Da
die beiden Hauptfunktionen von *etwas* und *ein(en)* die möglichen Modi-
fikationen des Phrasems im Gebrauch beeinflussen, sollten bei der lexi-

---

[68] Vgl. Fellbaum (2002), Abschnitt 6.

[69] Für eine detaillierte Analyse vgl. Keil (1997).

[70] *einen zwitschern* ist eben mehr als eine bestimmte Art zu trinken, das Phrasem
evoziert eine ganze Szene, bei der das Trinken alkoholischer Getränke eine Rolle
spielt. Dieses „mehr" ist es, was die Forscher vor allem interessiert, vgl. Fellbaum
(2002), Abschnitt 3.

[71] Vgl. Fellbaum et al. (2004).

kographischen Ansatzform diese beiden Elemente zumindest graphisch unterschieden werden[72].

6.2 Neologismen

Im weitesten Sinne sind Neologismen sprachliche Zeichen, also Wörter, Bedeutungen und Wendungen, die zu einem bestimmten Zeitpunkt von den Sprechern, die sie verwenden, als neu empfunden werden.

Neologismen können von ihrer Form her unterteilt werden in Neulexeme und Neubedeutungen. Das Wort *Podcast* ist vor nicht allzu langer Zeit als ein Neulexem in den deutschen Sprachgebrauch aufgenommen worden, da es diese Wortform im Deutschen Lexikon bisher nicht gab[73]. Das Wort *Maus* hingegen erhielt in den frühen siebziger Jahren eine Neubedeutung, es bezeichnet seitdem ein Peripheriegerät am Computer.

Neologismen können weiterhin an Hand des Grades ihrer Lexikalisierung und ihrer Integration in den deutschen Sprachgebrauch unterschieden werden. Danach bezeichnen Neologismen im engeren Sinn Wörter, die weitgehend lexikalisiert sind. Sie werden relativ häufig und bereits über einen längeren Zeitraum verwendet und in die Neuauflagen allgemeinsprachlicher Wörterbücher aufgenommen. Hierzu gehört sicher das Verb *simsen* (=eine SMS verschicken). Daneben gibt es die Gelegenheitsbildungen, die nur ein oder wenige Male verwendet werden, danach wieder in Vergessenheit geraten und auch nicht in Wörterbücher aufgenommen werden. Ein Beispiel hierfür ist das Wort *semimerkelig* (womit eine Frisur im Stil von Angela Merkel bezeichnet wurde). Diese sogenannten *Okkasionalismen* sind von der Lexikographie und Lexikologie lange Zeit als uninteressant abgetan worden. Sie bieten aber für die Wortbildungsforschung und für die Lexikographie interessantes Material[74]. Entlang dieser letzten Unterscheidung haben sich zwei Formen der Neologismenlexikographie herausgebildet:

- Die *aktuelle Neologismenlexikographie* sammelt und archiviert Wörter vom ersten Augenblick ihres Erscheinens an. Diese Sammlungen enthalten zwangsläufig viele Okkasionalismen, da zum Zeitpunkt des ersten Erscheinens eines Wortes nicht vorhergesagt werden kann, ob dieses Wort sich im Gebrauch etablieren wird. Erfahrene Lexikographen können lediglich gute Voraussagen über die Entwicklung eines

---

[72] Vgl. Fellbaum et al. (2004), Abschnitt 5.

[73] *Podcast* bezeichnet die meist private Distribution von Hörbeiträgen, im Stile eines Radiosenders, über das World Wide Web.

[74] Vgl. hierzu Peschel (2002).

Wortes treffen. Ein Beispiel für die aktuelle Neologismenlexikographie ist die *Wortwarte*[75].

- Die *retrospektive Neologismenlexikographie* sammelt und beschreibt in Spezialwörterbüchern dieses Lemmatyps die Wörter, die im Beschreibungszeitraum aufgekommen sind und sich bereits etabliert haben. Ein Beispiel hierfür ist das Wörterbuch *Neuer Wortschatz. Neologismen der 90er Jahre im Deutschen*[76]. Dementsprechend wird hier der Begriff *Neologismus* im engeren Sinn verwendet.

Korpora spielen in der Neologismenforschung und -lexikographie die folgenden Rollen:

- Bei regelmäßiger Beobachtung zum Beispiel der Tagespresse lässt sich mit einiger Sicherheit feststellen, wann ein Wort (in einer bestimmten Bedeutung) zum ersten Mal verwendet wird.
- Die quantitative Auswertung eines größeren Korpus, das den Sprachgebrauch eines bestimmten Zeitraums repräsentiert, ergibt, welche Wörter ausreichend oft belegt sind, so dass man von einem etablierten Wort, also einem Neologismus im engeren Sinn sprechen kann.
- Anhand eines zeitlich gegliederten Korpus lässt sich auch ermitteln, welche Wortbildungselemente eine wachsende Rolle bei der Bildung neuer Wörter spielen. So ist z.B. das Präfix *Cyber-* erst seit Ende des letzten Jahrzehnts in Verwendung und gehört seitdem zu den produktiven Wortbildungselementen.
- In Korpora belegte Verwendungsgewohnheiten geben Auskunft über sich verfestigende Eigenschaften des Gebrauchs, z.B. die Zuordnung eines Genus zu einem aus dem englischen entlehnten Wort.
- Schließlich liefern Korpora Belege, die als Vorlagen für den Erwerb des normgerechten Gebrauchs eines neuen Wortes wichtig sind.

Linguistische und lexikographische Neologismus-Forschung ist also ohne die Analyse authentischer Sprachdaten unmöglich. Für lange Zeit war die manuelle Analyse und Auswertung von Printwerken die einzig machbare Arbeitsmethode, und vor allem in der Wörterbucherstellung werden neue Wörter noch heute überwiegend auf diese Art gesammelt. Es gibt aber Projekte, in denen digitalisierte Korpora für diese Zwecke genutzt werden. Ein Beispiel hierfür ist die *Wortwarte* von Lothar Lemnitzer und Tylman Ule. Seit Ende 2000 werten die Autoren regelmäßig die Online-Ausgaben mehrerer Tages- und Wochenzeitungen aus. Die Wörter dieser Texte werden mit der Wortliste eines Referenzkorpus abgeglichen. Die nach diesem Abgleich übrig gebliebenen Wörter werden

---

[75] Im WWW unter der Adresse `www.wortwarte.de` erreichbar.
[76] Vgl. Herberg et al. (2004).

täglich manuell ausgewertet. Pro Tag werden im Durchschnitt 15 neue Wörter ausgewählt, beschrieben und mit einem Beleg aus der Fundstelle versehen. Alle neuen Wörter werden regelmäßig mit einer Frequenzangabe versehen, die auf der Zahl der von der Suchmaschine *Google* gelieferten Treffer zu dem jeweiligen Suchwort basiert. Neben dem online zugänglichen Wörterbuch mit mittlerweile über 20 000 Einträgen stehen alle Wortlisten zur Verfügung. Mit diesen Daten lassen sich z.B. Aussagen über Tendenzen der Wortbildung treffen[77]. Auch in diesem Projekt wird mit einem weiten Begriff von *Neologismus* gearbeitet, der auch Gelegenheitsbildungen umfasst. Zweitens wird in diesem Projekt, und dies ist ein neuer Ansatz, versucht, das Web als kontinuierliche Quelle aktueller Sprachdaten zu nutzen.

Das einzige größere Spezialwörterbuch des Lemmatyps Neologismen, das der retrospektiven Neologismenlexikographie verpflichtet ist, bildet die vom Institut für deutsche Sprache herausgegebene Sammlung *Neuer Wortschatz. Neologismen der 90er Jahre* von Dieter Herberg, Michael Kinne und Doris Steffens[78]. Bei der Erstellung dieses Wörterbuchs wurde mit einem engeren Neologismusbegriff gearbeitet. Gegenstand des Wörterbuchs sind die Neuwörter und Neubedeutungen, die „in den 90er Jahren des 20. Jahrhunderts in der deutschen Allgemeinsprache aufgekommen sind, sich darin ausgebreitet haben, als sprachliche Norm allgemein akzeptiert und in diesem Jahrzehnt von der Mehrheit der deutschen Sprachbenutzer über eine gewisse Zeit hin als neu empfunden wurden."[79] Das Erscheinungsjahr des Wörterbuchs, 2004, deutet an, dass die Autoren zwar zeitlich relativ nah an ihrem Beschreibungsgegenstand sind, aber doch weit genug entfernt, um den Prozess der Lexikalisierung aus der Rückschau beobachten zu können. Als Primärquelle des Werks diente ein Teil der IDS-Korpora, das Texte des untersuchten Zeitraums umfasst. Dazu kam eine Wortkartei mit ca. 10 000 Einträgen[80].

Etwa 700 Neologismen wurden aus diesen Quellen ausgewählt und bearbeitet, wobei die Korpusbefunde „die Grundlage für die Darstellung zahlreicher Datentypen in den Wortartikeln"[81] bilden, z.B. der Anga-

---

[77] Die Einträge sind auf der Website der Wortwarte, `www.wortwarte.de`, veröffentlicht, die Seite wird täglich aktualisiert. Auf der Website befinden sich auch weitere Informationen zum Projekt. Die Wortlisten können bei den Autoren angefordert werden.

[78] Vgl. Herberg et al. (2004).

[79] S. XXIII. Besonders das letzte Kriterium steht auf empirisch schwachen Füßen, es ist zu vermuten, dass das Sprachgefühl der Autoren hier repräsentativ für das Sprachgefühl aller Sprachbenutzer gesetzt wird.

[80] S. XVI f.

[81] S. XVI.

ben zu Flexion, zu Wortbildungsmustern und zu den Verwendungsweisen. Inwiefern sich ein solches lemmabezogenes Spezialwörterbuch
neben aktuellen allgemeinsprachlichen Wörterbüchern, vor allem dem
Rechtschreibduden, etablieren wird, bleibt abzuwarten. Das Buch ist
jedenfalls eine interessante Quelle für die Sprachlehre bei fortgeschrittenen Lernern. Vielleicht ergeben sich aus dieser konsequent korpusbezogenen Arbeit auch Impulse für die traditionelle Lexikographie des
Deutschen und deren Produkte.

Schließlich sollen noch einige Spezialarbeiten zu Neologismen aus
linguistischer Sicht, und hier vor allem die Beiträge von Hilke Elsen zu
Neologismen in einigen Varitäten des Deutschen, erwähnt werden[82].

Mit den beschriebenen Projekten hat sich eine linguistische und lexikographische Praxis der Analyse von Neologismen auch des Deutschen
etabliert. Neu sind vor allem die Nutzung des World Wide Web als
Datenquelle und die stärkere Berücksichtigung von Okkasionalismen.

6.3 Anglizismen

Anglizismen sind ein weiterer markierter Bereich des deutschen Wort-
schatzes. Unter dem Begriff Anglizismus versteht man alle aus dem
Sprachkontakt einer Sprache mit dem Englischen resultierenden Phänomene der Entlehnung und der Beeinflussung des Sprachsystems der
Zielsprache[83]. Aus vielerlei Gründen ist das Englische nach 1945 zur
stärksten Gebersprache im linguistischen Kontakt geworden. Lexikalische Einheiten aus dem britischen und vor allem dem amerikanischen
Englisch bilden einen nicht zu vernachlässigenden Teil des Vokabulars
der deutschen Sprache, der mehr oder weniger stark in die deutsche
Sprache integriert ist. Das Englische ist auch eine wichtige Quelle für
Neologismen. Anglizismen stellen das System und vor allem den Gebrauch der deutschen Sprache vor besondere Schwierigkeiten.

• Orthographisch weicht die Norm der Getrennt- und Zusammenschreibung sowie der Bindestrichschreibung von der englischen Norm
  und orthographischen Praxis ab[84].
• Die Aussprache kann sich eher am englischen Original orientieren
  (z.B. *Banker* [bæŋkə] anstatt [baŋkə] oder *kiten* [kaɪtn̩] anstatt
  [kiːtn̩]) oder am phonologischen System des Deutschen (z.B. bei
  Download wird die zweite Silbe eher als [loːt] gesprochen mit deutscher Auslautverhärtung anstatt des ursprünglichen [ləʊd]).

---

[82] Vgl. Elsen (2002), Elsen (2004) und Elsen und Dzikowicz (2005).
[83] Vgl. Bartsch (2002), S. 312.
[84] Vgl. hierzu, aus dem Blickwinkel der alten Rechtschreibnorm, Augst (1992).

- Morphologisch ergeben sich Probleme bei der Pluralbildung (*Flyer* -> *?Flyers* oder *?Flyer*) und der Konjugation (*?geuploaded, ?upgeloaded*).
- Die größten Probleme entstehen beim Genus, das im Englischen nicht festgelegt ist (der / die / das *Engine, Toolbar, Airbag?*).
- Grammatisch ergeben sich die geringsten Probleme, da die Systeme sich hier sehr ähneln (heißt es *Aktien traden* oder *mit Aktien traden*, letzteres in Analogie zu *handeln*).
- Weiterhin bringen Anglizismen Unsicherheiten in der Verwendung mit sich – *Searchengine* wird man wahrscheinlich nicht im Gespräch mit der Großmutter verwenden und *abchillen* nicht im Gespräch mit dem Chef.

Wie man sieht, müssen die Verwendungsbedingungen von entlehnten Wörtern erst im Prozess der Entlehnung ausgehandelt werden, besonders dort, wo sie in der Gebersprache nicht ausreichend spezifiziert sind[85]. Die Integration in das sprachliche System des Deutschen kann unterschiedlich weit fortschreiten (vgl. *Majonäse* oder *Kode*, im Gegensatz dazu ist der Ausdruck *Computer* kaum integriert). Sie wird von Normen wie etwa der zur Rechtschreibung gesteuert, und die Aufnahme eines Anglizismus in die Wörterbücher des Deutschen geht mit Festlegungen der Verwendungsnorm auf den verschiedenen linguistischen Ebenen einher.

Anglizismen werden bevorzugt in drei Wörterbuchtypen aufgenommen:

- Spezialwörterbücher des Lemmatyps Anglizismus. Hier ist vor allem das sprachdokumentarische *Wörterbuch der Anglizismen* von Carstensen und Busse zu nennen[86]. Es gibt aber auch einige sprachpuristisch ausgerichtete Werke auf diesem Regalbrett, z.B. das *Wörterbuch überflüssiger Anglizismen* von Bartzsch[87].
- Fremdwörterbücher, in denen die aus anderen Sprachen entlehnten oder aus dem Griechischen und Lateinischen überkommenen lexikalischen Einheiten versammelt sind, deren Gebrauch in der Alltagssprache weniger üblich ist (z.B. *Parallaxe, Chintz*).
- Allgemeinsprachliche Standardwörterbücher wie das Duden Universalwörterbuch oder Spezialwörterbücher z.B. zur Rechtschreibung.

---

[85] Die nicht vorhandene Genusmarkierung bei englischen Nomen ist hierfür ein Beispiel.

[86] Vgl. Carstensen und Busse (1993). Die lexikographische Arbeit stützt sich auf das Paderborner Korpus, im Wesentlichen eine Belegsammlung, sowie die Korpora, die Mitte der achtziger Jahre am Institut für deutsche Sprache zur Verfügung standen, vgl. Carstensen und Busse (1993), S. 47-53.

[87] Vgl. Bartzsch (2004).

Normunsicherheit besteht vor allem bei Wörtern, die noch nicht in Wörterbüchern registriert sind. Im Prinzip sollten hier die generellen orthographischen und grammatischen Normen des Deutschen hinreichend präzise Richtlinien für den Gebrauch geben. Augst zeigt jedoch, dass zumindest die Regeln der (alten) Rechtschreibung nicht ausreichen und selbst in den Wörterbüchern bei einzelnen lexikalischen Einheiten inkonsequent angewendet wurden[88]. Auch die Regeln der reformierten Rechtschreibung erleichtern es nicht, die korrekte Schreibung eines Anglizismus zu erschließen, wie Jürgen Dittmann und Christian Zitzke zeigen[89]. Die Autoren zeigen weiterhin in einer korpusbasierten Studie, dass in einigen Bereichen der Sprachgebrauch deutlich von den Normen, der offiziellen wie auch der der Nachrichtenagenturen, abweicht[90]:

- Bei rein englischen Komposita dominiert die Getrenntschreibung, eine deutliche Abweichung von beiden Normen (z.B. *Key Accounter, Call Center*);
- Bei den Mischkomposita mit englischen und deutschen Bestandteilen dominiert die normgerechte Zusammenschreibung, gefolgt von der Bindestrichschreibung, die von der Norm zumindest toleriert wird (z.B. *Produktmanager, Softwareentwicklungsmethoden*); mehrgliedrige Komposita mit einem Funktionswort als Bestandteil (z.B. *Business-to-Business*) werden ebenfalls meist normkonform mit Bindestrich gebildet und durchgekoppelt, es bestehen hier aber große Unsicherheiten hinsichtlich der Klein-/Großschreibung der einzelnen Bestandteile – nominale Bestandteile müssen hier groß-, nichtnominale Bestandteile kleingeschrieben werden.

Die Autoren beobachten, dass erstens die Anlehnung an den Gebrauch in der Quellsprache (bei den rein englischen Komposita), zweitens die Vertrautheit der einzelnen fremdsprachlichen Elemente und drittens die Länge des Gesamtkompositums eine Rolle bei der Wahl der Schreibweise (getrennt, mit Bindestrich oder zusammen) spielen. Eine Ausrichtung an der Norm dürfte eher zufällig sein, zumal, wie die Autoren im ersten Teil ihrer Arbeit zeigen, sich aus der Norm nur schwer Gebrauchs-Richtlinien ableiten lassen. Dittmann und Zitzke belegen all ihre Be-

---

[88] Vgl. Augst (1992), u.A. S. 58.

[89] Vgl. Dittmann und Zitzke (2000), vor allem S. 70-76. Dittmann und Zitzke untersuchen in dieser Hinsicht sowohl die offiziellen Regeln als auch die Richtlinien der Nachrichtenagenturen.

[90] Die Autoren verwenden als Datenbasis die Stellenanzeigen aus der Frankfurter Allgemeinen Zeitung, der Süddeutschen Zeitung und der Welt vom 24. April 1999 und der Neuen Zürcher Zeitung vom 5. Mai 1999. Ihre quantitative Auswertung stützen sie auf die 4225 Vorkommen von Anglizismen in den beiden erstgenannten Zeitungen, vgl. Dittmann und Zitzke (2000), S. 77.

funde mit exakten Zahlen, die sie durch Auszählung der Vorkommen in ihrem Korpus ergeben.

Insgesamt stützt sich die lexikologisch und lexikographisch motivierte Anglizismenforschung sehr stark auf Zeitungskorpora und damit die Pressesprache. Eine Ausnahme bildet die Arbeit, die dem Anglizismenwörterbuch von Carstensen und Busse zugrunde liegt. Die Autoren haben das am IDS verfügbare Freiburger Korpus der gesprochenen Sprache untersucht. Mit der Arbeit von Bartsch liegt zumindest eine varietätenspezifische Untersuchung – und ein entsprechendes Korpus – vor. Integrationsprozesse wurden ebenfalls noch nicht betrachtet. Dies setzt ein systematisches und korpusbasiertes Erfassen von Wortgeschichten voraus. Die entsprechenden Korpora für solche Untersuchungen sind vorhanden, der Aufwand für eine größere Studie, die nicht nur einige wenige Wörter umfasst, ist aber schwer abschätzbar.

7 Partikeln

Eine korpuslinguistisch sehr gute bearbeitete Wortart sind die Partikeln. Wir wollen hier die wichtigsten korpusbezogenen Arbeiten als Beispiele für korpusbasierte linguistische Forschung im Bereich der Wortarten vorstellen.

Es herrscht weitgehend Uneinigkeit darüber, welche Wörter zu den Partikeln zählen und in welche Unterklassen diese Wortklasse zerfällt. Die Duden Grammatik[91] subsumiert die Adverbien, Präpositionen und Konjunktionen unter die Partikeln und wählt damit eine sehr weite Definition, die die meisten nicht flektierenden Wörter umfasst[92]. In einem engeren Sinn verwendet etwa Helbig diesen Begriff[93]. Er bezeichnet mit *Partikel* „solche morphologisch unflektierbaren Wörter, die über keine solchen syntaktischen Funktionen verfügen, wie sie den Wörtern anderer unflektierter Wortklassen zukommen"[94]. Eine noch engere Definition fasst lediglich die Modalpartikeln in diese Kategorie[95]. Helbig unterscheidet die folgenden Subklassen von Partikeln:

- Abtönungs- oder Modalpartikeln (z.B. *auch, bloß, denn*);
- Gradpartikeln (z.B. *auch, gerade, sogar*);
- Steigerungspartikeln (z.B. *außerordentlich, etwas, ganz*);

---

[91] Vgl. Duden-Grammatik.
[92] Dies stimmt nur so ungefähr, da den Interjektionen ein eigenes Kapitel gewidmet ist.
[93] Vgl. Helbig (1994).
[94] Helbig (1994), S. 20.
[95] Vgl. Helbig (1994), S. 21

- Temporalpartikeln (z.B. *erst, noch, schon*);
- Antwort- oder Satzpartikeln (z.B. *ja, doch, eben*);
- Vergleichspartikeln (z.B. *wie, als*);
- Interjektionspartikeln (z.B. *au, oh je*);
- Negationspartikeln (z.B. *kein, nicht*);
- Infinitivpartikel *zu*.

Wie kaum eine andere Wortart beziehen die Partikeln ihre Bedeutung durch ihren Kontext. Die Partikeln tragen nichts zur propositionalen Bedeutung einer Äußerung bei, wie man an dem folgenden Beispiel sieht:

(17)   Was macht Peter jetzt (*eigentlich*)?

Auch ohne die Modalpartikel *eigentlich* ist der Satz als Frage über Peters momentane, z.B. berufliche, Aktivitäten verständlich. Die Partikel erfüllt hier die Funktion, die Frage als Eröffnung eines neuen Themas zu markieren, z.B. in einem Dialog wie dem folgenden:

(18)   A: Stell dir vor, da steht: 100 km Stau! – B: Na, da wirds wieder gekracht haben. – A: Sag mal, wie hoch ist man eigentlich versichert, wenns mal so richtig kracht?[96]

Sie hat hier also gesprächssteuernde Funktion und sichert außerdem die Kohärenz, die bei einem abrupten Themenwechsel sonst gefährdet wäre.

Modalpartikeln können außerdem dazu verwendet werden, um die Haltung des Sprechers zum Beispiel zum Wissen oder den Haltungen der Gesprächspartner zu signalisieren:

(19)   Und sie bewegt sich *doch*.

(20)   Das kann schon mal etwas wackeln. Sie bewegt sich *ja*.

In Beispiel (19) signalisiert der Sprecher seine Annahme, dass die Gesprächspartner seine Behauptung (bisher) nicht teilen, in Beispiel (20) hingegen wird signalisiert, dass das Behauptete auch den Gesprächspartnern bekannt ist. Die Redundanz der Äußerung wird dadurch abgemildert.

Die Analyse und Beschreibung von Partikeln ist eine besondere Herausforderung für die theoretische Linguistik, die Lexikographie, die maschinelle Sprachverarbeitung und für die Sprachlehre[97].

---

[96] Dieses leicht modifizierte Beispiel entstammt Thurmair (1989), S. 176.
[97] Wir gehen im Abschnitt zur Sprachlehre u.a. auf eine Arbeit zur didaktischen Vermittlung des Gebrauchs von Modalpartikeln ein.

Viele Partikeln stellen die theoretische Linguistik und Lexikographie vor schwierige Aufgaben: Da sie nichts zur Proposition einer Äußerung, in der sie auftauchen, beitragen, müssen die kontextreferentiellen Funktionen dieser sprachlichen Einheiten bestimmt und beschrieben werden. Dies muss in so allgemeiner Weise geschehen, dass möglichst alle Verwendungsweisen bzw. Verwendungssituationen mit dieser Beschreibung abgedeckt werden. Die Gefahr einer solchen generischen Beschreibung ist, dass sie zu allgemein und damit wertlos wird. Will man andererseits das Spezifische der Verwendungskontexte aller Modalpartikeln erfassen, läuft man Gefahr, das Gemeinsame aller Verwendungsinstanzen in den Details zu verlieren.

Das Problem der Analyse von Partikeln stellt sich in verschärftem Maße bei der maschinellen Analyse natürlicher Sprache. Die spezifische „Bedeutung" bzw. ihre pragmatische Funktion kann nur erfasst werden, wenn Wissen über den Kontext der jeweiligen Äußerung vorhanden ist. Selbst wenn dieses Kontextwissen nicht in ein Computerlexikon gehört, so doch zumindest eine lexikalische Beschreibung, die Angaben zu den möglichen Vorkommenskontexten umfasst.

Viele lexikalische Elemente der Partikelklasse gehören mehreren Unterklassen an und einige darüber hinaus auch anderen Wortklassen[98]. Die Verwendung dieser lexikalischen Elemente muss einerseits von einander abgegrenzt, andererseits miteinander in Beziehung gesetzt werden. Einige Typen von Partikeln, z.B. die Modalpartikeln, treten zudem in zahlreichen Kombinationen auf. Maria Thurmair[99] listet weit über 100 Kombinationen auf, von denen viele aber nur eingeschränkt akzeptabel seien.

All diese Aspekte von Partikeln machen diese zu einem besonders guten Gegenstand für korpuslinguistische Untersuchungen.

Umfangreiche linguistische und lexikologische Studien zu den Partikeln von Wolfgang Weydt erschienen 1979 und Anfang der 1980er Jahre[100]. Gerhard Helbig[101] widmet den Partikeln ein eigenes Wörterbuch. Darüber hinaus ist die Frage der angemessenen Übersetzung der Abtönungspartikeln in eine andere Sprache ein wichtiges Problem. König, Stark und Requardt füllen eine Lücke mit ihrem deutsch-englischen Spezialwörterbuch zum Wortschatzbereich der Adverbien und Partikeln[102].

---

[98] So kann z.B. *doch* als Antwortpartikel und als Modalpartikel entsprechend der Klassifikation von Helbig und als Konjunktion verwendet werden.

[99] Vgl. Thurmair (1989).

[100] Vgl. Weydt (1979), Weydt (1983) u.a.

[101] Helbig (1994).

[102] Vgl. König et al. (1990).

Mittlerweile sind zahlreiche Monographien und detaillierte Arbeiten auch zu einzelnen Partikeln oder zu Partikelgruppen erschienen[103]. Von besonderem Interesse sind dabei die Bedeutungs- oder Funktionskontraste nah verwandter Partikeln[104]. Ulrike Nederstigt kritisiert aber zu Recht, dass linguistische Arbeiten zu den Partikeln allzu oft auf erfundene oder konstruierte Beispiele aufbauen. Diese mögen als Testmaterial zur Ermittlung von Akzeptabilitätsurteilen oder zur Ermittlung von Kontrasten geeignet sein, erscheinen aber in vielen Fällen unnatürlich und können nicht das wiedergeben, was in authentischen Gesprächen geschieht[105]. Die Situation hat sich in den letzten Jahren gebessert, was auch durch die bessere Verfügbarkeit von Korpora geschriebener, vor allem aber auch gesprochener Sprache bedingt ist.

Thurmair, die in einer Monographie die Kombinierbarkeit von Modalpartikeln untersucht[106], erwähnt einen Vorschlag von Collins aus dem Jahre 1938:

> It would be an alluring task to pick out in German a certain number of simple particles, combine them in pairs or triplets or even larger groups, and try to discover which groups are the most commonly used, which have the most characteristic functions, and which cannot be combined with which, or at least not in a particular order. (Zit. nach Thurmair (1989), S. 203).

Tatsächlich ist durch die Existenz sehr großer Korpora und der entsprechenden Werkzeuge zu ihrer Analyse nun die Möglichkeit gegeben, zumindest eine der von Collins gestellten Fragen zu beantworten, nämlich die nach der Vorkommenshäufigkeit, Reihenfolge und Bindungsstärke einzelner Partikelkombinationen.

Collins schneidet außerdem wichtige Fragen an, mit deren Beantwortung erst begonnen wurde:

- Sind die Restriktionen, denen die Kombinierbarkeit von Abtönungspartikeln unterliegt, systematisch zu beschreiben? Dies betrifft sowohl die Möglichkeit des Kovorkommens zweier Abtönungspartikeln als auch die Reihenfolge ihres Auftretens. Die allgemeinste Beschränkung des Kovorkommens ist dadurch gegeben, dass zwei Partikeln, deren Modus inkompatibel ist, nicht zusammen auftreten.[107]
- Wenn zwei Abtönungspartikeln miteinander in einem Satz vorkommen können, ist ihre Abfolge durch Prinzipien beschreibbar, die sich

---

[103] Einen guten und aktuellen Überblick gibt das Literaturverzeichnis in Möllering (2004).

[104] Z.B. die der Gradpartikeln *auch* und *noch*, die im Mittelpunkt der Monographie von Ulrike Nederstigt 2003 stehen.

[105] Vgl. Nederstigt (2003), S. 12.

[106] Vgl. Thurmair (1989).

[107] Vgl. Helbig (1994), S. 76 und Thurmair (1989), S. 204f.

aus ihren Merkmalen ergeben? Helbig bildet zwar Distributionsklassen für eine Reihe der Partikeln, um deren Reihenfolgebeziehung bei der Kettenbildung zu erfassen, die Belege für seine Hypothesen sind allerdings wenig überzeugende Eigenkonstruktionen.[108]

Thurmair verwendet eine Menge von semantischen Merkmalen, nach denen die einzelnen Partikeln im ersten Teil ihrer Arbeit klassifiziert werden. Mit diesen Mitteln sollen Selektionsrestriktionen und Kombinationspräferenzen beschrieben werden. Diese semantischen Merkmale gehen in die Partikelkombinationen ein.

Die Einzelbedeutungen der Partikeln werden nach Auffassung der Autorin zur Gesamtbedeutung der Partikelkombinationen addiert:

> Es soll hier davon ausgegangen werden, daß eine Kombination der Partikel A mit der Partikel B eine Addition ihrer Bedeutung und damit ihrer Merkmale bedeutet; d.h. also, daß sich die Kombinationen in ihre Einzelteile zerlegen lassen. (Thurmair (1989), S. 205)

Thurmair führt dieses Programm in ihrer Monographie dadurch aus, dass sie die Bedeutung und Funktion der einzelnen Modalpartikeln[109] und im Anschluss daran die akzeptablen, bedingt akzeptablen und inakzeptablen Kombinationen beschreibt[110]. Sie beschließt ihre Arbeit mit einer Synopse der Partikelkombinationen (S. 278), mit einer Übersicht über die Distribution der Kombinationen über verschiedene Satztypen (S. 282, Tabelle 13) und einer Übersicht über Stellungsregeln für einzelne Modalpartikeln (S. 285-289). Ob das Postulat der additiven Bedeutung von Partikelkombinationen durchzuhalten ist, bleibt unklar. Hier setzt die Kritik von Lemnitzer[111] an, der davon ausgeht, dass Partikelkombinationen als komplexe Lexeme nicht transparent und analysierbar sind. Lemnitzer 1997 präsentiert als Fallstudie die Kombinationen mit der Modalpartikel *denn*, Lemnitzer 2001 untersucht, ähnlich wie Thurmair, systematisch alle Kombinationen, konzentriert sich aber bei den Einzeldarstellungen auf die häufigsten. Er trifft allerdings keine Aussage zur psychologischen Plausibilität seiner Vermutung, dass es sich hier um Mehrwortlexeme handelt. Im Zentrum seiner Arbeit steht vor allem die Analyse und (computer-)lexikographische Erfassung dieser komplexen sprachlichen Einheiten.

Die Aneignung des korrekten Gebrauchs von Partikeln im Zuge des Erstspracherwerbs verfolgt Ulrike Nederstigt am Beispiel der Grad-

---

[108] Vgl. Helbig (1994), S. 75f.
[109] Abschnitt 2, S. 94-202.
[110] Abschnitt 3, S. 203-284.
[111] Vgl. vor allem Lemnitzer (2001).

partikeln *auch* und *noch*[112]. Der Erwerb des komplexen sprachlichen Wissens, das für die korrekte Verwendung der Partikeln notwendig ist, demonstriert die Autorin am Gebrauch dieser Partikeln durch erwachsene Sprecher. Verschiedene linguistische Versuche, die phonologischen, syntaktischen, semantischen und diskursiven Aspekte des Gebrauchs dieser Partikeln zu beschreiben und zu erklären, stellt die Autorin auf den Prüfstand. Sie verwendet hierfür mehrere Korpora gesprochener Sprache, von denen einige den Sprachgebrauch Erwachsener, andere den Sprachgebrauch eines Mädchens in der Phase zwischen dem zweiten und vierten Lebensjahr wiedergeben[113]. Die Verwendung von Korpora, vor allem solcher der gesprochenen Sprache, erlaubt ihr, gemessen an den bisherigen linguistischen Arbeiten zum Thema, einen neuen Blick auf die von ihr beschriebenen Partikeln[114]. Die wichtigsten Erkenntnisse sind:

- Die Gradpartikel *noch* hat mehr Bedeutungen als gemeinhin angenommen, es werden insgesamt neun Bedeutungen unterschieden:
  - additiv (*Nimm dir noch einen Nachtisch, bitte!*);
  - additiv, weiteres Element einer Menge (*Davor habe ich noch einen Termin.*);
  - additiv, vor einer Wende (*Damals haben wir noch ohne fließend Wasser gewohnt.*);
  - temporal (*Der Platz ist noch frei.*);
  - temporal, perfektiv (*Wir können uns gern noch in diesem Monat treffen.*);
  - temporal, mit abnehmender Menge von Objekten (*und jetzt brauche ich noch eine Siebenerleiste.*);
  - mit *einmal*, repetitiv (*Dann sind wir noch einmal Karussell gefahren.*);
  - mit *einmal*, restitutiv (*Knöpf die Jacke am besten noch einmal auf.*);
  - mit *einmal*, additiv (*Wir sollten uns dann nochmal einen Tag Zeit nehmen, wenn das heute nicht klappt.*)[115].

---

[112]Vgl. Nederstigt (2003). Die Autorin spricht von „focus particles", dies entspricht aber der von Helbig definierten Klasse der Gradpartikeln.
[113]Zu den verwendeten Korpora vgl. Kapitel 3.2, S. 80-83 (Korpora der Erwachsenensprache) und Kapitel 7.2, S. 211 (Korpus der Kindersprache) in Nederstigt (2003).
[114]Kapitel 6 ist überschrieben mit „A fresh look at focus particles".
[115]Vgl. S. 100-106. Die hier gewählten Beispiele sind erfunden, Nederstigt präsentiert authentische, aber auch etwas komplexere Beispiele.

Der Kontrast zwischen diesen Bedeutungen korrespondiert mit Unterschieden in den phonologischen und syntaktischen Merkmalen der Partikel bzw. mit Unterschieden in den Verwendungskontexten[116].

- Bei der Gradpartikel *auch* unterscheidet die Autorin zwischen einer betonten Variante und einer unbetonten Variante. Die betonte Variante weist Merkmale einer Antwortpartikel auf. Ihr Gebrauch signalisiert, dass einer vorhergehenden positiven (oder negativen) Antwort eine weitere positive (oder negative) Antwort hinzugefügt wird, wie in dem folgenden Beispiel:

(21)   Mitte der Woche habe ich AUCH nicht so gerne...

Der Kontext dieser Äußerung ist die telefonische Suche nach einem Termin für ein Treffen. Der Sprecher hat bereits vorher einige Terminvorschläge negativ beschieden. Das Beispiel wird hier als eine weitere Ablehnung interpretiert[117].

Die unbetonte Variante weist die typischen Merkmale einer Gradpartikel auf, besonders eine größere Variabilität in der Wortstellung, wie die beiden folgenden Beispiele zeigen[118].

(22)   Wir können sonst auch Freitag oder Samstag nehmen.

(23)   Auch Freitag oder Samstag können wir sonst nehmen.

- Wenn man die betonte und unbetonte Variante der Fokuspartikel *auch* als zwei verschiedene lexikalische Elemente betrachtet, dann wird eine homogene Beschreibung der Funktionen der unbetonten Variante und der Fokuspartikel *noch* möglich. Es bleiben semantische Unterschiede zwischen beiden Partikeln, die aber ihrer Subsumierung in eine Klasse nicht entgegenstehen.

Die Untersuchung von Spracherwerbsdaten in Hinblick auf die beiden Partikeln – und der Partikel *auch* in beiden Betonungsvarianten – zeigt, dass die Unterscheidung der beiden Varianten von *auch* kognitiv plausibel ist: Die betonte Variante von *auch* wird früher erworben als die unbetonte Variante, und letztere wiederum in etwa zur gleichen Zeit wie die Partikel *noch*[119]. Nederstigt stützt ihre Erkenntnisse auf Langzeitaufzeichnungen der Sprachentwicklung eines Kindes namens *Caroline*. Caroline beginnt mit einem Jahr und neun Monaten, *AUCH* zu

---

[116]Vgl. Kapitel 4.2.2, S. 167-171.

[117]Vgl. S. 190f. Die Großschreibung der Partikel in unserer Wiedergabe des Beispiels signalisiert, dass sie betont ist.

[118]In Anlehnung an Nederstigt, weitere Beispiele in ihrer Arbeit auf S. 200

[119]Vgl. Abschnitt 9.4.1, vor allem Abbildung 9.7 auf Seite 340.

verwenden, und mit gut zwei Jahren, ungefähr zur gleichen Zeit, *auch*
und *noch*.

Durch die gründliche qualitative Analyse von Korpusbelegen, die
aus mehreren Korpora gesprochener Sprache stammen, gelingt es der
Autorin, hinsichtlich einer der beiden untersuchten Partikeln (*auch*)
eine Unterscheidung zwischen zwei Varianten zu treffen. Der Schnitt,
den sie macht, erlaubt es, eine Variante dieser Partikel konsistent in
das System der Fokuspartikeln, wie sie sie nennt, zu integrieren.

8 Besondere Textsorten

Das linguistische und auch korpuslinguistische Interesse gilt auch immer besonderen Textsorten. In den letzten Jahren sind Arbeiten zum
Sprachgebrauch in den neuen Medien populär geworden. Eine häufig un-
tersuchte Frage ist die, ob die Sprachverwendung in verschiedenen Anwendungen des Internet – E-Mail, Foren, Chaträume, Gästebücher[120]
– als schriftlich oder als mündlich zu charakterisieren ist. Ergebnis dieser Diskussion ist es, dass mittlerweile, einer Idee von Koch und Oesterreicher folgend[121], zwischen medialer und konzeptueller Schriftlichkeit bzw. Mündlichkeit unterschieden wird. Die Merkmale konzeptueller
Mündlichkeit werden von Lothar Lemnitzer und Karin Naumann anhand von Chatprotokollen herausgearbeitet[122]. Chatprotokolle spielen
auch in einigen anderen Arbeiten eine wichtige Rolle als empirische Basis.

Schriftliche Dokumente als Ergebnis computervermittelter Kommunikation sind relativ einfach zu beschaffen, man braucht z.B. nur die
Diskussion in einem der vielen Chaträume mitzuschneiden. Es besteht
aber die bedenkliche Tendenz, dass sich jeder sein eigenes Korpus baut.
Nichts liegt näher, als die eigene E-Mail-Korrespondenz als Datenbasis
zu verwenden[123]. Dieser Trend zur Beliebigkeit der Datenauswahl erschwert auf längere Sicht die Replizierbarkeit und Generalisierbarkeit
der auf Grund dieser Daten gewonnenen Erkenntnisse. Das *Dortmunder
Chatkorpus*[124] verspricht diesem Missstand zumindest für diese Kom-

---

[120]Der „Kommunikationsform E-Mail" wurde mittlerweile ein ganzer Sammelband gewidmet, vgl. Ziegler (2002), ebenso der Kommunikationsform Chat, vgl. Beißwenger
(2001). Ein weiterer Sammelband widmet sich dem „Sprachwandel durch Computer",
vgl. Weingarten (1997).

[121]Vgl. Koch und Oesterreicher (1994).

[122]Vgl. Lemnitzer und Naumann (2001), Abschnitt 4.

[123]Dies lässt sich etwa an Beiträgen zum oben genannten Sammelband zur „Kommunikationsform E-Mail" beobachten.

[124]Vgl. Kapitel 5.

munikationsform abzuhelfen, wenn es gelingt dieses Korpus als Referenzkorpus zu etablieren.

Auf anderen Gebieten ist es weitaus schwieriger, an ausreichende Datenmengen zu kommen. Ein gutes Beispiel hierfür sind die *SMS* genannten Kurznachrichten, die über mobile Telefone gesendet werden. Der ungeheuer hohen Zahl an SMS, die in Deutschland jährlich versendet werden, steht die Schwierigkeit entgegen, solche Botschaften systematisch zu erfassen – das Medium ist nahezu so flüchtig wie die gesprochene Sprache. Dennoch gibt es erste Arbeiten zu dieser Kommunikationsform. Als Beispiele sollen hier nur Schwitalla (2002) und Doering (2002) genannt werden. Diese Arbeiten können allerdings zum jetzigen Zeitpunkt nicht mehr als eine erste Erkundung sein, und die Korpora, auf denen sie basieren, sind alles andere als ausreichend groß und stabil.

Harald Burger[125] untersucht die Kommunikation auf den Seiten eines öffentlich zugänglichen Gästebuchs einer eine Fernseh-Talkshow begleitenden Website[126]. Sein Interesse gilt dem Wechselspiel von öffentlicher und privater Kommunikation, ihrer Inszenierung und Wahrnehmung. Einen ähnlichen Zugang wählt Thomas Niehr[127], der die politische Diskussion auf der Homepage eines Bundestagsabgeordneten auswertet. Gästebücher und Homepages sind als Ort der Kommunikation sicher zu ungewöhnlich, um daraus eine besondere Kommunikationsform zu destillieren. Es ist dennoch interessant und wichtig, dieses Medium als eine Form der Interaktion im World Wide Web, bzw. als eine Spielart der computervermittelten Kommunikation, zu beobachten.

Die neuen Medien sind sicher der auffälligste Ort für die Entstehung neuer bzw. untersuchenswürdiger Textsorten oder Kommunikationsformen. Es gibt aber eine Reihe interessanter korpuslinguistischer Arbeiten zu sprachlichen oder stilistischen Aspekten in traditionellen Textsorten oder Kommunikationsformen. Als Beispiele seien hier lediglich erwähnt: Beiträge von Richard Glahn zu Geschäftsberichten als Form der Unternehmenskommunikation[128] sowie zur Sprache deutscher und amerikanischer Talkshows[129]; die Arbeit von Peter Schlobinski und Florian Fiene zu Fußballfanzines[130]; eine Analyse des *Dissens*, einer besonderen Form der Kommunikation unter Jugendlichen, von Arnulf Deppermann und

---

[125]Vgl. Burger (2002).
[126]Zum verwendeten Korpus s. S. 167.
[127]Vgl. Niehr (2003).
[128]Vgl. Glahn (2003).
[129]Vgl. Glahn (2004).
[130]Vgl. Schlobinski und Fiene (2000). Fanzines sind Magazine von Fangruppen.

Axel Schmidt[131]; die Arbeiten von Christa Dern zur Textsorte Erpresserbrief, die sich auf ein Korpus dieser Gattung beim Bundeskriminalamt stützt[132].

9 Sprachlehre

Im fünften Kapitel haben wir die Dichotomie von Korpora in der Sprachlehre schon erwähnt: Sie umfassen sowohl muttersprachliche Korpora, die als Datenressource im Unterricht eingesetzt werden können, als auch Korpora, die den Zweitspracherwerb dokumentieren, also Sprache von Nichtmuttersprachlern enthalten.

Joybrato Mukherjee[133] beschreibt in seiner Einführung in die Korpuslinguistik ausführlich, wie Korpora für den Englischunterricht eingesetzt werden können, sowohl in der Unterrichtsvorbereitung als auch im Unterricht selbst. Sie dienen als Quelle für natürliche Beispiele und geben dem Sprachlerner frühzeitig Kontakt zur natürlichen Sprachverwendung.

Diese Verwendungsweise bietet sich insbesondere auch für die Erstellung von Lehrbüchern an. Dieter Mindt[134] analysiert Lehrbücher für den Englischunterricht, die an deutschen Schulen eingesetzt werden, und stellt fest, dass sie teilweise irreführend dahingehend sind, dass weniger häufig verwendete Formen früher eingeführt werden als die eigentlich gängigen. Dadurch entsteht beim Lernen ein falsches Gewicht. Als Negativbeispiel stellt er das Englische *going to*-Futur vor, das in mehreren Standardlehrbüchern früher eingeführt wird als das viel häufiger verwendete *will*-Futur. Er argumentiert, dass Lehrwerke, die auf der Basis von korpusbestimmten quantitativen Untersuchungen von Wortschatz und Verwendungsweisen erstellt werden, solche Verzerrungen nicht enthalten[135]. Guy Aston[136] nennt diese Verwendung von Korpora in der Lehre, bei der der Sprachlerner keinen direkten Zugang zu den Korpora bekommt, den *Hinter den Kulissen*-Ansatz (*Behind the Scenes Approach*). Er kontrastiert ihn mit dem *Auf der Bühne*-Ansatz (*On Stage Approach*), bei dem der Lerner direkt mit dem Korpus arbeitet. Hier

---

[131]Vgl. Deppermann und Schmidt (2001).

[132]Vgl. Dern (2003).

[133]Vgl. Mukherjee (2002).

[134]Vgl. Mindt (1996).

[135]Bereits seit 1980 werden im Rahmen des *COBUILD*-Projekts – eine Kooperation zwischen einem Verlag und der Universität Birmingham – in einem korpusbasierten Ansatz Materialien und Referenzwerke für den Englischunterricht für Nicht-Muttersprachler erstellt (Sinclair, 1987).

[136]Vgl. Aston (2000), auch `http://sslmit.unibo.it/~guy/barc.htm`.

kann *Data-Driven Learning* zum Einsatz kommen, d.h. Lerner leiten
von den Daten Generalisierungen ab, die sie dann auf die Analyse neuer Daten anwenden. Die Analyse von Sprache wird so direkt mit ihrer
natürlichen Verwendung gekoppelt. Technische Voraussetzungen dafür
sind ein Korpus, ein Konkordanzwerkzeug und Werkzeuge zur eigenen
Datenextraktion. Konkrete Anwendungsszenarien sind das Nachschlagen von Wortverwendungen im Satzkontext für die Textproduktion und
-rezeption, das systematische Untersuchen bestimmter Sprachverwendungen oder Grammatikkonstruktionen und das ‚genüssliche Schmö-
kern' (*serendipitous exploration*). Sogar eine Art enzyklopädischer Verwendung ist möglich, da man durch das Korpus Informationen zu bestimmten Orten oder Personen erhalten kann, sowie über die Kultur
der Sprachgemeinschaft, wenn z.B. nach Stereotypen und Vorurteilen
geforscht wird[137]. Aston geht auch auf begleitende Effekte des Korpus-
einsatzes im Klassenzimmer ein, z.B. den kommunikativen Aspekt bei
gemeinsamer Korpusarbeit (Korpusanfrage, Finden von Mustern, Interpretation usw.). Als Zielgruppe für diese Art von Korpuseinsatz im
Unterricht empfiehlt er fortgeschrittene (erwachsene) Lerner und Leh-
rer, da es z.B. schwieriger ist, Konkordanzzeilen zu interpretieren, als
ein Lernerwörterbuch zu lesen[138].

Im dänischen *Visual Interactive Syntax Learning*-Projekt (kurz:
VISL)[139] kommen linguistisch annotierte Korpora direkt zum Einsatz,
wenn auch nicht ganz offen 'auf der Bühne', wie Aston es beschrieben
hat. Auf den Projektseiten im Internet kann man online verschiedene
Grammatikübungen in mehr als 25 Sprachen ausführen[140]. Die Übun-
gen basieren zum Teil auf manuell vorannotierten Sätzen, zum Teil auf
großen, automatisch geparsten Korpora. Dem Lerner kann dadurch eine enorme Vielfalt an authentischem Übungsmaterial angeboten werden. Neben den Syntaxübungen enthält die Seite auch eine Reihen von
Sprachspielen, die sehr ansprechend aufbaut sind. Es gibt z.B. ein kleines Fellknäuel, den *Grammar Man*, den man durch ein Labyrinth von
Wortarten leiten muss, ohne einem Gespenst zu begegnen. Der richtige
Weg wird jeweils durch einen Beispielsatz vorgegeben, den man aber
zuerst analysieren muss. Im Hintergrund des System läuft ein kate-
gorialgrammatischer Parser[141], der den Sätzen eine Dependenzanalyse
zuweist.

---

[137]Stubbs (1996).
[138]Ein Beispiel für eine Konkordanz finden Sie in Abschnitt 3 des vierten Kapitels.
[139]http://visl.sdu.dk/visl/de.
[140]Vgl. Bick (2005).
[141]Vgl. Karlsson (1990).

Ein Beispiel für den zweiten Typ von Korpuseinsatz beim Sprachenlernen ist das Berliner Projekt *FehlerAnnotiertes LernerKOrpus des Deutschen als Fremdsprache* (FALKO). Im vierten Kapitel sind wir kurz auf die Annotation des Lernerkorpus eingegangen. Im Umfeld von FALKO entstehen zur Zeit mehrere Arbeiten zum Zweitspracherwerb und der Didaktik von Deutsch als Fremdsprache, Maik Walter[142] zum Beispiel untersucht in seinem Dissertationsprojekt Satzkonnektoren wie *da, weil* oder *obwohl*, deren Verwendung gemeinhin als Indikator für die Niveaueinstufung von Lerner genutzt wird. Die Frage, ob Konnektoren, tatsächlich gute Indikatoren sind, versucht Walter korpusbasiert und im Vergleich mit Daten von Muttersprachlern zu klären. Die bisherige Korpusauswertung zeigt systematische Abweichungen in der Wortstellung und der Konnektorenwahl. In diesem Bereich werden wir in Zukunft interessante Forschungsbeiträge erwarten können.

Wir stellen im Folgenden zwei Arbeiten vor, in denen das Potenzial von Korpusanalyse und didaktischer Aufbereitung von Belegen für den Sprachunterricht demonstriert wird. Es handelt sich also in beiden Fällen um Korpusarbeit *Hinter den Kulissen*.

Die erste Arbeit bezieht sich auf Modalpartikeln, die zweite auf Präpositionen. Für den Sprachlerner stellen Modalpartikeln eine besondere Herausforderung dar. Sie sind weder allein dem Lexikon noch der Grammatik zuzurechnen, ihre Funktion kann deshalb nicht einfach durch Verwendung der entsprechenden Referenzwerke erschlossen werden. Zweitens ist das komplexe Wechselspiel zwischen Partikelfunktion, Kotext und Kontext nicht leicht zu verstehen. Gerade dieses Wechselspiel kann nur anhand von authentischen Beispielen vermittelt und verstanden werden[143]. Möllering begegnet diesen Problemen mit einem fremdsprachendidaktischen Programm, das auf die Verwendung authentischer Beispiele setzt. Als Materialgrundlage dienen ihr vor allem Korpora gesprochener Sprache[144], da Modalpartikeln vor allem im gesprochenen Deutsch verwendet werden. Sie ermittelt die Vorkommenshäufigkeit aller Modalpartikeln in diesen Korpora und widmet die weiteren Ausführungen den häufigsten Partikeln: *eben, nur, denn, schon, doch, mal, aber auch, ja*. Für jede Partikel erarbeitet sie Arbeitsblätter auf der Basis von authentischen Belegen. Diese Arbeitsblätter sollen den Lernern helfen: a) die Verwendung der einzelnen lexikalischen Einheiten als

---

[142]Vgl. Walter (in Vorb.).

[143]Vgl. hierzu Möllering (2004), Kapitel 1.

[144]Zu den verwendeten Korpora s. S. 101-104. Auf S. 249 diskutiert Möllering einige Schwächen des von ihr verwendeten Korpus. Es sei erstens relativ klein und zweitens sei die überaus hohe Frequenz von *ja* dessen häufiger Verwendung als Gesprächspartikel in Telefondialogen geschuldet.

Modalpartikeln von den anderen Verwendungen dieser Einheiten, z.B.
als Konjunktion oder als Gradpartikel, zu unterscheiden und b) Funktion und Bedeutung der Modalpartikeln zu verstehen[145]. In Kapitel 5
dieser Arbeit werden die partikelbezogenen Lehrmaterialien vorgestellt
und diskutiert. Die Materialien wurden in der Praxis erprobt, die Einstellung der Schüler zum Lernen an authentischem Sprachmaterial wurde evaluiert. Möllering sieht sich mit ihrer Arbeit in einem Trend der
Sprachlehre, die im Sprachlehrer eher einen Vermittler als einen Wissensproduzenten sieht und Sprachlernen als aktive Auseinandersetzung
der Lernenden mit authentischen Äußerungen der Zielsprache[146].

Randall Jones[147] ist an Präpositionen aus der Perspektive der Sprachlehre interessiert. Ziel seiner Studie ist es, die Beschreibungen und Lernhilfen in Lehrbüchern und Lernergrammatiken, die Präpositionen betreffen, mit den Ergebnissen der Analyse eines Korpus gesprochener
Sprache zu vergleichen. Für seine Untersuchungen verwendet er ein
an der Brigham Young University erstelltes Korpus des gesprochenen
Deutsch[148]. Er betrachtet die neun am häufigsten im Korpus vorkommenden Präpositionen: *hinter, neben, zwischen, unter, vor, über, an,
auf* und *in*[149] und stellt fest, dass eine solche Korpusanalyse andere
Informationen zu Tage fördert, als sie in Sprachlehrwerken vermittelt
werden. Im Detail:

- Die prototypische Unterscheidung von Ort und Richtung hilft bei
  der Bestimmung des Kasus, den die Präposition regiert, wenig, weil
  bei fast allen Präpositionen die wenigsten Vorkommen sich diesem
  Schema zuordnen ließen. Die meisten Vorkommen hatten keine klare lokale oder direktionale Bedeutung. Viele Präpositionen sind Teil
  von Präpositionalergänzungen von Verben oder Teil von idiomatischen Wendungen. In diesen Fällen ist der regierte Kasus aber nicht
  regelhaft erschließbar;
- die Verwendung des Akkusativs und die Verwendung des Dativs sind
  bei keiner Präposition ausgewogen. Bei *hinter* dominierte der Dativ
  mit über 80 Prozent, bei *über* der Akkusativ mit über 99 Prozent.
  Diese quantitativen Tendenzen zu kennen kann für Lerner wichtig
  sein;

---

[145] Der Autorin geht es ausdrücklich nicht darum, die aktive Verwendung der Partikeln
einzuüben, sondern nur darum, das Verstehen zu erleichtern, vgl. S. 244.
[146] Möllering (2004), S. 250.
[147] Vgl. Jones (2000).
[148] Vgl. S. 118.
[149] Vgl. Tabelle 1 auf S. 120.

- die Präpositionen selbst kommen unterschiedlich oft vor – am seltensten *hinter* und am häufigsten *in*[150]. Diese Erkenntnis mag vor allem für Muttersprachler banal sein, sie wird aber für den Lerner durch die Gleichbehandlung der Präpositionen in vielen Lehrbüchern verdeckt. Jones schlägt hier ein Vorgehen vom Häufigeren zum Selteneren vor.

Als Fazit schlägt Jones den verstärkten Einbezug von Korpora, gesprochener und geschriebener Sprache, für die Sprachlehre oder doch zumindest für die Erstellung von Lehrwerken vor, da sie das Verständnis der komplexen Maschinerie des Deutschen erleichtern[151].

Diese Arbeiten leisten einen wertvollen Beitrag zu Forschungen, die den Lernprozeß nicht aus der Sicht der kognitiven Leistungen der Lernenden, sondern aus der Sicht der Besonderheiten des authentischen Sprachgebrauchs betrachten. Es bleibt zu hoffen, dass diese Erkenntnisse bei den Verlagen, die Lehrmaterialien für Deutsch als Fremdsprache erstellen, auch ankommen.

10 Fazit

Wie wir eingangs erwähnt haben, können die in diesem Kapitel dargestellten Arbeiten zum Teil als gute, zum Teil als schlechte Beispiele korpuslinguistischer Forschung aufgefasst werden. Wir wollen die methodischen Tendenzen, die in diesen Arbeiten deutlich werden, hier zusammenfassen und daraus Empfehlungen für eine gutes methodisches Arbeiten ableiten.

Zunächst fällt auf, dass viele Arbeiten sich auf kleinere Korpora stützen, die sich überwiegend im Besitz der Autoren befinden bzw. für diese zum Zweck der Untersuchung erstellt wurden. Es ist auch oft nicht klar, ob die Korpora digital vorliegen und maschinell ausgewertet wurden. Es ist im Prinzip nichts gegen die intellektuelle Auswertung eines (kleinen) Gesamtkorpus einzuwenden. Diese Methode erschwert aber die Überprüfung oder Reproduktion der Ergebnisse. Das einzige Bewertungskriterium ist in diesem Fall die Plausibilität der Ergebnisse. Die linguistische Forschung wird auch weiterhin auf Spezialkorpora angewiesen sein, die ad hoc zum Zwecke einer bestimmten Untersuchung zusammengestellt werden. Es sollte aber gefordert werden, dass diese Spezialkorpora a) digital erfasst und b) begleitend zur Publikation der Öffentlichkeit zur Verfügung gestellt werden, soweit keine urheberrechtlichen oder personenrechtlichen Gründe dagegen sprechen. Die

---

[150]Vgl. Tabelle 2, S. 141.
[151]S. 142.

Publikation der Daten kann entweder über die Homepage des Forschers oder über eine zentrale Sammel- und Dokumentationsstelle für Korpora geschehen. Eine solche Stelle existiert allerdings noch nicht. Auch die Beschreibung dieser Korpora mit Metadaten ist wünschenswert.

Ein ähnliches Problem ergibt sich, wenn nicht zu wenig, sondern zu viel Daten zur Verfügung stehen. Dies ist bei Forschungen zur computervermittelten Kommunikation der Fall. Hier besteht die Tendenz, Daten in wenig kontrollierter und opportunistischer Weise zu sammeln. Auch dies erschwert letztendlich die Generalisierbarkeit der gewonnenen Erkenntnisse. Dem könnte durch den Aufbau textsorten- oder medienspezifischer Referenzkorpora abgeholfen werden. Dies ist freilich nicht die Aufgabe einzelner Wissenschaftler, sondern muss institutionell geregelt werden. Einzelne Forscher können und sollten zu einem solchen Referenzkorpus beitragen.

Es gibt nach wie vor nicht *das* Referenzkorpus des Deutschen, wie es etwa das *British National Corpus* für das Britische Englisch war und ist. Die meisten Forscher verwenden die Korpora des Instituts für deutsche Sprache. Dies bedeutet auf der anderen Seite eine gewisse Verantwortung für dieses Institut, geeignete Daten und Korpora zur Verfügung zu stellen. Die Dienstleistungen des Instituts für deutsche Sprache und deren Dokumentation lassen aus unserer Sicht zu wünschen übrig. Als einen Beitrag zur Verbesserung der Situation stellen wir eine Bedienungsanleitung für das Recherchesystem COSMAS auf die dieses Buch begleitende Webseite[152]. Wir hoffen außerdem, mit der Darstellung der Korpuslandschaft des Deutschen in Kapitel 5 dazu beitragen zu können, dass die erwähnten Korpora stärker genutzt werden.

Es gibt kaum einen (korpus-)linguistischen Bereich oder Fragenkomplex, dem sich mehrere Arbeiten widmen. Am ehesten ist dies bisher im Bereich der Modalpartikeln geschehen. Gerade die in den vorhergehenden Kapiteln beschriebenen Probleme mit Korpusdaten als Grundlage linguistischer Erkenntnis sollten zur Reproduktion bzw. Kontrolle einmal erzielter Ergebnisse ermuntern. Von den hier beschriebenen Arbeiten leistet dies nur Lemnitzer 2001 mit Bezug auf die Arbeit von Thurmair 1989. Verstehen Sie als Leser dieses Buches dies auch als Aufforderung, die hier beschriebenen Arbeiten und daraus gewonnenen Erkenntnisse selbst zu überprüfen.

Wenige Arbeiten machen bisher von den Möglichkeiten Gebrauch, die die linguistische Annotation von Korpora für die weitergehende Forschung schafft. Beispielhaft seien hier die Arbeiten von Nederstigt 2003 sowie von Zinsmeister und Heid 2003 erwähnt. Nicht jede Untersuchung

---

[152]http://www.lemnitzer.de/lothar/KoLi.

profitiert von der Existenz einer linguistischen Annotation, zumal diese
nicht immer hundertprozentig korrekt ist und oft auch nicht tief genug
geht. Wir empfehlen aber, die Verwendung der in den vorhergehenden
Kapiteln beschriebenen annotierten Korpora bzw. Baumbanken für die
Analyse zu erwägen. Man kann sich u.U. auf Vorkommen von Wörtern
in einer bestimmten Wortart oder in einer bestimmten syntaktischen
Position beschränken und so die Genauigkeit der Datenextraktion und
-analyse verbessern.

Nicht in allen Arbeiten wird das Verhältnis von quantitativer und
qualitativer Analyse reflektiert. Ein Musterbeispiel ist hier wieder die
Arbeit von Nederstigt 2003, die für alle analysierten Wörter eine die
kompletten Korpusdaten umfassende quantitative Analyse vornimmt,
für die darauf folgende qualitative Analyse aber für jedes Wort eine
gleich große Anzahl von Belegen auswählt. Letzteres erlaubt ihr, die
Analyse der beschriebenen Wörter vergleichbar zu machen. Die saubere
Trennung beider Aspekte sollte bereits Gegenstand des Forschungsde-
signs sein und vor der Auswahl der Korpora und weiteren Analysemit-
teln stehen.

Letztendlich müssen auch die grundsätzlichen Fragen beantwortet
werden, die wir in den vorhergehenden Kapiteln aufgeworfen haben: Ist
ein Korpus überhaupt geeignet zur Beantwortung der Forschungsfragen? Gibt es Alternativen oder Ergänzungen? In welchem Verhältnis
stehen die ausgewählten Korpusdaten zum beschriebenen Gegenstand,
sind Generalisierungen über die Korpusdaten hinaus möglich? Diese
grundsätzlichen Fragen werden in den hier beschriebenen Arbeiten keinesfalls ausgeblendet, sie könnten u.E. aber stärker reflektiert werden.

11 Weiterführende Literatur

Es gibt leider bisher für das Deutsche kein Buch, das die in diesem
Kapitel dargestellten korpuslinguistischen Ansätze und Themengebie-
te in geschlossener Form präsentieren würde. Zur Zeit ist ein Band
Korpuslinguistik in der Reihe *Handbücher zur Sprache und Kommunikationswissenschaft* in Arbeit, der vermutlich im Laufe des Jahres
2007 erscheinen wird. Die Themen dieses Bandes sind allgemeiner Natur und nicht speziell auf das Deutsche bzw. die germanistische Linguistik zugeschnitten. Ebenfalls im Jahre 2006 wird eine *Einführung
in die Korpuslinguistik* für Germanisten von Carmen Scherer erscheinen. Wir wissen leider wenig über den geplanten Inhalt des Buches,
denken aber, dass sich die Lektüre des Buches ergänzend zu diesem
Buch lohnen wird. Ansonsten ist ein regelmäßiger Blick in die germa-

nistischen Fachzeitschriften zu empfehlen. Ergiebige Quellen sind die Zeitschriften *Deutsche Sprache, Zeitschrift für germanistische Linguistik, Muttersprache, Osnabrücker Beiträge zur Sprachtheorie*. Man sollte außerdem die Beiträge in der englischsprachigen Zeitschrift *Corpus Linguistics* zur Kenntnis nehmen, wenn man up-to-date bleiben möchte. Die Studienbibliographie zur Korpuslinguistik von Lenz (2000) ist ebenfalls eine gute Quelle, der Berichtszeitraum endet allerdings mit dem Jahr 1999. Zur Verwendung von Korpora, die die Sprache von Zweitsprachlernern dokumentieren, verweisen wir auf die ausführliche Online-Bibliographie von Sylviane Granger (`http://cecl.fltr.ucl.ac.be/learnercorpusbibliography.html`).

12 Aufgaben

1. Sie wollen untersuchen, wie oft verschiedene orthographische Varianten eines Wortes verwendet werden, oder, anders formuliert, welche Variante eines Wortes überwiegt. Sie wählen das Web als Korpus und wollen eine Suchmaschine verwenden, um anhand der gelieferten Treffer zu jeder Variante eine ungefähre Abschätzung der Verwendungshäufigkeit vorzunehmen. Arbeiten Sie mit den folgenden Beispielen: a) *Buddyliste / Buddy-Liste / Buddy Liste*, b) *Musikdownload, Musik-Download, Musik Download*, oder wählen Sie ein eigenes Beispiel. Testen Sie die Suchmaschinen google (`www.google.de`), msn (`http://search.msn.de`) und alltheweb (`http://www.alltheweb.com`). Welche Ergebnisse bringt die jeweilige Trefferliste? Prüfen Sie einige Treffer, auch solche, die weiter hinten in der Liste stehen. Sind die Treffer korrekt? Sind Sie, nach Durchsicht der Ergebnisse, der Meinung, dass eine oder mehrere der Suchmaschinen sich für solche linguistischen Untersuchungen eignen?

2. Für eine Untersuchung zu Anglizismen im Deutschen möchten Sie aus einem Korpus möglichst viele Anglizismen extrahieren. Welche Möglichkeiten sehen Sie, Anglizismen von nativen deutschen Wörtern zu unterscheiden, ohne jedes einzelne Wort zu überprüfen?

3. Bearbeiten Sie die Vorsilbe *zwischen* als Vorsilbe zu Verben wie z.B. *zwischenfinanzieren*. Suchen Sie Belege aus einem Korpus oder aus dem Web. Verfassen Sie einen Wörterbuchartikel für dieses Präfix. Erarbeiten Sie eine Übung für den Sprachunterricht.

4. Betrachten Sie die E-Mail in Ihrem Postfach als eine Art Korpus. Diskutieren Sie, wenn möglich in einer Gruppe, nach welchen Textsorten Sie diese Mail sortieren könnten. Untersuchen Sie auch die

Header Ihrer Mail. Welche Informationen aus dem Header lassen sich für eine Klassifikation der Nachrichten in Textsorten nutzen?

5. Auf unserer begleitenden Webseite haben wir Listen von möglichen Kollokanten für einige Schlüsselwörter bereitgestellt. Die Liste der Kollokanten wurde mit statistischen Mitteln aus einem sehr großen Korpus extrahiert. Wählen Sie aus diesen Listen alle Wortpaare aus Schlüsselwort und Kollokant aus, die Sie für die Aufnahme in ein Wörterbuch für würdig halten. Markieren Sie das Stichwort, unter dem Sie die Kollokation einordnen würden. Vergleichen Sie die Ergebnisse mit Ihren Kollegen und ermitteln Sie, wie hoch die Übereinstimmung ist. Vergleichen Sie Ihre Ergebnisse auch mit den Kollokationen in einem ein- oder zweisprachigen Wörterbuch. Welche Kollokationen zum Stichwort fallen Ihnen ein und welche Kollokationen finden Sie im Wörterbuch, die in der Liste nicht enthalten sind?

6. Eine eigene, etwas systematischere, aber keinesfalls erschöpfende Untersuchung des *Wortwarte-Korpus* förderte die folgenden Wörter mit BinnenGroßSchreibung zutage:

   eBay, eBook eGovernment, eLearning, GamerInnen, geWAPnet, LinuxTag, MUDder, WinNT.

   Klassifizieren Sie diese Einheiten nach den Motiven, die zu diesen Bildungen führten. Fallen Ihnen weitere Beispiele ein? Nehmen Sie Stellung zu der Frage, ob die Rechtschreibnorm solche Formen zulassen sollte.

Man muss sich mit einem Korpus anfreunden – Erfahrungen von Linguisten mit Korpora

Im Folgenden präsentieren wir die Antworten einiger Linguisten auf vier Fragen, die wir im Dezember 2005 stellten. Die Fragen beziehen sich auf die Erfahrungen, die die Befragten bei ihrer linguistischen Forschung mit Korpora gemacht haben, und auf Empfehlungen, die sie Neulingen der Korpuslinguistik geben. Einige der Befragten haben per Mail geantwortet, einige haben sich zu einem mündlichen Interview bereit erklärt. Dies ist einer der Gründe, warum die Antworten unterschiedlich lang ausgefallen sind. Wir haben in den meisten Fällen die Antworten gekürzt, da sie sonst den Rahmen dieses Kapitels gesprengt hätten. Die vollständigen Texte bzw. Transkripte der Interwiews können Sie auf der dieses Buch begleitenden Webseite (`http://www.lemnitzer.de/lothar/KoLi`) nachlesen.

Wir haben versucht, Interviewparter zu gewinnen, die Experten auf mindestens einem der mit der Korpuslinguistik verbundenen Gebiete sind, nämlich theoretische Linguistik, Lexikographie, Computerlinguistik und Sprachlehre. Dass die Biographien der meisten Interviewten in irgendeiner Weise mit Tübingen verbunden ist, hängt sicher auch mit der Biographie und dem momentanen Arbeitskontext der Autoren dieses Buches zusammen.

Wir stellen zunächst die befragten Experten vor und fassen im Anschluss daran alle Antworten zu jeweils einer Frage in einem Abschnitt zusammen. Wir haben die Beiträge dabei alphabetisch geordnet.

1 Porträts

Julia Berman Studium der Germanistischen Linguistik, Romanistik und Deutsch als Fremdsprache an der Universität München, anschließend Wissenschaftliche Angestellte am Institut für Maschinelle Sprachverarbeitung und Mitglied im Graduiertenkolleg *Linguistische Grundlagen der Sprachverarbeitung* in Stuttgart. Promotion im Bereich der Syntax des Deutschen im Jahr 2000. Zur Zeit wissenschaftliche Assistentin am Germanistischen Institut der Ruhr-Universität Bochum, Lehrstuhl für Germanistische Linguistik. Mitverfasserin eines Arbeitsbuchs zur deutschen Syntax, erschienen im Gunter Narr Verlag.

Sabine Braun Seit 1995 wissenschaftliche Angestellte am Seminar für Englische Philologie der Universität Tübingen. Promotion in englischer Linguistik. Forschung u.a. im Bereich der Verwendung von Korpora für die Sprachlehre (*ELISA: English-Language Interview Corpus as a Second-Language Application*)

Veronika Ehrich promovierte an der Universität Bielefeld; Habilitation an der Universität zu Köln im Bereich der germanistischen Linguistik. Aufenthalte als Gastwissenschaftlerin am Max-Planck-Institut in Nijmegen und an der Universität Berkeley. Seit 1993 Professorin für germanistische Linguistik an der Universität Tübingen. Projektleiterin im Sonderforschungsbereich *Linguistische Datenstrukturen.*

Christiane Fellbaum promovierte an der Princeton University, wo sie jetzt als Linguistin und kognitive Wissenschaftlerin als *Senior Research Psychologist* forscht. Leitende Entwicklerin des *Princeton WordNet* einer lexikalisch-semantischen Ressource des Englischen. Sie erhielt 2001 den Wolfgang-Paul-Preis der Humboldt-Stiftung. Leiterin des Projekts *Kollokationen im Wörterbuch* an der Berlin-Brandenburgischen Akademie der Wissenschaften.

Erhard Hinrichs Promotion (1985) auf dem Gebiet der Formalen Semantik an der Ohio State University. Research Scientist bei Bolt Beranek and Newman Laboratories, Cambridge, Mass. (1985-1987). Assistant Professor am Department of Linguistics, University of Illinois at Urbana-Champaign (1987-1990). Professor für Allgemeine Sprachwissenschaft und Computerlinguistik an der Universität Tübingen (seit 1991). Gastprofessuren an der Universität des Saarlandes, Saarbrücken (1988/89), bei NTT Laboratories, Yokosuka (1993/94) und an der Ohio State University (seit 1997). Seit 1998 ist er Projektleiter für große Annotationsprojekte zum Gegenwartsdeutschen, u.a. der Tübinger Baumbanken für gesprochene Sprache und für Schriftsprache.

Annette Klosa Promotion an der Universität Bamberg im Bereich der germanistischen Linguistik, verschiedene Tätigkeiten an den Universtiäten Bamberg und Sewannee in Tennessee. 1996-2001 Redakteurin in der Dudenredaktion. Zur Zeit wissenschaftliche Mitarbeiterin in der Abteilung Lexik des Instituts für deutsche Sprache in Mannheim, Leiterin des Projekts *elexiko.*

Anke Lüdeling promovierte 1998 in Tübingen über deutsche Partikelverben; danach arbeitete sie als wissenschaftliche Mitarbeiterin am Institut für maschinelle Sprachverarbeitung an der Universität Stuttgart und am Institut für Kognitionswissenschaft an der Universität Osnabrück. Seit 2002 ist sie Juniorprofessorin für Korpuslinguistik an der Humboldt Universität zu Berlin. Sie ist dort unter anderem an einer bundesweiten Initiative zum Aufbau eines historischen Korpus des Deutschen beteiligt und baut ein fehlerannotiertes Korpus mit Beiträgen von Lernern des Deutschen als Fremdsprache auf.

Detmar Meurers promovierte 1999 an der Universität Tübingen im Bereich der *Head-Driven Phrase Structure Grammar.* Zur Zeit *Associate Professor of Linguistics* an der Ohio State University.

Karin Pittner Studium der Anglistik und Germanistik in München. Wissenschaftliche Mitarbeiterin am Institut für Deutsche Philologie der Ludwig-Maximilians- Universität München. Habilitation 1997. Seit 1999 Professorin für Germanistische Linguistik an der Ruhr-Universität Bochum. Mitverfasserin eines Arbeitsbuchs zur deutschen Syntax, erschienen im Gunter Narr Verlag.

Marga Reis Promotion und Habilitation in der germanistischen Linguistik an der Universität München. Seit 1985 Professorin für germanistische Linguistik an der Universität Tübingen. Sprecherin des Sonderforschungsbereichs *Linguistische Datenstrukturen.*

Angelika Storrer Dissertation zur Verbvalenz an der Universität Heidelberg. Forscherin am Institut für wissensbasierte Systeme der IBM, am Seminar für Srachwissenschaft der Universität Tübingen und am Institut für deutsche Sprache in Mannheim, in den Bereichen Grammatik und Lexik des Deutschen. Seit 2002 Professorin für Linguistik der deutschen Sprache und Sprachdidaktik an der Universität Dortmund.

2 Fragen und Antworten

Bei welchen linguistischen Untersuchungen haben Sie Korpora verwendet?

Berman: In meiner Dissertation zur Frage der Stellung der Komplementsätze und in einer Arbeit zu Prädikativen.

Braun: Vor einigen Jahren haben wir angefangen, ein kleines Korpus für Sprachlernzwecke zu entwickeln. Das *ELISA* Korpus ist eine Sammlung von Interviews mit englischen Muttersprachlern, die auf Video aufgezeichnet und transkribiert wurden. Die Sprecher berichten alle über ihr Berufsleben und über ihre berufliche Entwicklung und geben Beispiele aus ihrer Projektarbeit. Sie reden also alle etwa über das gleiche Thema. Wir haben allerdings in den Interviews die Fragen nur angerissen und haben die Leute dann reden lassen, um einen möglichst natürlichen Redefluss zu bekommen. Das Interessante an diesem Korpus für Sprachenlerner ist, dass es thematisch homogen ist, aber trotzdem lebendig und z.T. auch witzig. Die Interviews werden auch dadurch attraktiv, dass einige ungewöhnliche Berufe dabei sind, z.B. der Direktor eines tropischen Zoos. Dennoch geht es in allen Texten letztlich um Professional English, das für das Sprachenlernen heute in vielen Bereichen relevant ist. Außerdem sind viele Varietäten des Englischen vertreten (Australier, Engländer, Amerikaner, Iren, Schotten). Für einen Lerner ist es interessant, sich die Interviews im Ganzen anzuschauen, um überhaupt zu wissen, worum es da geht, oder sich dann mit einzelnen Teilen aus verschiedenen Interviews zu beschäftigen. Durch die Ähnlichkeit der Interviews können die Lerner z.B. vergleichen, wie verschiedene Leute über ihre Projektarbeit oder über ihre Probleme bei der Arbeit reden. Dieser Materialreichtum ist interessant und lehrreich. Das kann dann ergänzt werden durch die Arbeit mit Wortlisten, Konkordanzen und weiterführenden Übungsmaterialien, so dass man lernt, welche Wörter und Phrasen wirklich häufig verwendet werden und wie und in welchem Kontext.

Ehrich: Ich habe Korpora vor allen Dingen bei Spracherwerbsuntersuchungen verwendet. Da kann man nur zwei Methoden anwenden: entweder Korpora oder Experimente. Ich habe bei meiner eigenen Arbeit Korpusuntersuchungen gemacht. Ich habe außerdem Korpora bei Untersuchungen zu Modalverben verwendet, und zwar die COSMAS Korpora.

Fellbaum: Das Projekt *Kollokationen im Deutschen des 20. Jahrhunderts* basiert ausschließlich auf Korpusdaten. Ziel des Projekts ist die empirische Erforschung der linguistischen Eigenschaften deutscher Idiome auf breiter Basis.

Hinrichs: Ich habe Korpora sowohl bei eher linguistischen Arbeiten als auch bei computerlinguistischen Untersuchungen genutzt. 1980 habe ich zum ersten Mal ein Korpus für eine linguistische Untersuchung verwendet, also lange bevor Korpuslinguistik wieder salonfähig wurde. Ich habe damals eine Arbeit geschrieben zur Semantik temporaler Anaphora. Es ging konkret darum, wie sich Zeitstrukturen in narrativen Texten abbilden. Ich habe relativ schnell eingesehen, dass man mit konstruierten Beispielen nur eine sehr begrenzte Datenmenge bekommt und habe mir deswegen damals sehr viele Krimis angeschafft. Bei Krimis spielen eben die Reihenfolge von Ereignissen und deren Auswirkungen eine viel größere Rolle als bei anderen belletristischen Texten. Es ist mir dann gelungen, interessante Abschnitte zu finden in Bezug auf temporale Anaphora. Diese Arbeit ist damals relativ viel zitiert worden, u.a. sicher darum, weil dort eine Korpusuntersuchung gemacht worden ist, auch wenn das eine Art von Korpus war, die man heute eher belächeln würde. Seitdem bin ich ein großer Fan von korpuslinguistischen Untersuchungen vor allem auch für theoretische Fragestellungen.

In jüngster Zeit habe ich Korpora unter zwei Forschungsperspektiven untersucht, und zwar einmal, wie sich große Datenmengen z.B. nach Wortklassen automatisch annotieren lassen – das sind Untersuchungen, die ich im SFB 441 gemacht habe – und wie sich auf Grund von getaggten Texten dann auch syntaktische Informationen automatisch generieren lassen. Für die letztgenannte Fragestellung verwenden wir bereits linguistisch annotierte Korpora. Ich habe vor allem ein Interesse an maschinellen, überwachten Lernverfahren, bei denen es notwendig ist, dass man linguistisch annotierte Daten in großer Menge vorrätig hat. Das jüngste Beispiel einer solchen Untersuchung ist die Verwendung von memory-basierten Lernverfahren und hybriden, statistischen und regelbasierten, Verfahren, um Anaphern aufzulösen. Diese Untersuchung, die ich zusammen mit Ekaterina Filipowa und Holger Wunsch mache, dauert noch an. In der letzten Phase des SFB habe ich mich mit morphologischer Disambiguierung beschäftigt, d.h. wie sich Kasus- und Numerusinformationen automatisch kontextuell auflösen lassen. Diese Untersuchungen habe ich zusammen mit Julia Trushkina durchgeführt. Da ging es um die Verbindung von probabilistischen kontextfreien Grammatiken und regelbasierten Constraint-Grammatiken.

Lüdeling: Ich habe Korpora sowohl für qualitative als auch für quantitative morphologische Untersuchungen verwendet. Ich habe angefangen, mit Korpora zu arbeiten, als ich im Verbmobil-Projekt tätig war – damals habe ich anhand von englischen und deutschen Korpora Übersetzungsregularitäten gesucht und Transferregeln geschrieben. In einem späteren Projekt (*DeKo*) habe ich vor allem mit qualitativen Mitteln versucht, Wortbildungsregularitäten und bestimmte Wortbildungsmuster zu finden. Quantitative Untersuchungen bezogen sich auf Produktivitätsuntersuchungen (*Wie produktiv ist ein Wortbildungsmuster?*). Produktivität und Wortbildung interessieren mich auch heute noch sehr. Weiter verwende ich historische Korpora bei der Untersuchung von Ähnlichkeiten zwischen den historischen Stufen des Deutschen mit bioinformatischen Methoden. Das Projekt ist noch ziemlich neu und wir stehen noch am Anfang. Dann sind wir gerade dabei, ein Lernerkorpus aufzubauen, in dem man Daten von fortgeschrittenen Lernern des Deutschen als Fremdsprache findet. Auch hier arbeiten wir qualitativ (wir entwickeln Tagsets für ‚Fehler' oder Abweichungen auf allen linguistischen Ebenen und quantitativ (wir vergleichen unsere Lernerdaten statistisch mit entsprechend erhobenen Muttersprachlerdaten).

Klosa: Elektronische Korpora des geschriebenen Deutsch benutze ich seit einigen Jahren zur Beantwortung von wortbezogenen Sprachanfragen durch Laien, zur Klärung von Fragen der Wortbildung und hauptsächlich als Grundlage der Erarbeitung von Wortartikeln für ein hypertextuelles Informationssystem zur deutschen Gegenwartssprache (dies genauer zu erläutern, würde hier allerdings den Rahmen sprengen, weswegen auf www.elexiko.de hingewiesen sei). Der „Griff" zu Korpora ist immer dadurch motiviert, dass ich aus der Korpusrecherche und -analyse Ergebnisse erwarten kann, die den tatsächlichen Sprachgebrauch (wie er im jeweiligen Korpus festgehalten ist) dokumentieren und die zumindest zum Teil über das hinausgehen, was schon in Wörterbüchern, Grammatiken, Sprachratgebern, Wortbildungslehren etc. festgehalten ist. Ein Beispiel: Eine typische Sprachberatungsanfrage zielte darauf zu erfahren, ob in einem bestimmten Kontext das Nomen *Brache* korrekt verwendet wurde. Hierüber war es zu einem Streit zwischen einem Landwirt und dem zuständigen Amt für Landwirtschaft gekommen. Eine Überprüfung der Wörterbucheinträge zu Brache ergab, dass hiermit ein *brachliegendes Feld, Land* bezeichnet wird wie die *Zeit, während der der Acker brachliegt*. Eine Recherche in den Korpora geschriebener Sprache des Instituts für Deutsche Sprache (IDS, Mannheim) ergab darüber hinaus, dass brachliegende Stücke Land nicht nur im landwirtschaftlichen Kontext thematisiert werden, sondern das Wort Brache auch für unbebaute, nur noch mit Schutt, Ruinen und wild wachsenden Pflanzen bedeckte innerstädtische Stücke von Land verwendet wird. In diesem Sinne konnte ich dann auch dem Landwirt bei seinem Streit helfen. Die systematische Auswertung der Suchergebnisse aus einer Korpusanalyse kann beispielweise auch Aufschluss über neue Wortbildungsmuster, die gerade erst entstehen bzw. ausgebaut werden, geben. Verben mit *zwischen-* sind hierfür ein gutes Beispiel (z. B. *zwischenlagern, zwischenlanden, zwischenschalten, zwischenfinanzieren*). Diese sind zwar z.T. schon in gegenwartssprachlichen Wörterbüchern erfasst, das Wortbildungsmuster ist als solches von der Wortbildungsforschung aber noch nicht beschrieben worden. In den IDS-Korpora der geschriebenen Sprache finden sich über 40 *zwischen*-Verben, die allerdings, wie eine chronologische Sortierung der Belegstellen zeigt, erst seit den 1980er Jahren vorkommen. Es handelt sich bei diesem Muster offensichtlich um ein noch junges, was auch die fehlende Beschreibung in Darstellungen zur verbalen Wortbildung erklärt.

Pittner: Ich habe Korpora zur Untersuchung von freien Relativsätzen verwendet. Mein Ziel war, herauszubekommen, wie häufig der Kasus des Relativums von dem vom Matrixverb geforderten Kasus abweicht und ob diese Abweichungen einer bestimmten Regularität folgen. Zum anderen habe ich neulich in einer kleinen Studie untersucht, in welchen Funktionen *wo* in Relativsätzen auftritt. Hierzu verwendete ich vom IDS bereitgestellte Korpora, und zwar ein Zeitungskorpus und das Pfeffer-Korpus, da es sich hierbei um ein Korpus gesprochener Sprache mit Sprechern aus verschiedenen Regionen handelt, so dass sich regionale Unterschiede und Unterschiede zwischen gesprochener und geschriebener Sprache aufzeigen ließen. Gerade im Entstehen ist eine Studie zu adjektivischen Eigenschaften prädikativer Nomina, für die ich das World Wide Web als Korpus heranziehe.

Reis: Ich habe extensiv bei zwei Untersuchungen Korpora verwendet, und zwar einmal bei einer kritischen Nachuntersuchung zur Verteilung von Korrelat-*es*, da wollte ich nachprüfen, was Bengt Sandberg (Sandberg, 1998) gemacht hat, ein weiteres Mal bei Untersuchungen zum Gebrauch von *drohen* und *versprechen*. Es ist bei beiden kohärenten Verben notwendig, herauszufinden, inwieweit die dritte Konstruktion verbreitet ist. Die Daten habe ich nicht selbst erhoben, sondern von Mitarbeitern aus den IDS-Korpora extrahieren lassen. Ich habe sie aber selbst ausgewertet.

Storrer: Ich führe corpusgestützte Untersuchungen zu deutschen Nominalisierungsverbgefügen (NVG) durch, also zu Konstruktionen wie *in Verbindung bringen, Unterricht erteilen*. Dabei interessiert mich einerseits das Verhältnis zwischen NVGs und semantisch äquivalenten Basisverbkonstruktionen, also z.B. zwischen *Unterricht erteilen* vs. *unterrichten*. In einer Vergleichstudie habe ich untersucht, in welchen Fällen die beiden Konstruktionstypen tatsächlich wechselseitig paraphrasierbar sind, und welche Leistungen sie jeweils für die Textkohärenz und Informationsstrukturierung spielen. Andererseits habe ich bestimmte Annahmen über die Systematik der NVG evaluiert, u.a. die morphosyntaktische Variabilität der nominalen Bestandteile (*Unterricht, in Verbindung*), deren Pronominalisierbarkeit und deren Modifizierbarkeit durch Adjektivattribute oder Relativsätze.

Weiterhin nutzen wir Korpora zur empirischen Erforschung von sprachlichen Besonderheiten in der internetbasierten Kommunikation (E-Mail, Foren, Chat, Weblogs etc.). Der Schwerpunkt in meinem Dortmunder Arbeitsbereich liegt auf der Erforschung der Chat-Technologie in verschiedenen Anwendungskontexten (Freizeitbereich, Medien, Bildung + Weiterbildung). Meine Arbeitsgruppe hat dazu ein Korpus aufgebaut, das Chat-Logfiles aus verschiedenen Bereichen umfasst: universitäre Online-Seminare; Interviews per Chat; eventbegleitende Chats (z.B. *InterNetzer*), Beratungs-Chats (psychosoziale Beratung, Bibliotheks-Hotline, Beratung zur eBay-Nutzung) und themenunspezifische „Plauderchats" . Die Logfiles sind in ihrer Struktur XML-annotiert und mit Metadaten (Chat-Typ, verwendetes Werkzeug, Informationen über das Geschlecht der Chatter etc.) versehen. Zu seiner Auswertung wurde ein darauf spezialisiertes Such- und Auswertungswerkzeug entwickelt. Auf dieser Basis untersuchen wir einerseits, wie häufig die als typisch für Chats geltenden Sprachmerkmale, also z.B. Emotikons, Abkürzungen wie **lol**, Asterisk-Ausdrücke wie **heul**, konzeptionell mündliche Elemente wie *haste, biste, net*, tatsächlich in den Logfiles der verschiedenen Anwendungsbereiche vorkommen. Andererseits untersuchen wir Probleme der Kohärenzbildung und Sprachhandlungskoordination, die auf die spezielle Situation im Chat (fehlende Wahrnehmbarkeit von Produktionshandlungen) zurückgehen. Wir typisieren Typen von Problembereichen (Referenz, Deixis, Überkreuzung von Adjazenzmustern) und untersuchen, wie die Chatter damit umgehen bzw. mit welchen Strategien sich solche Probleme ggf. vermeiden lassen.

Was hat Sie bei ihrer linguistischen Arbeit zur Verwendung von Korpora motiviert?

Berman: Die Suche nach Belegen, um theoretische Annahmen widerlegen zu können. So lautete z.B. eine Annahme, dass Gradpartikel nicht vor linksversetzten Ausdrücken stehen können. Dies hätte meiner Analyse widersprochen. Daher brauchte ich dringend authentische Gegenbeispiele, die ich auch problemlos gefunden habe. Allgemein: Der Wunsch, Belege zu finden, wenn die Daten sehr umstritten sind, und die Erfahrung, dass ich durch die Korpora auf Phänomene gestoßen bin, auf die ich selbst gar nicht gekommen wäre.

Braun: Unser Interesse an Korpora ist eingebettet in die empirische Sprachlernforschung zum Zweitsprachenerwerb. Die Sprachlernforschung orientiert sich stark an konstruktivistischen, kognitiven und kommunikativen Lerntheorien. Diese Ansätze fordern, dass man im Sprachunterricht mit authentischen Materialien arbeitet und dass man Lerner möglichst zum autonomen Lernen befähigt. Für diese beiden Ziele eignet sich der Einsatz von Korpora sehr gut. Korpora sind eine wertvolle Quelle authentischer Sprachdaten und bieten für Sprachenlerner den Vorteil, dass man Sprachverwendungsmuster viel deutlicher sieht als in einzelnen Texten. Korpuslinguistische Methoden fördern induktives und autonomes Lernen. Außerdem können sie die Texterschließung besser unterstützen. Es ist ganz was anderes, ob ich einen Text einfach nur so lese oder ob ich ihn mir über Frequenzlisten und Konkordanzen weiter erschließe.

Ehrich: Bei den Kohärenzeigenschaften der Modalverben ist es so, dass diese skopusambig sind. Und ich wollte gerne wissen, ob diese Skopus-ambiguität, die in der Grammatik einfach unzweifelhaft besteht, sich in realen Daten wiederauffinden lässt. Ich muss leider sagen, dass, wie die realen Daten zeigen, es eine solch klare Präferenz für den weiten Skopus der Negation gibt, dass letzten Endes mit der Skopusambigui-tät der Modalverben nicht gut argumentieren ist, wenn man erstmal reale Daten anschaut. Allerdings habe ich hier nur geschriebene Daten verwendet. Ich bin immer noch davon überzeugt, dass der Skopus am-big ist, dass man dann aber die Intonation in die Untersuchung mit einbeziehen müsste. Dazu bräuchte man aber bessere Korpusdaten, we-nigstens mit einer Audiospur.

Fellbaum: Ich glaube nicht, dass man heute noch linguistische Theori-en bauen und vertreten kann, ohne die relevanten Phänomene in Korpo-ra untersucht zu haben (das heißt natürlich nicht, dass *alle* Korpusdaten gleichwertig sind). Zweitens ging es bei meinem Thema – Kollokationen – darum, die unzulänglichen Darstellungen in Papierlexika durch eine digitale lexikalische Ressource, in der jeder Eintrag mit Korpusdaten verlinkt ist, zu ergänzen oder zu ersetzen.

Hinrichs: Es gibt zwei Motivationen hierfür. Bei rein linguistischen Arbeiten ist das die Einsicht, dass als Datentyp intuitive Sprecherurteile häufig nicht ausreichen, vor allem auch für semantische Fragestellungen, wo es weniger darum geht, ob ein Satz etwa wohlgeformt ist, sondern eher darum, wie ein Satz im Kontext zu interpretieren ist. Deswegen muss man ohnehin über die klassische Satzgrenze auf die Diskursebene übergehen. Wenn man dann sowieso bei Texten ist, dann liegt eine korpuslinguistische Untersuchung nahe, weil man noch stärker als bei syntaktischen Untersuchungen bei der Generierung von Daten nach der eigenen linguistischen Intuition an die Grenze stößt. Man neigt ja dazu, nur solche Beispiele als Artefakte zu generieren, die zur eigenen Theorie passen. Um aus diesem Teufelskreis herauszukommen, bietet sich die Verwendung von Korpora einfach an.

Bei computerlinguistischen Untersuchungen ist es so, dass man oh-nehin auf annotierte Korpora angewiesen ist, wenn man datenintensi-ve Methoden verwenden will, also z.B. stochastische Verfahren und maschinelle Lernverfahren. Das gehört zur Methode von überwachten Lernverfahren und ist insofern nicht nur eine Frage der Motivation, sondern auch der Notwendigkeit, die sich aus der gewählten Methode ergibt.

Lüdeling: Die Fragestellungen sind bei mir zunächst theoretischer Natur, also zum Beispiel, wie Wortbildungsprozesse ablaufen. Da habe ich Korpora zunächst mal als Beispielsfundus verwendet, um darin Dinge zu finden, auf die ich selber nicht gekommen wäre. Ich habe die Daten überwiegend als Inspirationsquelle genutzt, ansonsten aber auf meine Intuition oder Grammatikalitätsurteile vertraut. Bei solchen Untersuchungen sortiere ich Daten aus, wenn ich denke, dass sie falsch oder unbrauchbar sind. Dann habe ich an der auch aus der theoretischen Linguistik kommenden Frage der Produktivität von Wortbildungseinheiten geforscht. Dafür gibt es außer Korpora kaum Quellen, denn ich brauche hier quantitative Daten und darüber hat man keine Intuition. Hier arbeite ich viel strikter oder im eigentlichen Sinne korpuslinguistisch und nehme alle Daten so an, wie ich sie finde (wie die Daten interpretiert werden, ist dann eine andere Sache). Für Untersuchungen, die sich auf historische Korpora und Lernerkorpora stützen, habe ich natürlich auch keine intuitiven Daten. Historische Sprachformen sind nicht anders zugänglich als in Korpusform und Lernerdaten kann ich auch nur bekommen, wenn ich Lerner befrage, d.h. in den beiden Fällen steht mir die Intuition als Datenquelle nicht zur Verfügung. Bei Lernern könnte man sicher noch mit psycholinguistischen Experimenten arbeiten.

Pittner: Die interessantesten Ergebnisse ergab bisher meine Untersuchung zu den freien Relativsätzen. Ich hatte angefangen, einzelne Belege zu freien Relativsätzen (und zu einer ganzen Reihe von anderen sprachlichen Phänomenen) zu sammeln. Im Fall der freien Relativsätze zeigte sich dann schnell, dass die Belege nicht den in den deutschen Grammatiken postulierten Regeln folgten. Dort wurde behauptet, dass der Kasus des Relativpronomens bei freien Relativsätzen stets der Kasusform entsprechen muss, die der Matrixsatz für die vom freien Relativsatz gefüllte Stelle verlangt. Die Belege für Abweichungen von diesen Regeln häuften sich. Ich befragte dazu auch Sprecher/innen, wie sie diese Belege beurteilten und sie wurden zum Teil nicht schlechter beurteilt als „regelkonforme" freie Relativsätze. Es zeigte sich jedoch auch, dass bestimmte Abweichungen als deutlich besser beurteilt wurden als andere. In der Literatur zu freien Relativsätzen in anderen Sprachen stieß ich dann auf die Aussage, dass die Abweichungen einer Kasushierarchie folgen. Es war sehr spannend zu sehen, dass die Abweichungen, die einer Kasushierarchie folgen, auch von den Sprecher/innen des Deutschen als wesentlich besser beurteilt wurden, als solche, die dies nicht tun. Außerdem fand ich keine Belege für Abweichungen, die nicht der Kasushierarchie genügen. Das Deutsche schien hier also genau den Regeln der Kasushierarchie zu folgen, die auch in einigen anderen Sprachen wirksam ist. Es stellte sich aber nun die Frage, ob es denn gar keine Ausnahmen zu dieser Hierarchie gibt, und zudem auch die grundlegende Frage, wie oft die Abweichungen von den in den Grammatiken formulierten Regeln auftreten. Handelt es sich dabei eher um ein marginales Phänomen, das man vernachlässigen kann, oder sind sie doch ziemlich häufig? Dies kann man anhand einer Belegsammlung nicht entscheiden. Es war also notwendig, systematisch die Häufigkeit von abweichenden und nicht abweichenden freien Relativsätzen zu untersuchen. Als Korpora wählte ich ein vom Institut für Deutsche Sprache in Mannheim zur Verfügung gestelltes Zeitungs- und Belletristik-Korpus sowie ein Korpus philosophischer Texte, das im Rahmen der digitalen Bibliothek erschienen ist. Diese CD ist zwar nicht als Korpus für linguistische Untersuchungen zusammengestellt, die bereitgestellten Suchwerkzeuge erwiesen sich jedoch für meine Fragestellung als ausreichend. Es zeigte sich, dass Abweichungen in manchen Korpora häufiger auftraten als in anderen. Die philosophischen Texte wiesen kaum Abweichungen auf. Insgesamt zeigte sich, dass es sich dabei um ein sehr häufiges Phänomen handelt, das man nicht einfach als Fehler wegerklären kann. Beispiele für Abweichungen, die nicht im Einklang mit der Kasushierarchie waren, traten praktisch nicht auf. Inzwischen werden die Abweichungen sowie die dabei wirksame Kasushierarchie auch von einigen neueren Grammatiken anerkannt. Das war für mich das Spannendste: zu sehen, dass Grammatiken bei einigen Phänomenen eher von normativen oder tradierten Auffassungen ausgehen, die wahrscheinlich noch nie auf ihre empirische Fundierung hin untersucht worden sind. Auch bei gut dokumentierten Sprachen wie dem Deutschen gibt es also für Korpuslinguist/inn/en Einiges zu entdecken. Die Überprüfung von Theorien und Hypothesen am konkreten sprachlichen Material halte ich für eine der spannendsten Aufgaben von Linguist/inn/en.

Reis: Bei der Untersuchung zu *drohen* und *versprechen* hat mich motiviert, dass man ohne authentische Belege niemanden überzeugen kann. Ich hatte zwei Thesen – erstens die, dass es sich eigentlich nicht um modale Varianten handelt. Dazu musste ich nachweisen können, dass es infinite Belege gibt. Zweitens wollte ich etwas Historisches herausfinden. Ich wollte eigentlich zeigen, dass die sogenannte dritte Konstruktion erst spät entstanden ist. Leider haben dann die Vergleichskorpora aus dem 19. Jahrhundert gefehlt, also konnte ich das nicht zeigen. Das ist eines der größten Probleme, dass es keine historischen Vergleichskorpora, also z.B. Korpora von Zeitungstexten aus dem 19. Jahrhundert, gibt[1].

---

[1] Abhilfe schaffen könnte das Projekt Deutsch Diachron Digital (`www.deutschdiachrondigital.designato.de`), eine Initiative einer interdisziplinären Forschergruppe, die sich zusammengeschlossen hat, um ein Digitales Referenzkorpus

Bei der *es*-Arbeit ist der zentrale Punkt, dass immer unterschätzt wird, dass Korpusdaten Produktionsdaten sind und Grammatikalitäts-urteile Rezeptionsdaten. Das sind beides komplexe kognitive Operationen ganz unterschiedlicher Art. Ich wollte die *es*-Arbeit von Sandberg, die korpusbasiert ist, nachprüfen und vergleichen mit Studien über Grammatikalitätsurteile.

Storrer: Zunächst der Wunsch nach größerer Beschreibungsadäquatheit. In den 1980er Jahren war ich am damaligen Forschungszentrum der IBM in Heidelberg am Aufbau einer Datenbank zur Valenz deutscher Verben beteiligt. Grundlage waren die Testsets aus dem Valenzwörterbuch von Helbig und Schenkel. Immer wieder ist es mir passiert, dass ich bei der abendlichen Zeitungslektüre auf einen Satz gestoßen bin, den ich am Nachmittag durch meine Valenzbestimmung als ungrammatisch ausgeschlossen hätte, der im gegebenen Kontext grammatisch aber völlig unauffällig war. Ich habe in diesem Zuge insgesamt eine gewisse Skepsis gegen den alleinigen Einsatz von linguistischen Tests entwickelt, allerdings waren damals noch kaum digitale oder gar linguistisch aufbereitete Korpora für die deutsche Sprache verfügbar. Aus meiner Sicht ist es eine große Bereicherung für die linguistische Forschung, dass inzwischen mehrere digitale Korpora geschriebener und gesprochener deutscher Sprache mit entsprechenden Werkzeugen kostenfrei verfügbar sind und auch die Menge linguistisch annotierter Daten wächst. In vielen Bereichen lassen sich dadurch sprachliche Phänomene besser beschreiben und systematisieren; besser in dem Sinne, dass die Beschreibungen das Verhalten der entsprechenden Einheiten in authentischen Texten adäquater wiedergeben, dass auch quantitative Aspekte berücksichtigt werden können, sodass typische/gebräuchliche von weniger typischen/ ungewöhnlichen Strukturen unterschieden werden können.

Viele satzübergreifende Phänomene (Textkohäsion und -kohärenz, Informationsstrukturierung, thematische und rhetorische Strukturierung) lassen sich überhaupt erst sinnvoll an Korpusdaten untersuchen. Z.B. lässt sich die Frage, worin sich die Verwendungsmöglichkeiten von Nominalisierungsverbgefügen (*Unterricht erteilen, Hilfe leisten*) von denen scheinbar synonymer Basisverbkonstruktionen (*unterrichten, helfen*) unterscheiden, am besten an Verwendungen beider Konstruktionstypen in authentischen Textzusammenhängen beantworten.

---

des Deutschen zu entwickeln. Dieses Korpus soll die deutsche Textüberlieferung von den Anfängen bis 1900 umfassen. Das Projekt war zur Zeit der Entstehung unseres Buches zur Begutachtung bei der DFG eingereicht.

Gab es positive oder negative Überraschungen bei Ihrer Arbeit mit Korpora?

Berman: Positiv: Ich habe oft überraschende Daten gefunden. Negativ: Die Anfragesprache ist bei manchen Korpora zu kompliziert bzw. zu wenig dokumentiert. Man braucht zuviel Zeit und Geduld, die Anfragesprache zu verstehen und anwenden zu können.

Braun: Bei einigen Interviews haben wir Webseiten der Institution gefunden, aus der die Sprecher stammen. Die Sprecher erzählen oft das über ihre Firma oder ihr Unternehmen, was bekannt und veröffentlicht ist, und solche Informationen finden sich dann ja auch auf den Webseiten dieser Firmen wieder. So kann man sehr gut vergleichen zwischen der gesprochenen Variante und den Texten auf der Webseite. Hier war ich dann selbst überrascht, obwohl mir die Unterschiede natürlich bewusst sind, wie stark diese Unterschiede sind – und das selbst bei Sprechern, von denen man beim Zuhören den Eindruck hat, dass sie sozusagen „wie gedruckt" reden. Trotzdem verwenden sie viele Intensifier und Softener wie *really* oder *just* und auch jede Menge vager Ausdrücke von *lots of* bis *sort of*. Ich fand es sehr bemerkenswert, dass man das bereits in einem kleinen Korpus in dieser Deutlichkeit sieht. Solche einfachen Vergleiche kann man auch mit Schülern gut machen.

Ehrich: Das Technische an der Korpusarbeit kann ich nicht so gut kommentieren, weil ich zwar mit Korpusdaten gearbeitet habe, aber mir die Rohdaten von meinen Studierenden, von meinen Hilfskräften habe rausfiltern lassen. Ich habe nur die *CHILDES*-Daten technisch selbst gehandelt und das *CHILDES-Korpus* ist sehr benutzerfreundlich. Die inhaltlichen Überraschungen sind immer enorm, wenn man mit Korpora arbeitet, ich hab schon drauf hingewiesen im Zusammenhang mit den Modalverben. Wir haben auch Korpusuntersuchungen gemacht bei einem Projekt über *-ung*-Nominalisierungen, da sind auch die Überraschungen groß, weil man sieht, dass das, was sozusagen von der Grammatik vorgegeben ist, im Deutschen gar nicht vorkommt. Wir haben in der Regel Strukturen mit definitem Artikel und Nominalisierung und nicht viel mehr, d.h. komplexe Strukturen wie im Englischen kommen kaum vor, das fand ich überraschend.

Fellbaum: Natürlich! Introspektion („kann man XYZ sagen?") führt nur zu begrenzten, oft falschen, Einsichten, da man bei der Selbstbefragung schon theoretische Vorurteile oder Scheuklappen hat. Zweitens wollen wir die Sprache einer Gemeinschaft, nicht nur die einiger Linguisten, untersuchen. Die Reichhaltigkeit der Sprache überrascht uns sehr oft. Positiv natürlich, da neue Daten immer neue Herausforderungen stellen und auch zu neuen Einsichten führen können.

Hinrichs: Ich hatte schon von meiner Magisterarbeit erzählt, in der es um temporale Anaphora ging. Da habe ich die Verwendung authentischer Daten als sehr positiv empfunden, weil sie einfach einen viel breiteren und unverstellten Blick ermöglicht und ich auf wesentliche neue Einsichten durch die empirischen Untersuchungen mit in dem Fall narrativen Texten gestoßen bin, was mit Sicherheit bei rein künstlich konstruierten Texten nicht passiert wäre. Man sollte aber auch einen nüchternen Blick für den Nutzen von Korpora und auch deren Grenzen haben. Der Nutzen liegt auf der Hand, man bekommt überraschende und häufig auch sehr interessante Daten. Man sollte jetzt aber auch nicht eine Art Ausschließlichkeit von Korpora als Datentyp postulieren, als einen Datentyp, der dann in toto die intuitiven Sprecherurteile ersetzen kann. Es ist so, dass man natürlich bei positiven Belegen Rückschlüsse aus Korpora ziehen kann. Aber aus dem reinen Nichtvorhandensein von Phänomenen in Korpora lassen sich zwar gewisse Rückschlüsse auf die Häufigkeit dieser Phänomene ziehen, es lässt sich aber kein grundsätzliches Urteil hinsichtlich etwa von Grammatikalität ableiten. Insofern ist wohl nur derjenige negativ überrascht, der sich von Korpusuntersuchungen ein Allheilmittel erhofft.

Lüdeling: Wenn die Fragestellung nicht von einem Korpus ausgeht, sondern theoretisch motiviert ist, dann stehen oft die Daten nicht zur Verfügung, die ich eigentlich bräuchte. Das passiert mir z.B. bei Wortbildungsuntersuchungen oft. Ich spreche von Arbeiten, die ich mit Stefan Evert zusammen gemacht habe. Wir haben die Produktivität von seltenen Wortbildungsmustern untersucht, zum Beispiel das nichtmedizinische -*itis*. Dafür haben wir das größte Korpus genommen, das es zur Zeit für das Deutsche gibt, nämlich das Akademiekorpus mit einer Milliarde Wortformen. Wir haben selbst dort sehr wenig Daten gefunden. Es ist also sogar bei großen Korpora schwierig, wenn man seltene Phänomene untersucht. Man muss sein Korpus sehr gut kennen, um zu wissen, welche Dinge man daran untersuchen kann, und man muss die Grenzen von Korpora einfach anerkennen. Außerdem ist es oft so, dass Korpora nicht gut aufbereitet sind. Nicht die Primärdaten sind das Problem, sondern die durch Taggen oder Lemmatisierung oder irgend eine andere Annotation hinzugefügten Daten, mit denen man manchmal nicht so viel anfangen kann, besonders bei den historischen Korpora. Das heißt, dass man einiges selber machen bzw. mit Heuristiken arbeiten muss. Das ist oft mit Datenverlusten verbunden und je nach Phänomen kann das schlimm sein. Bei manchen Untersuchungen ist man über jeden Beleg froh, weil man sowieso so wenige hat. Bei den Untersuchungen zur morphologischen Produktivität habe ich öfter überraschend festgestellt, dass irgendein Wortbildungsmuster produktiv ist, das ich gar nicht auf der Liste hatte. Ein Beispiel ist die nicht-medizinische Verwendung von *-itis*, die wir uns erst gar nicht angucken wollten und wo wir überrascht waren, dass es produktiv verwendet wird. Das ist auch qualitativ spannend, da es mit nativen Stämmen vorkommt.

Klosa: Natürlich gibt es immer wieder Überraschungen, z.B. wenn man Fragen der Wortbildungsproduktivität in umfangreichen elektronischen Textkorpora nachgeht. Warum etwa gibt es über 1.200 Komposita mit *Berlin* als Bestimmungswort in den IDS-Korpora der geschriebenen Sprache, aber nur rund 170 mit *Bonn* als Bestimmungswort? Beides (zumindest zeitweilig) deutsche Hauptstädte, werden sie doch offensichtlich sehr unterschiedlich thematisiert und in sehr unterschiedlichem Umfang. Wollte man hierauf eine genaue Antwort finden, müsste man aber über die reine Analyse der Vorkommen natürlich hinaus- und in die Textbelege hineingehen.

Reis: Die immer wieder unglaublichen Übergänge in Daten aus freier Wildbahn sind immer wieder überraschend. Da gibt es Konstruktionen, denen man als Grammatiker gar nicht begegnen möchte, die aber belegt sind. Man tut gut daran, wenn man sich irgend einen Reim drauf machen kann, wie solche Konstruktionen überhaupt entstehen können. Ich habe Beispiele gefunden zu *drohen* und *versprechen*, wo man sagen konnte, dass der Gegensatz, den man zwischen Kontroll- und Anhebungskonstruktionen sieht, nicht passt. Es gibt Konstruktionen, von denen ich nicht glaube, dass man die überhaupt analysieren können muss, aber dann muss man zumindest eine vernünftige Theorie haben, um das zu erklären. Da ich seit Jahrzehnten Wortbildungs- und Syntaxklausuren nur an Hand von Realtexten stelle, weiß ich, dass man das überhaupt nicht erfinden kann, was da auf engem Raum vorkommt.

Storrer: Beim korpusgestützten Arbeiten erlebt man immer wieder Überraschungen in dem Sinne, dass man an die Daten mit Erwartungen herangegangen ist, die dann nicht erfüllt wurden. Ob man diese als positiv oder als negativ empfindet, hängt von der individuellen Situation und dem persönlichen Temperament ab. Sicherlich ist es schmerzlich, wenn die Daten eine liebgewonnene theoretische Hypothese nicht stützen oder gar massiv untergraben. Andererseits kann man, wenn man sich nicht gerade in der Endphase einer Arbeit befindet, die ganz zentral auf dieser Hypothese aufbaut, deren Falsifizierung positiv als Erkenntnisgewinn deuten, der zu neuem Nachdenken über den entsprechenden Bereich anregt.

In unseren Untersuchungen zu Sprachmerkmalen im Chat hat sich beispielsweise gezeigt, dass es DIE „Chatsprache" oder „Sprache des Chats" nicht gibt. Viele der angeblich chattypischen Merkmale, die in den Medien als Anzeichen für den Verfall unserer Schreibkultur beargwöhnt werden, sind zwar typisch für Freizeit- und Plauderchats, treten aber in anderen Anwendungsbereichen der Chattechnologie (Medien, Bildung, Beratung) selten oder gar nicht auf. Weiterhin lässt sich eine Korrelation zwischen der Anzahl aktiver Chatter und der Beitragslänge feststellen. Dies kann man dadurch erklären, dass kurze Beiträge in überfüllten Chaträumen dazu geeignet sind, den Abstand zwischen aufeinander bezogenen Gesprächsschritten möglichst gering zu halten. Kurze Beiträge sind also in diesen Kontexten funktional und sinnvoll; die Beitragslänge sagt in diesem Fall nichts über die Kompetenz der betreffenden Chatter zur Bildung komplexerer Sätze aus. Insgesamt wurde die Annahme einer Chat-Sprache, wie sie sich in den Medien, aber auch in mancher linguistischen Literatur zum Thema findet, nicht durch unsere Daten gestützt. Die Daten lassen aber neue Erkenntnisse darüber zu, welche Faktoren die sprachlichen Strukturen im Chat systematisch beeinflussen; diese können dann in neue und differenziertere Aussagen zur Chat-Kommunikation münden – in unserem Fall mit dem Erkenntnisinteresse, Faktoren herauszuarbeiten, mit denen sich Kohärenzprobleme und Missverständnisse in „seriösen" Anwendungskontexten (E-Learning, Beratung) vermeiden oder zumindest vermindern lassen.

Welche Tipps würden Sie Studierenden geben, die, motiviert durch ein korpuslinguistisches Seminar, selber mit Korpora arbeiten möchten?

Berman: Sich Zeit zu nehmen und die Anfragesprache zu lernen.
Braun: Es ist sehr wichtig, zu verstehen, dass die Korpuslinguistik lediglich Methoden zur Verfügung stellt, um Antworten auf eine ganz bestimmte Fragestellung zu finden. Deshalb muss man immer genau wissen, wofür man ein Korpus macht. Dieser Zweck bestimmt dann das Korpusdesign, die Marschrichtung beim Sammeln der Daten und bei der Abfrage. Gerade für ein Korpus gesprochener Sprache kann es sinnvoll sein, dass man erst einmal kleinere Pilotversuche macht. Wir haben z.B. nach den ersten Interviews immer noch einmal überlegt, wie wir unsere Fragen so stellen, dass wir die gewünschten Daten bekommen. In einem neuen EU-Projekt zum Aufbau von Jugendsprachkorpora wollen wir diese Erhebungsmethoden noch verbessern. Bei der Erstellung haben wir uns natürlich an den Standards orientiert, so dass Kollegen unsere Arbeit nachvollziehen und unsere Ergebnisse nutzen können. Die Inhalte haben wir aber selbst bestimmt. Was die Erschließung, Analyse und Abfrage eines Korpus betrifft, da sollte man gut recherchieren, was es da schon an Tools gibt. Es gibt heute sehr viel Open Source

Software, die man benutzen oder anpassen kann. Das fängt an beim Wortartentagging und geht weiter mit XML-Annotationstools. Auch Transkriptionstools stehen zur Verfügung. Open Source sollte ohnehin der Trend sein, gerade im Bereich der Hochschulforschung – für Tools und für Korpora.

Ehrich: Was die korpuslinguistischen Seminare betrifft, die sollten für meine Begriffe nicht nur in der allgemeinen Sprachwissenschaft, sondern inbesondere auch in den Philologien zur Pflicht werden, und zwar aus zwei Gründen. Ein Grund ist der sprachwissenschaftliche, weil wir mit Daten wirklich Überraschungen erleben, die unsere Theorien modifizieren helfen können. Der zweite, aber auch ganz wichtige Grund ist, dass wir mit den Korpusuntersuchungen auch den Philologiestudenten ein gewisses technisch-analytisches Know-how an die Hand geben, das sie für ein Leben nach der Universität auch dann gut gebrauchen können, wenn dieses Leben kein sprachwissenschaftliches Leben ist. Es gibt also gute Gründe dafür, Korpusarbeit zur Pflicht zu machen in der Lehre. Ich tue das bei fast jedem meiner Seminare und lasse gar keine Arbeiten mehr schreiben ohne Korpusuntersuchung. Was ich Studierenden, die mit Korpora arbeiten, gerne mitgeben würde, ist dies: 1. Man sollte immer mit einer klaren theoretischen Fragestellung an die Daten herangehen. 2. Man sollte nie vergessen, dass der Linguist, der mit Belegen arbeitet, diese immer auch verstehen bzw. interpetieren muss. Insofern sind Belegdaten interpretierte Daten.

Fellbaum: Die Studierenden sollten sich gut über die Beschaffenheit des Korpus und seine eventuellen Begrenzungen informieren (Größe des Korpus, Ausgewogenheit, Annotation, usw.). Diese Faktoren müssen bei der linguistischen Arbeit in Betracht gezogen werden, da sie die Ergebnisse beeinflussen können.

Hinrichs: Zunächst mal würde ich alle Studierenden, und nicht nur solche, die korpuslinguistische Seminare besucht haben, ermutigen, Korpora zu verwenden. Ein korpuslinguistisches Seminar kann sehr gut in die Werkzeuge einführen und auch an die Fragestellungen heranführen, die einen letztlich in den Stand versetzen, wirklich gut mit Korpora zu arbeiten.

Ich würde Studierenden raten, dass sie sich zunächst mal mit einem bestimmten Korpus anfreunden, d.h. dass sie ein Gefühl dafür bekommen, um welche Daten es sich handelt. Jedes Korpus, auch wenn es sehr groß ist, hat natürlich immer bestimmte Themen zum Gegenstand, und es ist sehr wichtig, dass man sich zunächst mal in diese Themen einarbeitet und dadurch ein Gefühl für die Daten bekommt. Es ist etwas ganz anderes, etwa mit Zeitungskorpora zu arbeiten als mit Korpora gesprochener Sprache. Man wird z.B. sehen, dass in Zeitungskorpora hypotaktische Strukturen sehr viel stärker vertreten sind als bei Korpora gesprochener Sprache, die eher parataktisch und häufig dialogisch strukturiert sind.

Beim Kennenlernen des Korpus geht es aber nicht nur darum, dass man die inhaltlichen Themen überschaut, sondern auch, wenn das Korpus annotiert ist, dass man sich die Annotation aneignet. Hier bietet sich an, dass man die entsprechenden Stylebooks, etwa zum Part of Speech Tagging, die bei Baumbanken eigentlich immer mitgeliefert werden, zunächst mal zur Kenntnis nimmt. Dann hat man die Spezifika der Annotation im Hinterkopf, wenn man nach Belegen sucht.

Lüdeling: Was ich immer wieder in meinen Seminaren sage, ist, das die Fragestellung nicht aus dem Korpus kommen sollte, sondern aus einer Theorie oder aus einer Beobachtung. Dann sollte man sich überlegen, ob Korpusdaten helfen können, diese Frage zu beantworten. Manchmal muss man trotzdem mit Intuition arbeiten oder Experimente machen oder eine Fragebogenstudie. Wenn man also entschieden hat, dass Korpusdaten für die Forschungsfrage geeignet sind, dann muss man noch ein Korpus finden, das die Daten enthält, die man benötigt. Dann muss man sehr viel selber angucken und darf sich nicht blind auf die linguistische Annotation verlassen. Eine weitere wichtige Botschaft ist: wenn ihr nicht wisst, was ihr genau tut, dann arbeitet nicht quantitativ. Irgendetwas zu zählen, nur um etwas zu zählen oder eine nette Grafik zu haben, ist Zeitverschwendung. Man sollte dann lieber qualitativ arbeiten und nur eine beschreibende Statistik machen, wenn das wichtig ist und zum Vorhaben passt. Zu vielen Forschungsfragen kann man auch gut rein qualitativ arbeiten. Wenn man denn meint, dass man quantitativ arbeiten will, dann muss man eben die Zeit aufbringen, um sich mit statistischen Methoden und der Anwendung dieser Methoden ernsthaft zu beschäftigen. Ansonsten möchte ich empfehlen, dass man manche Dinge einfach mal ausprobieren und keine Angst haben sollte, mal etwas mehr Formales zu machen oder mit Corpus Query Tools zu arbeiten.

Klosa: Ich möchte Studierenden die folgenden Tipps geben:

- Man sollte sich vor der Korpusrecherche darüber klar sein, ob man das Korpus befragt, um die Bestätigung einer Vorannahme zu erhalten oder auch um geeignete Belege zu finden. Ein grundsätzlich anderer Zugang zum Korpus ist, sich von diesem überraschen zu lassen.
- Die Formulierung der Suchanfragen ist manchmal ganz einfach, manchmal aber auch das Ergebnis mehrerer Versuche, bis das optimale Ergebnis erreicht ist. Insofern ist es natürlich sinnvoll, sich

vor der ersten Anfrage zu überlegen, was man genau wissen möchte, und die Suchanfrage entsprechend zu formulieren. Ein gewisses Maß an „Rumspielerei" kann aber andererseits auch nicht schaden, um zu lernen, die Möglichkeiten voll auszuschöpfen.

- Vor allem aber sollte man nicht vorschnell sagen: *Das gesuchte Phänomen bzw. Wort ist in meinem Korpus nicht belegt.* Meine Erfahrung ist, dass das Korpus das Gesuchte höchstwahrscheinlich sehr wohl enthält, aufgrund der Suchanfragenformulierung aber das gewünschte Ergebnis nicht generiert werden kann. Um Korpora sinnvoll benutzen und ausnutzen zu können, bedarf es deshalb einer gründlichen Einarbeitung in die jeweiligen Recherche- und Analysewerkzeuge.

- Bei der Korpusauswertung sollte man weder den Korpusdaten noch seiner eigenen Sprachkompetenz blind vertrauen. So ist es eine zwingende Notwendigkeit, egal bei welcher Suchanfrage für welchen Zweck, immer den Weg bis in die Textbelege zu gehen, weil man sonst in die Irre gehen kann. Ein Beispiel: Aus einer Liste der Kookkurrenzpartner zum Suchwort *deutlich* ist das syntagmatische Muster *deutliche Worte* zu entnehmen. Ob *deutlich* hierbei in der Lesart *gut wahrnehmbar* oder in der Lesart *eindeutig* vorliegt, können nur die Belege zeigen.

- Man sollte die Zusammensetzung des zugrunde liegenden Korpus nicht aus den Augen verlieren. Sowohl die Zusammensetzung nach Textsorten wie die chronologische Staffelung der Korpustexte wirkt sich auf die Ergebnisse aus und ist daher bei der Interpretation der Suchergebnisse zu berücksichtigen. Umgekehrt bedeutet dies auch, dass man sich für den eigenen Untersuchungszweck am besten das geeignete Korpus selbst zusammenstellt (sogenannte *virtuelle Korpora* können beispielsweise in den Korpora geschriebener Sprache am IDS erstellt werden).

Ansonsten kann ich nur dazu ermutigen, so viel wie möglich mit umfangreichen elektronischen Textkorpora zu arbeiten, weil dies ungeheuer überraschend, zum Nachdenken anregend und dadurch immer wieder für einen selbst wie für die Sache bereichernd ist.

Pittner: Wenn Studierende eigene Korpusanalysen erstellen wollen, bieten die vom Institut für Deutsche Sprache in Mannheim zur Verfügung gestellten Korpora und Suchwerkzeuge eine hervorragende, frei zugängliche Basis. Zudem kann man, je nach Untersuchungsziel, auch etwas kreativ sein beim Finden von Korpora. Es gibt eine Reihe von digitalisierten Textsammlungen, die nicht als linguistische Korpora gedacht oder aufbereitet sind und trotzdem hervorragend als solche ver-

wendet werden können. Ich denke hier z.B. an die Digitale Bibliothek
auf CDs, die auch einige rudimentäre Suchwerkzeuge mitbringt und daher für einfachere Korpusanfragen eine große Vielfalt an Texten von
verschiedenen Gattungen und Zeiten bietet. Zum anderen ist es nahe
liegend und auch sehr spannend, das World Wide Web als Korpus zu
benützen. Für bestimmte Arten von Anfragen sind Suchfunktionen der
Suchmaschinen wie etwa Google durchaus ausreichend. Der Vorteil des
Webs ist, dass man riesige Datenmengen an aktuellem Sprachmaterial
durchsuchen kann.

Reis: Ich möchte Studenten zwei Tipps geben. Sie sollten technisch ver-
siert sein und mit Statistik umgehen können. Korpora muss man zum
Sprechen bringen durch statistische Auswertung. Es gibt wenige Fragestellungen, die ohne statistische Mittel beantwortbar wären. Zweitens
sollte jede Korpusanalyse geleitet sein von ziemlich gutem linguistischen
Vorwissen, damit man überhaupt weiß, wonach man guckt.

Storrer: Wenn es sich um zeitlich begrenzte Arbeiten (BA, MA, Staats-
arbeiten) handelt, sollte man kleine Vorstudien machen, damit man
ungefähr abschätzen kann, wie viel Daten im verfügbaren Zeitrahmen
überhaupt analysiert werden können. Insbesondere wenn eigene Korpora erstellt werden, besteht nämlich die Gefahr, dass der Zeitaufwand
für die Erstellung unterschätzt wird und die Zeit dann zur Analyse und
zum Schreiben der Arbeit fehlt.

Tipp: Erst Ausschau halten, ob es schon passende Daten gibt. Dies
gilt insbesondere für Untersuchungen an gesprochener Sprache, die erst
noch transkribiert werden muss.

Tipp: Wenn man doch selbst Daten erheben und aufbereiten möch-
te/muss, dann sollte man möglichst früh an einer Probe eine Zeitab-
schätzung durchführen und dann noch einmal prüfen, ob die im gegebenen Zeitrahmen erfassbaren Datenmengen auch wirklich für die
Untersuchungsfrage / das Thema ausreichen.

Tipp: Man sollte erst eine klare Vorstellung über die Fragestellung
der Untersuchung gewinnen und dann nach einem geeigneten Korpus +
Werkzeug suchen. Wer nach grammatischen Konstruktionen sucht, ist
z.B. gut mit einer Baumbank und einem zugehörigen Werkzeug wie TigerSearch bedient. Allerdings erfordert dies mehr technische und auch
linguistische Vorkenntnisse als z.B. der Umgang mit der schnell erlern-
baren und intuitiv bedienbaren „einfachen" Online-Schnittstelle zum
DWDS-Korpus, dessen linguistische Aufbereitung (Lemmatisierung/
POS) ebenfalls interessante Untersuchungen zur Wortbildung oder zur
Phraseologie erlaubt und das durch seine gleichmäßige Streuung über
die Dekaden des 20. Jahrhunderts hinweg auch Aussagen über Wort-
schatzentwicklungen erlaubt.

Ein weiterer Tipp für zeitlich limitierte Arbeiten: Rechtzeitig in einer Vorstudie prüfen, ob das gewählte Korpus für die Fragestellung genügend Daten bereithält (bei zu vielen Daten kann man sampeln; bei zu wenig Daten scheitert die Untersuchung). An einem kleinen Pröbchen den Zeitaufwand für die geplanten Analysen abschätzen.

Insgesamt hielte ich es für sehr wünschenswert, wenn es auch für weniger computertechnisch versierte LingustistikstudentInnen einfach bedienbare Werkzeuge zur Sortierung und Klassifikation der Belege gäbe. Bislang arbeiten diese meist mühsam und mit viel Handarbeit an Mischungen von Word- und Excel-Dateien.

Zwei weitere Tipps:

- Den Erfahrungsaustausch mit anderen Nutzern der Korpora und Tools suchen.
- Bei Problemen mit Tools sollte man sich nicht scheuen die Entwickler bzw. Anbieter zu kontaktieren. Diese sind meist interessiert an Feedback und helfen ihren Nutzern gerne weiter.

Glossar

Abfragesprache Eine A. ermöglicht das Suchen und Finden von Informationen in Korpora. Die gesuchten Objekte können einfache Wörter sein oder komplexe syntaktische Konstruktionen. Eine bekannte Abfragesprache ist *CQP*, eine weitere *COSMAS*, das für die Abfrage der Korpora am Institut für deutschen Sprache in Mannheim entwickelt wurde.

Alignierung In Parallelkorpora werden die Texteinheiten der Übersetzung den entsprechenden Texteinheiten des Quelltexts zugeordnet. Je nach Textsorte und Freiheit der Übersetzung, kann die A. z.B. auf Paragraphenebene stattfinden, auf Satzebene (**Satzalignierung**), auf Wortebene (**Wortalignierung**) oder z.B. bei Gedichten auch auf Versebene.

Annotation Unter A. versteht man die linguistische Anreicherung der Primärdaten eines Korpus.

Belegsammlung Eine B. ist eine Sammlung von Ausschnitten aus einem Korpus, die als Belege für ein bestimmtes linguistisches Phänomen Gegenstand weiterer linguistischer Untersuchung sind.

Generative Grammatik Als g. G. wird ein Grammatikmodell bezeichnet, nach dem durch ein begrenztes Inventar von Regeln alle wohlgeformten Sätze einer Sprache generiert werden können. Der Begriff bezeichnet außerdem eine sprachwissenschaftliche Schule, in der dieses Grammatikmodell eine zentrale Rolle spielt.

Index Ein Index ist eine Liste von Wortformen, die in einem Korpus vorkommen. Die Wortformen werden zu Types zusammengefasst. Meist werden zusätzliche Informationen wie z.B. die absolute oder relative Häufigkeit des Vorkommens oder das Lemma angegeben.

Kollokation Als K. wird das wiederholte gemeinsame Vorkommen zweier Wörter in einer strukturell interessanten Einheit bezeichnet. In einer Kollokation beeinflusst ein Wort die Auswahl eines anderen Wortes zuungunsten von Wörtern mit gleicher oder ähnlicher Bedeutung

Konkordanz Eine K. ist eine Sammlung von Kotexten eines bestimmten Schlüsselworts. Kotexte einer bestimmten Länge (von Buchstaben, Wörtern oder Sätzen) um ein Schlüsselwort herum werden aus einem Korpus extrahiert und meist mit dem Schlüsselwort im Zen-

trum angeordnet. Konkordanzen werden vor allem bei wortbezogenen Untersuchungen verwendet.

Kontextualismus Als K. wird eine Richtung der Sprachwissenschaft
bezeichnet, in der linguistische Einheiten immer im Kotext einer
Äußerung und Äußerungen bzw. Texte immer im Kontext ihrer Produktion und Rezeption untersucht werden.

Kontrastives Korpus Ein k. K. enthält Texte von zwei oder mehreren Sprachen, die keine Übersetzungen voneinander sind, jedoch
aus vergleichbaren Fachdomänen oder Sprachvarietäten stammen.
K. K. werden vor allem für sprachvergleichende linguistische oder
stilistische Untersuchungen verwendet.

Kookkurrenz Als K. wird das gemeinsame Vorkommen zweier oder
mehrerer Wörter in einem Kontext von fest definierter Größe bezeichnet. Das gemeinsame Vorkommen sollte höher sein, als bei einer
Zufallsverteilung aller Wörter erwartbar wäre.

Lemma Das L. ist die Grundform einer bestimmten lexikalischen Einheit und steht stellvertretend für alle Wortformen dieser lexikalischen Einheit.

Lernerkorpus In einem L. werden Äußerungen von Lernern einer
Sprache gesammelt. Zusätzlich werden in den meisten Fällen typische Lernerfehler annotiert. L. werden für die Sprachlehre und
für psycholinguistische Untersuchungen verwendet. Ein Lernerkorpus der deutschen Sprache wird zur Zeit an der Humboldt Universität Berlin aufgebaut (FALKO).

Metadaten Als M. werden Beschreibungen der Primädaten eines Korpus bezeichnet. M. geben z.B. Auskunft über die Herkunft und den
Umfang der Primärdaten.

Monitorkorpus Ein Monitorkorpus wird in relativ kurzen Abständen
um neue Texte ergänzt, dafür werden ältere Texte entfernt. Ein
Monitorkorpus eignet sich gut für Untersuchungen, die in kurzen
Zeitabständen wiederholt werden, z.B. in der Lexikographie (Aufnahme und Beschreibung neuer Wörter und Wendungen).

Neologismus Als N. wird eine lexikalische Einheit bezeichnet, die zum
Zeitpunkt der Beschreibung von vielen Sprechern als neu empfunden
wird und deren Verwendung sich so weit verbreitet, dass sie in die
gängigen Wörterbücher der Sprache aufgenommen wird.

Opportunistisches Korpus Ein o. K. ist ein Korpus, welches ohne
vorher festgelegte Designprinzipien danach zusammengestellt wird,
welche Texte gerade verfügbar sind. O. K. sind vor allem dort an-
gemessen, wo es allein um die Menge der Daten geht, also vor allem
bei quantitativen Untersuchungen.

Paralleles Korpus Ein p. K. ist ein Korpus aus zwei oder mehr Sprachen. Die Korpustexte sind Übersetzungen von einander bzw. von
einer gemeinsamen Quelle. P. K. werden meist auf Absatz- oder
Satzebene aligniert – die passenden (Ab-)Sätze werden einander zugeordnet. Parallele Korpora werden vor allem für kontrastive linguistische Studien verwendet.

Parsing Das P. bezeichnet allgemein den Prozess der syntaktischen
Textanalyse. In der Psycholinguistik untersucht man das menschli-
che P., in der Computerlinguistik das maschinelle. Ein **Parser** ist ein
Computerprogramm, das Texten eine syntaktische Analyse zuweist,
z.B. in der Form eines Phrasenstruktur- oder Dependenzbaums.

Primärdaten Als P. werden die Texte bzw. Äußerungen bezeichnet,
die in einem Korpus versammelt sind.

Referenzkorpus Ein R. wird als Grundlage vieler linguistischer Untersuchungen verwendet. Die Ergebnisse von Untersuchungen, die
auf einem R. basieren, können so besser nachvollzogen und verglichen werden. Ein R. sollte hinsichtlich des abgebildeten Gegenstandes einen hohen Grad der Abdeckung und strukturellen Ähnlichkeit
aufweisen. Kandidaten für ein Referenzkorpus der deutschen Gegenwartssprache sind die Korpora am Institut für deutsche Sprache
in Mannheim und an der Berlin-Brandenburgischen Akademie der
Wissenschaften in Berlin.

Tagging Beim T. werden den Token eines Korpus Wortartenlabel (so
genannte **Tags**) zugeordnet. Ein Computerprogramm, das das automatisch macht, heißt **Tagger**.

Tagset Die Liste aller (morphosyntaktischen, grammatischen oder funktionalen Label, die bei einer Annotation verwendet werden.

Tokenisierung Bei der T. werden Texte in Sätze, und diese in Worttoken zerlegt. Ein **Tokenizer** ist ein Computerprogramm, das diese
Zerlegung durchführt.

Vergleichskorpus Ein V. wird zur Überprüfung von Erkenntnissen
verwendet, die auf Grund eines anderen Korpus gewonnen wurden.
Durch das Hinzuziehen eines V. können Artefakte aufgedeckt und
korrigiert werden, deren Ursache in dem für die Untersuchung verwendeten Korpus liegt.

Worttoken, Token Ein W. bezeichnet das Vorkommen eines Wortes
an einer bestimmten Stelle im Korpus.

Worttype, Type In einem W. werden die Token eines Korpus zusammengefasst, die nach einem festgelegten Kriterium ähnlich oder
gleich sind, z.B. Wörter mit gleicher orthographischer Form.

Literaturverzeichnis

Abney, Steven (1991): "Parsing by Chunks". In: *Principle-Based Parsing*, herausgegeben von Berwick, Robert; Abney, Steven und Tenny, Carol, Dordrecht: Kluwer Academic Publishers, S. 257–278.

Aldinger, Nadine (2005): "Corpus-driven Genitive Disambiguation". In: *Proceedings from the Corpus Linguistics Conference Series*. Birmingham.

Altrichter, Helmut (2001): "Retrodigitalisierung in Deutschland – Versuch einer Zwischenbilanz". `http://www.bsb-muenchen.de/mdz/forum/altrichter/`.

Aston, Guy (2000): "Learning English with the British National Corpus". In: *VI jornada de corpus lingüístics*, herausgegeben von Battaner, M.P. und López, Carmen. Barcelona, S. 15–40.

Atkins, Sue; Clear, Jeremy und Ostler, Nick (1992): "Corpus Design Criteria". *Literary & Linguistic Computing* 7 (1): S. 1–16.

Augst, Gerhard (1992): "Die orthographische Integration von zusammengesetzten Anglizismen". *Sprachwissenschaft* 17: S. 45–61.

Augst, Gerhard u.a. (Herausgeber) (1997): *Zur Neuregelung der deutschen Orthographie*. Tübingen.

Baayen, Harald (2001): *Word Frequency Distributions*. Dordrecht: Kluwer.

Bartsch, Sabine (2002): "Anglizismen in Fachsprachen des Deutschen. Eine Untersuchung auf Basis des Darmstädter Corpus Deutscher Fachsprachen". *Muttersprache* 112 (4): S. 309–323.

Bartzsch, Rudolf (2004): *Wörterbuch überflüssiger Anglizismen*. Paderborn, 6. Auflage.

Beck, Kathrin (2006): *Semi-automatische Erstellung eines Lexikons von ung-Nominalisierungen mit präpositionaler Ergänzung*. Diplomarbeit, Universität Tübingen.

Beißwenger, Michael (Herausgeber) (2001): *Chat-Kommunikation. Sprache, Interaktion, Sozialität & Identität in synchroner computervermittelter Kommunikation. Perspektiven auf ein interdisziplinäres Forschungsfeld*. Stuttgart: ibidem.

Berry, Michael W.; Drmac, Z. und Jessup, E. R. (1999): "Matrices, Vector Spaces, and Information Retrieval". *SIAM Review* 41: S. 335–362.

Biber, Douglas (1988): *Variation across Speech and Writing*. Cambridge: Cambridge University Press.

Bick, Eckhard (2005): "Grammar for Fun: IT-based Grammar Learning with VISL". In: *CALL for the Nordic Languages*, herausgegeben von

Henriksen, Peter Juel. Kopenhagen, Copenhagen Studies in Language, S. 49–64.

Bierwisch, Manfred (1970): "Fehler-Linguistik". *Linguistic Inquiry* 1: S. 397–414.

Bird, Steven und Simons, Gary (2003): "Seven Dimensions of Portability for Language Documentation and Description". *Language* 79: S. 557–582.

Bloomfield, Leonard (1926): "A Set of Postulates for the Science of Language". *Language* 2: S. 153–164.

Blume, Kerstin (2004): *Nominalisierte Infinitive. Ein empirisch basierte Studie zum Deutschen.* Tübingen: Niemeyer.

Brants, Thorsten (2000): "Inter-Annotator Agreement for a German Newspaper Corpus". In: *Second International Conference on Language Resources and Evaluation (LREC-2000).* Athen.

Brants, Thorsten und Plaehn, Oliver (2000): "Interactive Corpus Annotation". In: *Proceedings of the Second International Conference on Language Resources and Evaluation (LREC-2000).* Athens, Greece.

Breidt, Lisa (1993): "Extraction of V-N-Collocations from Text Corpora: A Feasibility Study for German". In: *Proc. Workshop on Very Large Corpora. Academic and Industrial Perspectives. Columbus (OH).*

Brill, Eric (1995): "Transformation-Based Error-Driven Learning and Natural Language Processing: A Case Study in Part of Speech Tagging". *Computational Linguistics* 21 (4): S. 543–565.

Burger, Harald (2002): "Hallo Brigitte – du bist so süß! Das Gästebuch zu ‚Lämmle-live'". *Osnabrücker Beiträge zur Sprachtheorie* (64): S. 159–186.

Camp, D. De und Hancock, I. (1974): *Pidgins and Creoles: Current Trends and Prospects.* Washington.

Carstensen, Broder und Busse, Ulrich (1993): *Anglizismen-Wörterbuch. Der Einfluß des Englischen auf den deutschen Wortschatz nach 1945.* Berlin/New York: de Gruyter.

Carstensen, Kai Uwe et al. (Herausgeber) (2004): *Computerlinguistik und Sprachtechnologie. Eine Einführung.* München: Elsevier, Spektrum Akademischer Verlag, 2. Auflage.

Chafe, Wallace (1992): "The importance of corpus linguistics to understanding the nature of language". In: *Directions in Corpus Linguistics. Proceedings of the Nobel Symposium 82*, herausgegeben von Svartvik, Jan, Berlin/New York: Mouton de Gruyter, Band 65 von *Trends in Linguistics. Studies and Monographs*, S. 79–97.

Chomsky, Noam (1957): *Syntactic Structures.* Den Haag: Mouton.

Chomsky, Noam (1969): *Aspekte der Syntax-Theorie*. Frankfurt: Suhr-kamp Verlag.

Chomsky, Noam (1981): *Lectures on Government and Binding*. Dordrecht: Foris.

Chomsky, Noam (1986): *Knowledge of Language. Its Nature, Origin, and Use*. Convergence. New York/Westport/London: Praeger.

Chomsky, Noam (1995): *The Minimalist Program*. Cambridge: Massa-chusetts, London: England: The MIT Press.

Christ, Oliver und Schulze, B. Maximilian (1995): "Ein flexibles und modulares Anfragesystem für Textcorpora". In: *Tagungsbericht des Arbeitstreffen Lexikon + Text*. Tübingen: Niemeyer.

Clear, Jeremy (1992): "Corpus Sampling". In: *New Directions in English Language Corpora. Methodology, Results, Software Development*, herausgegeben von Leitner, Gerhard, Berlin/New York, S. 21–31.

Cramer, Irene und Schulte im Walde, Sabine (im Auftrag des Insti-tuts für Deutsche Sprache, Mannheim) (Herausgeber) (2006): *Stu-dienbibliographie Computerlinguistik und Sprachtechnologie*. Studien-bibliographien Sprachwissenschaft. Tübingen. `http://www.coli.uni-saarland.de/projects/stud-bib/`.

den Besten, Hans und Edmondson, Jerold A. (1983): "The Verbal Com-plex in Continental West Germanic". In: *On the Formal Syntax of the Westgermania*, herausgegeben von Abraham, Werner, Amster-dam/Philadelphia: John Benjamins, S. 155–216.

Deppermann, Arnulf und Schmidt, Axel (2001): "‚Dissen‘: Eine inter-aktive Praktik zur Verhandlung von Charakter und Status in Peer-Groups männlicher Jugendlicher". *Osnabrücker Beiträge zur Sprach-theorie* (62): S. 79–98.

Dern, Christa (2003): "„Unhöflichkeit ist es nicht." Sprachliche Höflich-keit in Erpresserbriefen". *Deutsche Sprache* 31 (2): S. 127–141.

Dittmann, Jürgen und Zitzke, Christine (2000): "Zur Schreibung fremd-sprachlicher Komposita im Wirtschaftsdeutsch. Sprachgebrauch und neue Regelung". *Zeitschrift für angewandte Linguistik* 33: S. 69–90.

Dodd, Bill (2000): *Working with German Corpora*. Birmingham: Bir-mingham University Press.

Doering, Nicola (2002): "‚Kurzm. wird gesendet‘ Abkürzungen und Akronyme in der SMS-Kommunikation". *Muttersprache* 112 (2): S. 97–114.

Draxler, Christoph (2004): "Sprachdatenbanken". In: *Computerlingui-stik und Sprachtechnologie. Eine Einführung*, herausgegeben von Car-stensen, Kai Uwe et al., München: Elsevier, Spektrum Akademischer Verlag. 2. Auflage.

Dürscheid, Christa (2000a): "Verschriftlichungstendenzen jenseits der Rechtschreibreform". *Zeitschrift für germanistische Linguistik* 28: S. 223–236.

Dürscheid, Christa (2000b): "Rechtschreibung in elektronischen Texten". *Muttersprache* 110 (1): S. 53–62.

Ehrich, Veronika (2001): "Was nicht müssen und nicht können (nicht) bedeuten können: Zum Skopus der Negation bei den Modalverben des Deutschen". *Linguistische Berichte* Sonderheft 9.

Elsen, Hilke (2002): "Neologismen in der Jugendsprache". *Muttersprache* 112 (2): S. 136–154.

Elsen, Hilke (2004): *Neologismen. Formen und Funktionen neuer Wörter in verschiedenen Varietäten des Deutschen.* Tübingen: Narr.

Elsen, Hilke und Dzikowicz, Edyta (2005): "Neologismen in der Zeitungssprache". *Deutsch als Fremdsprache* 42 (2): S. 80–85.

Engelberg, Stefan und Lemnitzer, Lothar (2001): *Lexikographie und Wörterbuchbenutzung*, Band 14 von *Einführungen*. Tübingen: Stauffenburg.

Engfer, Hans-Jürgen (1996): *Empirismus vs. Rationalismus? Kritik eines philosophiegeschichtlichen Schemas.* Paderborn: Ferdinand Schöningh Verlag.

Erk, Katrin; Kowalski, Andrea und Pinkal, Manfred (2003): "A corpus resource for lexical semantics". In: *Proceedings of the Fifth International Workshop on Computational Semantics (IWCS).* Tilburg, S. 106–121.

Eroms, Hans-Werner und Munske, Horst Haider (Herausgeber) (1997): *Die Rechtschreibreform. Pro und Kontra.* Berlin.

Evert, Stefan (2004): "An on-line repository of association measures". http://www.collocations.cd/AM.

Evert, Stefan (2005): *The CQP Query Language Tutorial (CWB Version 2.2.b90).* IMS, Stuttgart.

Evert, Stefan und Lüdeling, Anke (2001): "Measuring morphological productivity: Is automatic preprocessing sufficient?" In: *Proceedings of the Corpus Linguistics 2001 conference*, herausgegeben von Rayson, Paul; Wilson, Andrew; McEnery, Tony et al. S. 167–175.

Featherston, Sam (2002): "Coreferential objects in German: Experimental evidence on reflexivity". *Linguistische Berichte* 192: S. 457–484.

Feine, Angelika (2003): "Fußballitis, Handyritis, Chamäleonistis. ,-itis'-Kombinationen in der deutschen Gegenwartssprache". *Sprachwissenschaft* 28: S. 437–466.

Fellbaum, Christiane (2002): "VP Idioms in the Lexicon: Topics for Research Using a Very Large Corpus". In: *Konvens 2002 – 6. Konferenz zur Verarbeitung natürlicher Sprache.*

Fellbaum, Christiane; Kramer, Undine und Stantcheva, Diana (2004): "*Eins, einen* und *etwas* in deutschen VP-Idiomen". In: *Wortverbindungen - mehr oder weniger fest*, herausgegeben von Steyer, Kathrin, Berlin/New York: de Gruyter, S. 167–193.

Fillmore, Charles (1992): ",Corpus linguistics' or ,computer-aided armchair linguistics' ". In: *Directions in Corpus Linguistics. Proceedings of the Nobel Symposium 82*, herausgegeben von Svartvik, Jan, Berlin/New York: Mouton de Gruyter, Band 65 von *Trends in Linguistics. Studies and Monographs*, S. 35–60.

Fillmore, Charles J. (1968): "The Case for Case". In: *Universals in Linguistic Theory*, herausgegeben von Bach, Emmon und Harms, Robert T., London and others.

Firth, John Rupert (Herausgeber) (1968a): *Selected papers of J.R. Firth 1952-1959*. London: Longmans.

Firth, John Rupert (1968b): "A synopsis of Linguistic Theory". In: *Selected papers of J.R. Firth 1952-1959*, herausgegeben von Palmer, F.R., London, S. 168–205.

Firth, John Rupert (1991): "Personality and Language in Society". In: *Papers in Linguistics 1934-1951*, herausgegeben von Firth, John Rupert, London, S. 177–189.

Fitschen, Arne (2004): *Ein computerlinguistisches Lexikon als komplexes System*, Band 10-3 von *Arbeitspapiere des Instituts für maschinelle Sprachverarbeitung*. Stuttgart: Lehrstuhl für Computerlinguistik.

Foth, Kilian; Daum, Michael und Menzel, Wolfgang (2004): "A broadcoverage parser for German based on defeasible constraints". In: *Beiträge zur 7. Konferenz zur Verarbeitung natürlicher Sprache, KONVENS*. Wien, S. 45–52.

Foth, Kilian A. (2006): *Eine umfassende Constraint-Dependenz-Grammatik des Deutschen*. Hamburg.

Francis, Gill (1993): "A Corpus-Driven Approach to Grammar – Prinicples, Methods and Examples". In: *Text and Technology. In Honour of John Sinclair*, herausgegeben von Baker, Mona; Francis, Gill und Tognini-Bonelli, Elena, Philadelphia/Amsterdam: John Benjamins, S. 137–156.

Frank, Anette (2001): "Treebank Conversion for LTAG Grammar Extraction". presented at: Third Workshop on Linguistically Interpreted Corpora (LINC'01).

Gee, James Paul und Grosjean, François (1983): "Performance Structures: A Psycholinguistic and Linguistic Appraisal". *Cognitive Psychology* 15: S. 411–458.

Ghadessy, Mohsen; Henry, Alex und Roseberry, Robert L. (2001): *Small Corpus Studies in ELT*. Studies in Corpus Linguistics. Amsterdam/Philadelphia: John Benjamins.

Glahn, Richard (2003): "Unternehmenskommunikation: Geschäftsberichte des Jahres 2002". *Muttersprache* 113 (1): S. 36–50.

Glahn, Richard (2004): "Deutsche und amerikanische Talkshows: Analyse und interkultureller Vergleich". *Muttersprache* 114 (1): S. 1–16.

Greenbaum, Sidney (1970): *Verb-Intensifier Collocations in English – an Experimental Approach*. Nummer 86 in Janua Linguarum, Series minor. The Hague: Mouton.

Greenberg, Joseph (1963): "Some Universals of Grammar with Particular Reference to the Order of Meaningful Elements". In: *Universals of Language*, herausgegeben von Greenberg, Joseph, MIT Press, S. 73–113.

Greene, B. B. und Rubin, G. M. (1971): "Automatic grammatical tagging of English". Technischer Bericht, Department of Linguistics, Brown University.

Grewendorf, Günther (1995): "Syntactic Sketches. German". In: *Syntax. Ein internationales Handbuch zeitgenössicher Forschung*, herausgegeben von Jacobs, Joachim; von Stechow, Arnim; Sternefeld, Wolfgang und Vennemann, Theo, Berlin/New York: de Gruyter, S. 1288–1319.

Gupta, Piklu (2000): "German be-verbs revisited: using corpus evidence to investigate valency". In: *Working with German Corpora*, herausgegeben von Dodd, Bill, Birmingham: Birmingham University Press, S. 96–115.

Haase, Martin; Huber, Michael; Krumeich, Alexander und Rehm, Georg (1997): "Internetkommunikation und Sprachwandel". In: *Sprachwandel durch Computer*, herausgegeben von Weingarten, Rüdiger, Opladen, S. 51–85.

Halliday, M.A.K. (1992): "Language as system and language as instance: The corpus as a theoretical construct". In: *Directions in Corpus Linguistics. Proceedings of the Nobel Symposium 82*, herausgegeben von Svartvik, Jan, Berlin/New York: Mouton de Gruyter, Band 65 von *Trends in Linguistics. Studies and Monographs*, S. 61–77.

Harris, Randy Allen (1995): *The linguistics wars*. Oxford: Oxford Univ. Press.

Harris, Zellig S. (1951): *Methods in Structural Linguistics*. Chicago: University of Chicago Press. Neuaufgelegt als *Structural Linguistics*, 1960.

Hausmann, Franz Josef (1985): "Kollokationen im deutschen Wörterbuch. Ein Beitrag zur Theorie des lexikographischen Beispiels". In: *Lexikographie und Grammatik. Akten des Essener Kolloquiums zur*

Grammatik im Wörterbuch, 28.–30.6 1984, herausgegeben von Bergenholtz, Henning und Mugdan, Joachim, Tübingen: Niemeyer, S. 118–129.

Hausmann, Franz Josef (2004): "Was sind eigentlich Kollokationen?" In: *Wortverbindungen - mehr oder weniger fest. Jahrbuch 2003 des Instituts für deutsche Sprache*, herausgegeben von Steyer, Kathrin, Berlin/New York, S. 309–334.

Helbig, Gerhard (1994): *Lexikon deutscher Partikeln*. Leipzig: Langenscheidt.

Herberg, Dieter; Kinne, Michael und Steffens, Doris (2004): *Neuer Wortschatz. Neologismen der 90er Jahre im Deutschen*. Berlin: deGruyter.

Hinrichs, Erhard; Kübler, Sandra; Naumann, Karin; Telljohann, Heike und Trushkina, Julia (2004): "Recent Developments in Linguistic Annotations of the TüBa-D/Z Treebank". In: *Proceedings of the Third Workshop on Treebanks and Linguistic Theories (TLT)*. S. 51–62.

Hjelmslev, Louis (1974): *Prolegomena zu einer Sprachtheorie*, Band 9 von *Linguistische Reihe*. München: Hueber.

Hockett, Charles F. (1964): "Sound Change". *Language* 41: S. 185–204.

Höhle, Tilmann N. (1986): "Der Begriff 'Mittelfeld'. Anmerkungen über die Theorie der topologischen Felder". In: *Akten des Vii.Internationalen Germanisten-Kongresses Göttingen 1985*, Tübingen: Niemeyer, Band 3, S. 329–340.

Hunston, Susan (in Vorb.): "Collection and Design". In: *Corpus Linguistics. An International Handbook*, herausgegeben von Lüdeling, Anke und Kytö, Merja, Berlin, New York: de Gruyter, Handbücher für Sprach- und Kommunikationswissenschaft/Handbooks of Linguistics and Communication Science.

Jackendoff, Ray S. (1977): $\overline{\mathrm{X}}$ *Syntax: A Study of Phrase Structure*. Cambridge/Mass. and London: The MIT Press.

Jones, Randall L. (2000): "A corpus-based study of German accusative/dative prepositions". In: *Working with German Corpora*, herausgegeben von Dodd, Bill, Birmingham: Birmingham University Press, S. 116–142.

Jurafsky, Daniel S. und Martin, James H. (2000): *Speech and Language Processing: an Introduction to Natural Language Processing, Computational Linguistics, and Speech Recognition*. Upper Saddle River, NJ: Prentice Hall.

Karlsson, Fred (1990): "Constraint grammar as a framework for parsing running text". In: *Papers presented to the 13th International Conference on Computational Linguistics*, herausgegeben von Karlgren, Hans. Helsinki, Band 3, S. 168–173.

Keil, Martina (1997): *Wort für Wort : Repräsentation und Verarbeitung verbaler Phraseologismen (Phraseo-Lex)*. Nummer 35 in Sprache und Information. Tübingen: Niemeyer.

Kenny, Dorothy (2000): "Translators at play: exploitations of collocational norms in German-English translation". In: *Working with German Corpora*, herausgegeben von Dodd, Bill, Birmingham: Birmingham University Press, S. 143–160.

Kermes, Hannah (2003): *Off-line (and On-line) Text Analysis for Computational Lexicography*. Dissertation, Universität Stuttgart, Stuttgart. Veröffentlicht als *AIMS*, Vol 9, No. 3.

Kilgarriff, Adam und Grefenstette, Gregory (2003): "Introduction to the special issue on the web as corpus". *Computational Linguistics* 29 (3): S. 333–347.

Klenk, Ursula (2003): *Generative Syntax.* narr studienbücher. Tübingen: Gunter Narr.

Klosa, Annette (2003): "gegen-Verben – ein neues Wortbildungsmuster". *Sprachwissenschaft* 28: S. 467–494.

Kniffka, Gabriele (1996): *NP-Aufspaltung im Deutschen*. Kölner linguistische Arbeiten - Germanistik ; 31. Hürth: Gabel.

Koch, Peter und Oesterreicher, Wulf (1994): "Schriftlichkeit und Sprache". In: *Schrift und Schriftlichkeit*, herausgegeben von Günther, H. und Ludwig, O., Berlin, New York: de Gruyter, Band 1 von *Handbücher für Sprach- und Kommunikationswissenschaft*, S. 587–604.

König, Ekkehard; Stark, Detlef und Requardt, Susanne (Herausgeber) (1990): *Adverbien und Partikeln: ein deutsch-englisches Wörterbuch*. Heidelberg: Groos.

Kučera, Henry und Francis, Nelson W. (1967): *Computational Analysis of Present-day American English*. Providence: Brown University Press.

Labov, William (1975): *What is a Linguistic Fact?* Lisse: The Peter de Ridder Press.

Landauer, T. K. und Dumais, S. T. (1997): "A Solution to Plato's Problem. The Latent Semantic Analysis theory of the acquisition, induction and representation of knowledge". *Psychological Review* 104 (2): S. 211–240.

Landauer, T. K.; Foltz, P. W. und Laham, D. (1998): "Introduction to Latent Semantic Analysis". *Discourse Processes* 25: S. 259–284.

Langer, Hagen (2004): "Syntax und Parsing". In: *Computerlinguistik und Sprachtechnologie. Eine Einführung*, herausgegeben von Carstensen, Kai Uwe et al., München: Elsevier, Spektrum Akademischer Verlag. 2. Auflage.

Langner, Helmut (2001): "Zum Wortschatz der Sachgruppe Internet". *Muttersprache* 111 (2): S. 97–109.

Leech, Geoffrey (1992): "Corpora and theories of linguistic performance". In: *Directions in Corpus Linguistics. Proceedings of the Nobel Symposium 82*, herausgegeben von Svartvik, Jan, Berlin/New York: Mouton de Gruyter, Band 65 von *Trends in Linguistics. Studies and Monographs*, S. 105–122.

Leech, Geoffrey (1997): "Introducing Corpus Annotation". In: *Corpus Annotation. Linguistic Information from Computer Text Corpora*, herausgegeben von Garside, Roger; Leech, Geoffrey und McEnery, Tony, London/New York: Longman, S. 1–18.

Leech, Geoffrey und Wilson, Andrew (1996): "EAGLES. Recommendations for the Morphosyntactic Annotation of Corpora". Technischer Bericht, Expert Advisory Group on Language Engineering Standards. EAGLES Document EAG-TCWG-MAC/R.

Lehr, Andrea (1996): *Kollokationen in maschinenlesbaren Korpora. Ein operationales Analysemodell zum Aufbau lexikalischer Netze*, Band 168 von *RGL*. Tübingen: Niemeyer.

Lemnitzer, Lothar (1997): *Extraktion komplexer Lexeme aus Textkorpora*. Tübingen: Niemeyer.

Lemnitzer, Lothar (2001): "Wann kommt er denn nun wohl endlich zur Sache? Modalpartikel-Kombinationen. Eine korpusbasierte Untersuchung". In: *Sprache im Alltag. Beiträge zu neuen Perspektiven in der Linguistik*, herausgegeben von Lehr, Andrea et al., Berlin and New York, S. 349–371.

Lemnitzer, Lothar und Naumann, Karin (2001): ",Auf Wiederlesen ¡ – das schriftlich verfaßte Unterrichtsgespräch in der computervermittelten Kommunikation. Bericht von einem virtuellen Seminar". In: *Chat-Kommunikation. Sprache, Interaktion, Sozialität & Identität in synchroner computervermittelter Kommunikation. Perspektiven auf ein interdisziplinäres Forschungsfeld*, herausgegeben von Beißwenger, Michael, Stuttgart: ibidem, S. 469–491.

Lenz, Susanne (2000): *Korpuslinguistik*. Nummer 32 in Studienbibliographien Sprachwissenschaft. Tübingen: Groos Brigitte Narr.

Leuninger, Helen (1996): *Reden ist Schweigen, Silber ist Gold. Gesammelte Versprecher*. München: dtv.

Levin, Beth (1993): *English Verb Classes and Alternations*. Chicago: The University of Chicago Press.

Lezius, Wolfgang (2002): *Ein Suchwerkzeug für syntaktisch annotierte Textkorpora*. Stuttgart: AIMS.

Lichte, Timm (2005): "Corpus-based Acquisition of Complex Negative Polarity Items". In: *Proceedings of the Tenth ESSLLI Student Session.* Edinburgh, S. 157–168.

Lobin, Henning (2000): *Informationsmodellierung in XML und SGML.* Berlin: Springer.

Lüdeling, Anke; Poschenrieder, Thorwald und Faulstich, Lukas C. (2005a): "DeutschDiachronDigital - ein diachrones Korpus des Deutschen". In: *Jahrbuch für Computerphilologie 2004*, herausgegeben von Georg Braungart, Peter Gendolla, Fotis Jannidis, mentis Verlag. `http://www.deutschdiachrondigital.designato.de/` `publikationen/ddd-comput%erphilologie.pdf`.

Lüdeling, Anke; Walter, Maik; Kroymann, Emil und Adolphs, Peter (2005b): "Multi-Level Error Annotation in Learner Corpora". In: *Proceedings of the Corpus Linguistics 2005.* Birmingham.

Lüdeling, Anke und Evert, Stefan (2003): "Linguistic experience and productivity: corpus evidence for fine-grained distinctions". In: *Proceedings of the Corpus Linguistics 2003 conference*, herausgegeben von Archer, Dawn; Rayson, Paul; Wilson, Andrew und McEnery, Tony. S. 475–483.

Lüdeling, Anke und Evert, Stefan (2004): "The emergence of productive non-medical *-itis*: corpus evidence and qualitative analysis". In: *Proceedings of the First International Conference on Linguistic Evidence.* Tübingen, S. 351–370.

Lüdeling, Anke; Evert, Stefan und Heid, Ulrich (2000): "On Measuring Morphological Productivity". In: *KONVENS-2000 – Sprachkommunikation*, herausgegeben von Schukat-Talamazzini, Ernst G. und Zühlke, Werner. S. 215–220.

Mann, William C. und Thompson, Sandra A. (1988): "Rhetorical structure theory: Toward a functional theory of text organization". *Text* 8 (3): S. 243–281.

Manning, Christopher D. und Schütze, Hinrich (1999): *Foundations of Statistical Natural Language Processing.* Cambridge (Mass.) and London: The M.I.T. Press.

Marcus, Mitchell; Kim, Grace; Marcinkiewicz, Mary Ann; MacIntyre, Robert; Bies, Ann; Ferguson, Mark; Katz, Karen und Schasberger, Britta (1994): "The Penn treebank: Annotating predicate argument structure". In: *ARPA Human Language Technology Workshop.* San Francisco.

Marcus, Mitchell P.; Santorini, Beatrice und Marcinkiewicz, Mary Ann (1993): "Building a large annotated corpus of English: the Penn Treebank". *Computational Linguistics* 19: S. 313–330.

McEnery, Tony und Wilson, Andrew (1996): *Corpus Linguistics*. Edinburgh textbooks in empirical linguistics. Edinburgh: Edinburgh University Press.

McEnery, Tony und Wilson, Andrew (2001): *Corpus Linguistics*. Edinburgh textbooks in empirical linguistics. Edinburgh: Edinburgh University Press, 2. Auflage.

Meurers, W. Detmar (2005): "On the use of electronic corpora for theoretical linguistics. Case studies from the syntax of German". *Lingua* 115: S. 1619–1639.

Meurers, W. Detmar und Müller, Stefan (in Vorb.): "Corpora and Syntax". In: *Corpus Linguistics. An International Handbook*, herausgegeben von Lüdeling, Anke und Kytö, Merja, Berlin, New York: de Gruyter, Handbücher für Sprach- und Kommunikationswissenschaft/Handbooks of Linguistics and Communication Science.

Mindt, Dieter (1996): "English corpus linguistics and the foreign language teaching syllabus". In: *Using corpora for language research. Studies in the honour of Geoffrey Leech*, herausgegeben von Thomas, Jenny und Short, Mick, London: Longman, S. 232–248.

Mitkov, Ruslan; Evans, Richard; Orasan, Constantin; Barbu, Catalina; Jones, Lisa und Sotirova, Violeta (2000): "Coreference and Anaphora: Developing Annotating Tools, Annotated Resources and Annotation Strategies". In: *Proceedings of the and Reference Resolution Conference (DAARC 2000)*. Lancaster, S. 133–137.

Möllering, Martina (2004): *The Acquisition of German Modal Particles. A Corpus-based Approach*, Band 10 von *Linguistic Insights. Studies in Language and Communication*. Bern: Peter Lang.

Mukherjee, Joybrato (2002): *Korpuslinguistik und Englischunterricht : eine Einführung*, Band 14 von *Sprache im Kontext*. Frankfurt: Peter Lang.

Müller, Frank H. (2004): *Stylebook for the Tübingen Partially Parsed Corpus of Written German (TüPP-D/Z)*. Universität Tübingen.

Müller, Stefan (2003): "Mehrfache Vorfeldbesetzung". *Deutsche Sprache* 31 (1): S. 29–62.

Müller, Stefan (2005): "Zur Analyse der scheinbar mehrfachen Vorfeldbesetzung". *Linguistische Berichte* 203: S. 297–330. http://www.cl.uni-bremen.de/~stefan/Pub/mehr-vf-lb.html.

Naumann, Karin (2005): *Annotation of Referential Relations*. SFB 441, Tübingen.

Nederstigt, Ulrike (2003): Auch *and* noch *in child and adult German*, Band 23 von *Studies in Language Acquisition*. Berlin/New York: Mouton de Gruyter.

Nesselhauf, Nadja (2004): "Learner Corpora and their Potential for Language Teaching". In: *How to use corpura in Language Teaching*, herausgegeben von Sinclair, John, Amsterdam: John Benjamins, S. 125–152.

Niehr, Thomas (2003): "‚Hallo Karl-Josef, ich bin der 2.222 Besucher deiner Homepage.' Linguistische Anmerkungen zum Umgang mit ‚Neuen Medien' in der politischen Kommunikation". *Muttersprache* 113 (2): S. 147–163.

Nivre, Joakim (in Vorb.): "Treebanks". In: *Corpus Linguistics. An International Handbook*, herausgegeben von Lüdeling, Anke und Kytö, Merja, Berlin, New York: de Gruyter, Handbücher für Sprach- und Kommunikationswissenschaft/Handbooks of Linguistics and Communication Science.

Ooi, Vincent B.Y. (1998): *Computer Corpus Lexicography.* Edinburgh: Edinburgh University Press.

Palmer, Martha; Gildea, Dan und Kingsbury, Paul (2005): "The Proposition Bank: A Corpus Annotated with Semantic Roles". *Computational Linguistics Journal* 31 (1): S. 71–106.

Paprotté, Wolf (1992): "Korpuslinguistik - Rückkehr zum Strukturalismus oder Erneuerung der Computerlinguistik?" *LDV-Forum* 9.2: S. 3–14.

Paprotté, Wolf (1994): "Theorie und Empirie in der Linguistik: Neue Wege der Korpuslinguistik". In: *Satz – Text – Diskurs. Akten des 27. Linguistischen Kolloquiums, Münster 1992*, herausgegeben von Beckmann, Susanne und Frilling, Sabine. Tübingen, Band 2, S. 19–26.

Peschel, Corinna (2002): *Zum Zusammenhang von Wortneubildung und Textkonstitution*, Band 237 von *RGL*. Tübingen: Niemeyer.

Pittner, Karin (1999): *Adverbiale im Deutschen. Untersuchungen zu ihrer Stellung und Interpretation.* Studien zur deutschen Grammatik 60. Tübingen: Stauffenburg.

Pittner, Karin und Berman, Judith (2004): *Deutsche Syntax. Ein Arbeitsbuch.* Narr Studienbücher. Tübingen: Narr.

Poesio, Massimo (2004): "Coreference".

Pullum, Geoffrey K. (1991): *The Great Eskimo Vocabulary Hoax and Other Irreverent Essays on the Study of Language.* Chicago: The University of Chicago Press.

Pullum, Geoffrey K. (2003): "Corpus fetishism". Language Log, 16. Nov. 2003.

Pusch, Luise (1984): "Sie sah zu ihm auf wie zu einem Gott. Das Duden-Bedeutungswörterbuch als Trivialroman". In: *Das Deutsche als Männersprache*, herausgegeben von Pusch, Luise, Frankfurt/M.: Suhrkamp, S. 135–144.

Raecke, Jochen (2000): "Zeigen im Comic und Zeigen im Film - oder: Deiktika auf der Schnittstelle von Visualität und Verbalität". In: *Slavistische Linguistik*, herausgegeben von Breu, W., München, S. 161–185.

Riehemann, Susanne (1993): "Word Formation in Lexical Type Hierarchies – A Case Study of bar-Adjectives in German". SfS Report 2-93, Seminar für Sprachwissenschaft, Eberhard-Karls-Universität Tübingen.

Ruge, Nikolaus (2004): "Das Suffixoid ‚-technisch' in der Wortbildung der deutschen Gegenwartssprache". *Muttersprache* 114 (1): S. 29–41.

Runkehl, Jens; Schlobinski, Peter und Siever, Torsten (1998): "Sprache und Kommunikation im Internet". URL: http://www.mediensprache.net/de/networx/docs/einfuehrung.asp.

Sampson, Geoffrey (1996): "From central embedding to corpus linguistics". In: *Using corpora for language research. Studies in the honour of Geoffrey Leech*, herausgegeben von Thomas, Jenny und Short, Mick, London: Longman, S. 14–26.

Sampson, Geoffrey (2003): "Thoughts of Two Decades of Drawing Trees". In: *Treebanks. Building and Using Parsed Corpora*, herausgegeben von Abeillé, Anne, Kluwer Academic Publisher, S. 23–41.

Sandberg, Bengt (1998): *Zum es bei transitiven Verben vor satzförmigem Akkusativobjekt*. Tübingen.

Sasaki, Felix und Witt, Andreas (2004): "Linguistische Korpora". In: *Texttechnologie – Perspektiven und Anwendungen*, herausgegeben von Lobin, Henning und Lemnitzer, Lothar, Tübingen: Stauffenburg, S. 13–49.

Schade, Ulrich; Barattelli, Stefan; Lingnau, Beate; Hadelich, Kerstin und Dipper, Stefanie (2003): "Relativsatzproduktion". *Linguistische Berichte* 193: S. 33–53.

Scherer, Carmen (2005): *Wortbildungswandel und Produktivität. Eine empirische Studie zur nominalen -er-Derivation im Deutschen*. Tübingen: Niemeyer.

Schiller, Anne; Teufel, Simone; Stöckert, Christine und Thielen, Christine (1999): "Guidelines für das Tagging deutscher Textcorpora mit STTS". Technischer Bericht, Institut für maschinelle Sprachverarbeitung, Stuttgart.

Schlobinski, Peter und Fiene, Florian (2000): "Die dritte Halbzeit: Grün-Weiß gegen FC Mob. Zur Lexik in Fußballfanzines". *Muttersprache* 110 (3): S. 229–237.

Schmid, Helmut (1994): "Probabilistic Part-of-Speech Tagging Using Decision trees". In: *International Conference on New Methods in Language Processing*. Manchester, UK, S. 44–49.

Schmid, Helmut (in Vorb.): "Tokenizing and Part-of-Speech Tagging". In: *Corpus Linguistics. An International Handbook*, herausgegeben von Lüdeling, Anke und Kytö, Merja, Berlin, New York: de Gruyter, Handbücher für Sprach- und Kommunikationswissenschaft/Handbooks of Linguistics and Communication Science.

Schmidt, Ingrid (2004): "Modellierung von Metadaten". In: *Texttechnologie – Perspektiven und Anwendungen*, herausgegeben von Lobin, Henning und Lemnitzer, Lothar, Tübingen: Stauffenburg, S. 143–164.

Schmidt, Thomas (2000): "Modellbildung und Modellierungsparadigmen in der computergestützten Korpuslinguistik". In: *Sprachtechnologie, mobile Kommunikation und linguistische Ressourcen. Beiträge zur GLDV-Tagung 2005 in Bonn*, herausgegeben von Fisseni, Bernhard; Schmitz, Hans-Christian; Schröder, Bernhard und Wagner, Petra. Frankfurt/M.: Peter Lang, S. 290–301.

Scholze-Stubenrecht, Werner (2002): ",Die Auswahl der Einträge ist äußerst beliebig.' Warum *Jagdherr* und *Pokémon* nicht im Duden stehen". *Sprachwissenschaft* 27: S. 225–248.

Schulte im Walde, Sabine (2003): *Experiments on the Automatic Induction of German Semantic Verb Classes*. Dissertation, University of Stuttgart. Published as AIMS Report 9(2).

Schwitalla, Johannes (2002): "Kleine Botschaften. Telegramm- und SMS-Texte". *Osnabrücker Beiträge zur Sprachtheorie* (64): S. 33–56.

Simov, Kiril und Osenova, Petya (2003): "Practical annotation scheme for an hpsg treebank of bulgarian". In: *Proceedings of the 4th International Workshop on Linguistically Interpreteted Corpora (LINC-2003)*. Budapest, S. 17–24.

Sinclair, John (Herausgeber) (1987): *Looking up : an account of the COBUILD project in lexical computing and the development of the Collins COBUILD English language dictionary*. London.

Sinclair, John (1991): *Corpus, Concordance, Collocation*. Oxford: Oxford University Press.

Sinclair, John (1996): "EAGLES Preliminary recommendations on Corpus Typology".

Soehn, Jan-Philipp (2006): *Über Bärendienste und erstaunte Bauklötze. Idiome ohne freie Lesart in der HPSG*. Europäische Hochschulschriften. Peter Lang.

Sorace, Antonella und Keller, Frank (2005): "Gradience in Linguistic Data". *Lingua* 115 (11): S. 1497–1524.

Stede, Manfred (2004): "The Potsdam Commentary Corpus". In: *Procee-ding of the ACL-04 Workshop on Discourse Annotation.* Barcelona.

Storrer, Angelika (2000): "Schriftverkehr auf der Datenautobahn: Be-sonderheiten der schhriftlichen Kommunikation im Internet". In: *Neue Medien im Alltag : Begriffsbestimmungen eines interdiszipli-nären Forschungsfeldes,* herausgegeben von Voß, Gerd-Günter; Holly, W. und Boehnke, K., Opladen, S. 151–176.

Storrer, Angelika (2001): "Getippte Gespräche oder dialogische Tex-te? Zur kommunikativen Einordnung der Chat-Kommunikation". In: *Sprache im Alltag. Beiträge zu neuen Perspektiven in der Linguistik,* herausgegeben von Lehr, Andrea et al., Berlin and New York, S. 439–465.

Storrer, Angelika (2006a): "Funktionen von Nominalisierungsverbgefü-gen im Text. Eine korpusbasierte Fallstudie". In: *Von der Inten-tionalität zur Bedeutung konventionalisierter Zeichen. Festschrift für Gisela Harras zum 65. Geburtstag,* herausgegeben von Prost, Kristel und Winkler, Edeltraud, Tübingen: Narr, S. 147–178.

Storrer, Angelika (2006b): "Zum Status der nominalen Komponente in Nominalisierungsverbgefügen". In: *Grammatische Untersuchungen. Analysen und Reflexionen,* herausgegeben von Breindl, Eva; Gunkel, Lutz und Strecker, Bruno, Tübingen: Narr, S. 275–295.

Stubbs, Michael (1996): *Text and corpus analysis : computer-assisted studies of language and culture,* Band 23 von *Language in society.* Oxford: Blackwell.

Svartvik, Jan (Herausgeber) (1992): *Directions in corpus linguistics : proceedings of Nobel symposium 82, Stockholm, 4 - 8 August 1991,* Band 65 von *Trends in linguistics : Studies and monographs.* Ber-lin/New York: Mouton de Gruyter.

Telljohann, Heike; Hinrichs, Erhard W. und Kübler, Sandra (2004): "The tüba-d/z treebank: Annotating german with a context-free backbone". In: *Proceedings of the Fourth International Conference on Language Resources and Evaluation.* Lissabon.

Tesnière, Lucien (1959): *Eleménts de syntaxe structurale.* Paris: Klinck-sieck.

Thurmair, Maria (1989): *Modalpartikeln und ihre Kombinationen,* Band 223 von *Linguistische Arbeiten.* Tübingen: Niemeyer.

Tognini-Bonelli, Elena (2001): *Corpus Linguistics at Work,* Band 6 von *Studies in Corpus Linguistics.* Amsterdam: Benjamins.

Ule, Tylman und Hinrichs, Erhard (2004): "Linguistische Annotation". In: *Texttechnologie – Perspektiven und Anwendungen,* herausgegeben von Lobin, Henning und Lemnitzer, Lothar, Tübingen: Stauffenburg, S. 217–343.

Uszkoreit, Hans; Brants, Thorsten; Duchier, Denys; Krenn, Brigitte; Konieczny, Lars; Oepen, Stephan und Skut, Wojciech (1998): "Studien zur performanzorientierten Linguisitk. Aspekte der Relativsatzextraposition im Deutschen". CLAUS Report 99, Universität des Saarlandes.

Volk, Martin (1995): *Einsatz einer Testsatzsammlung im Grammar Engineering*, Band 30 von *Sprache und Information*. Tübingen: Niemeyer.

Wagner, Andreas und Zeisler, Bettina (2004): "A syntactically annotated corpus of tibetan". In: *Proceedings of LREC 2004*. Lissabon, S. 1141–1144.

Walter, Maik (in Vorb.): *Der Gebrauch von Konnektoren in fortgeschrittenen Lernervarietäten: Eine korpusbasierte Analyse*. Dissertation, Humboldt-Universität, Berlin.

Weber, Heinz J. (1997): *Dependenzgrammatik. Ein interaktives Arbeitsbuch*. narr studienbücher. Tübingen: Gunter Narr, 2. Auflage.

Weingarten, Rüdiger (1997): *Sprachwandel durch Computer*. Opladen: Westdeutscher Verlag.

Wermter, Joachim und Hahn, Udo (2004): "Collocation Extraction Based on Modifiability Statistics". In: *COLING'04 - Proceedings of the 20th International Conference on Computational Linguistics, Geneva, Switzerland*. Genf.

Weydt, Harald (Herausgeber) (1979): *Die Partikeln der deutschen Sprache*. Berlin: de Gruyter.

Weydt, Harald (1983): *Partikeln und Interaktion*. RGL. Tübingen: Niemeyer.

Wiegand, Herbert Ernst (1998): *Wörterbuchforschung. Untersuchungen zur Theorie, Geschichte, Kritik und Automatisierung der Lexikographie, 1. Teilband*. Berlin/New York: Mouton de Gruyter.

Wittgenstein, Ludwig (1967): *Philosophische Untersuchungen*. Frankfurt/M.: Suhrkamp.

Ziegler, Arne (Herausgeber) (2002): *Kommunikationsform E-Mail*, Band 7 von *Textsorten*. Tübingen: Stauffenburg.

Zinsmeister, Heike und Heid, Ulrich (2003): "Significant Triples: Adjective+Noun+Verb Combinations". In: *Proceedings of Complex*.

Zinsmeister, Heike; Kuhn, Jonas und Dipper, Stefanie (2002): "TIGER TRANSFER – Utilizing LFG Parses for Treebank Annotations". In: *Proceedings of the LFG02 Conference*. Athen, S. 427–447.

Index

Die **fettgedruckten** Ziffern weisen auf Textstellen hin, an denen der Indexterm definiert wird.